Nicola Förg
Mordsviecher

PIPER

Zu diesem Buch

Diesmal hat es die Mordkommission in Garmisch mit einem besonders delikaten Fall zu tun. Auf einem abgelegenen Hof wird ein Toter aufgefunden, umgeben von lauter potenziellen Mördern: Klapperschlangen, Cobras, Spinnen und Skorpionen. Bald steht fest: Der Tote, der durch das Gift einer Mamba starb, war der erfolgreiche Unternehmer Kilian Stowasser, der hochwertige Daunenprodukte herstellte und dabei angeblich nur Material von artgerecht gehaltenen Gänsen verwendete. Doch hinter der politisch korrekten Fassade lauern Abgründe. Kommissarin Irmi Mangold stößt auf jede Menge Mordverdächtige, darunter eine engagierte Journalistin, unliebsame Konkurrenten und militante Tierschützer. Kam Stowassers Frau seinerzeit wirklich durch einen Unfall ums Leben? Und kann man eine Schwarze Mamba eigentlich des Mordes anklagen?

Nicola Förg, Bestsellerautorin und Journalistin, hat über zwanzig Kriminalromane verfasst, an zahlreichen Krimi-Anthologien mitgewirkt, einen Island- sowie einen Weihnachtsroman vorgelegt und »Hintertristerweiher«, einen von der Presse vielfach gelobten Familienroman. Die gebürtige Oberallgäuerin, die in München Germanistik und Geografie studiert hat, lebt heute mit Familie sowie Ponys, Katzen und anderem Getier auf einem Hof in Prem am Lech – mit Tieren, Wald und Landwirtschaft kennt sie sich aus. Sie bekam für ihre Bücher mehrere Preise für ihr Engagement rund um Tier- und Umweltschutz.

Nicola Förg

Mordsviecher

Ein Alpen-Krimi

PIPER

Mehr über unsere Autorinnen, Autoren und Bücher:
www.piper.de

Von Nicola Förg liegen im Piper Verlag vor:
Alpen-Krimis
Band 1: Tod auf der Piste
Band 2: Mord im Bergwald
Band 3: Hüttengaudi
Band 4: Mordsviecher
Band 5: Platzhirsch
Band 6: Scheunenfest
Band 7: Das stille Gift
Band 8: Scharfe Hunde
Band 9: Rabenschwarze Beute
Band 10: Wütende Wölfe
Band 11: Flüsternde Wälder
Band 12: Böse Häuser
Band 13: Hohe Wogen
Band 14: Dunkle Schluchten

Glück ist nichts für Feiglinge
Das Winterwunder von Dublin
Hintertristerweiher

Unser Versprechen für mehr Nachhaltigkeit
• Klimaneutrales Produkt
• FSC®-zertifiziertes Papier
• Hergestellt in Europa

FSC www.fsc.org MIX Paper from responsible sources FSC® C021394

Ungekürzte Taschenbuchausgabe
ISBN 978-3-492-30312-5
1. Auflage Mai 2013
6. Auflage November 2022

erschienen im Verlagsprogramm Pendo
Umschlaggestaltung: Mediabureau Di Stefano, Berlin,
unter Verwendung der Fotos von Bernard Jaubert/iStockphoto,
PLAINVIEW/iStockphoto und Charles Brutlag/iStockphoto
Karte: cartomedia, Karlsruhe
Satz: Eberl & Koesel Studio, Kempten
Gesetzt aus der Caslon
Gedruckt von ScandBook in Litauen
Printed in Germany

You may be a king,
or just a common man.
Some high fashioned model
with a Hollywood tan.
It just don't matter
who you think you are.
You'll be a slave to love tonight.

You may wear a gun
and a badge for the FBI.
A Soho stripper,
or a Soviet spy.
You think you're the devil,
but with those angel eyes
you're just a slave to love tonight.

»Slave to Love«, aus Manœuvres, Greg Lake (1983)

PROLOG

Diese verdammten Köter. Unnützes kläffendes Gschwerl. Da bringt man ihnen was zu Fressen, und die Viecher beißen einem den halben Arm ab. Sein rechter Arm sah aus wie durch den Fleischwolf gedreht. Eiterte, schmerzte. Alles nur wegen der Köter. Da lobte er sich seine Lieblinge. Stumm und elegant. Vor ein paar Tagen waren neue gekommen. Nachts natürlich. Die deutschen Behörden waren so unflexibel …

Ihre Gegenwart war ein Fest für ihn, das er regelrecht zelebrierte. Er sah sie an. Lange. Er würde umbauen müssen, ja, das würde er als Nächstes tun. Sie waren so schön.

Er nahm die rasche Bewegung kaum wahr. Sie kam aus dem Nichts. Wieder schmerzte sein Arm. Stärker. Anders diesmal. Er riss an dem Verband, der längst schon in Fetzen hing, doch sein linker Arm gehorchte ihm nicht, erlahmte auf einmal. Da ahnte er etwas, wollte loslaufen und sackte im nächsten Raum zusammen. Dachte dabei an einen Boxkampf von Klitschko gegen irgendwen, der – kaum hatte er begonnen – wieder zu Ende gewesen war.

Er mochte Boxen. Boxen war männlich. Kraftvoll und gewaltig. Und es ging ums Bluffen, um große Worte und große Gesten. Es ging darum, sich nicht in die Karten schauen zu lassen. Das hatte auch er immer vermieden. Er hatte die Karten in der Hand behalten, das Ass stets im Ärmel gehabt. Die Welt war so leicht zu manipulieren. Die

Menschen waren so gutgläubig. Sie bettelten doch fast darum, betrogen zu werden.

Nun aber war er bewegungslos. Das letzte Ass war ihm abhandengekommen. Er lag am Boden, wie festgenagelt. Aber sein Gehirn gab immer noch Botenstoffe ab. Es dachte. Es fühlte. Es lehnte sich auf. Angst und Panik fluteten ein. Er hätte schreien wollen, aber kein Laut kam aus seiner Kehle. Er starrte zu den Heizungsrohren an der Decke und hörte die Kläffer da drüben. Deutlich hörte er sie. Gefangen in seinem Körper.

Die Brust wurde ihm eng, ein gewaltiger Felsbrocken schien sich auf ihn zu wälzen. Dann sah er ein Augenpaar, und er wusste alles. So zu verlieren. Gegen so einen Gegner. Er wusste, dass es noch dauern würde. Nicht sehr lange, und doch eine grauenvolle Ewigkeit.

Bis das Ende kam.

Das gnädige Ende.

1

Andrea war nahe dran gewesen, das Foto wegzuwerfen. Kathi konnte aber auch ätzend sein. »Hanni und Andreanni!«, hatte sie gerufen. »Dick und Dalli und die Ponys!« Dabei hatte sie sie provozierend angesehen und offen gelassen, in welcher Rolle bei den »Mädels vom Immenhof« sie Andrea sah.

Diese hatte sich vorgenommen, Kathis Attacken zu ignorieren. War sie wirklich ein kindisches Ponymädel, bloß weil sie ein Bild ihres Pferdes auf dem Schreibtisch stehen hatte? Keinen Mann, keinen Lover, keine Kinder.

Natürlich hätte sie kontern können und sollen: »Besser ein netter Gaul als deine ständig wechselnden Lover. So schnell kannst du die Bilder ja gar nicht austauschen.« Das wäre gut gewesen, aber die guten Sachen fielen ihr nie ein, wenn die schlanke Kathi sich vor ihr aufbaute.

Sie hätte auch sagen können: »Wie praktisch, dass du ein Foto deiner Tochter aufgestellt hast, da siehst du sie wenigstens ab und zu mal. Die kennt ihre Mutter doch eh kaum, sondern bloß die Oma.« So eine Bemerkung hätte Kathi getroffen, denn das war ihre verwundbare Stelle: Sie hatte nie Zeit für ihre Tochter Sophia. Das wäre richtig fies gewesen, aber Andrea war nicht fies.

Letztlich hatte sie das Bild von Moritz, dem braunen süddeutschen Kaltblut, dann doch stehen lassen und empfand das als Sieg. Als Sieg über Kathis Ätzereien.

Während Andrea sinnierend vor dem Foto saß, kam ihr Kollege Sailer zur Tür herein.

»Andrea, mir müssen.«

»Was müssen wir?«

»Raus.«

»Raus wohin?«

»Die Frau Irmengard und die Kathi san ja auf Weilheim zu einer Besprechung. Und sonst is auch keiner verfügbar außer unsereinem.«

Zwei weitere Kollegen waren zu einem Nachbarschaftsstreit unterwegs, bei dem es seit Monaten um einen renitenten Gockel ging, zwei andere waren auf Fortbildung.

»Und wohin sollen wir, Sailer?«

»Zu dem Gebelle.«

»Hä?«

»Da, wo die Hund immer bellen wie verruckt.«

Sailer war der Meister kryptischer Reden, der Erfinder der Minimalkonversation. Das waren keine Würmer, die man ihm aus der Nase ziehen musste, sondern richtige Kaventsmänner, so dick wie Aale.

Diesmal wusste Andrea allerdings, worauf Sailer anspielte. Vor einigen Wochen hatten sie Beschwerden von Anwohnern und Spaziergängern bekommen, weil auf einem Anwesen in relativer Alleinlage in Krün anscheinend ein paar Hunde so schauerlich bellten und heulten wie der Spukhund von Baskerville. Offenbar stank es dort auch bestialisch. Es war sogar schon die eine oder andere Streife vorbeigefahren, im Anwesen hinter den hohen Hecken hatten sie aber niemanden angetroffen.

Andrea wusste: So etwas wurde eher halbherzig verfolgt, denn wen interessierte es wirklich, ob sich in Krün ein paar

Hunde die Seele aus dem Leib bellten? Besonders stark besiedelt war die kleine Stichstraße am Waldrand nicht gerade, die Belästigung hielt sich also in Grenzen. Außerdem waren die Anrufe dann abgeflaut.

Allerdings war heute in der Früh ein anonymer Anruf eingegangen. Mit verstellter Stimme und unterdrückter Rufnummer hatte jemand gesagt, die Polizei solle besser mal dort hinfahren. Der Anrufer hatte sofort wieder aufgelegt.

»Und warum sollen wir da jetzt doch hin? Gerade heute, wo wir eh hier Stalldienst haben?«, wollte Andrea wissen.

»Weil aa no eine Nachbarin ang'rufen und g'sagt hat, dass da scho seit heut früh ein Jeep steht und die Hund noch irrer bellen als sonst.«

Dabei sprach er den Jeep wie »Chip« aus, und Andrea musste sich ein Grinsen verkneifen.

»Ich weiß zwar nicht, was das bringen soll, aber von mir aus«, meinte sie dann.

Draußen jagte ein scharfer Wind Regenschauer durch die Luft. Es war kalt, so kalt, dass der Niederschlag weiter oben sicher schon in Schneeregen überging. Andrea war wirklich eine wetterfeste Bauerstochter, aber vier Grad und Nässe von überallher wirkten selbst auf sie extrem lähmend. Es war ein typischer bayerischer Sommer. Hitze, die sich feucht und schwer aufbaute und sich fast jeden Abend in gewaltigen Gewittern entlud. Gewaltig und gewalttätig in ihrer dröhnenden Macht. Gerade wieder war so ein Gewitter mit einer Sturmfront durchgezogen, und es war schlagartig um gut zwanzig Grad kälter geworden.

Immerhin war der Wind abgeflaut und der Regen legte gerade eine Pause ein, als Andrea und Sailer in Krün am

Ende der besagten Stichstraße ankamen. Die Straße war stetig leicht angestiegen, vor ihnen lag nun ein kleiner Wendeplatz, der in der Mitte wie eine Verkehrsinsel gestaltet war, auf der ein elender Birkenstängel wuchs. Ein dürres, krankes Gewächs, das sich seiner Blätter entledigt hatte. Dahinter befand sich das Grundstück. Sie starrten auf ein offenes Tor. Rechts und links von dem geöffneten Stahltor erhoben sich hohe Mauern, die fast vollständig von Thujahecken überwuchert waren. Noch außerhalb des Tors lehnte sich ein kleiner alter Schuppen an die Mauer, dahinter begann Dickicht.

Eine Frau kam herangeeilt, die den Kragen ihrer Jacke so fest zuhielt, dass man meinen konnte, sie wollte sich selbst erwürgen. Sie stellte sich als Frau Sanktjohanser vor. Ihrer abgehackten Rede war zu entnehmen, dass der Geländewagen schon seit den frühen Morgenstunden da stehe. Dass jemand wie wild gehupt habe. Und dass es nun wirklich reiche!

Andrea sah sich um. In etwa fünfzig Metern Entfernung gab es eine zweite Mauer und ein zweites Tor aus Gitterstäben, das ebenfalls offen stand. Dazwischen parkte ein großer Wagen auf der gekiesten Zufahrt.

»Sind Sie reingegangen?«, erkundigte sich Andrea.

»Da geh ich doch nicht rein!«, entrüstete sich Frau Sanktjohanser. »Was weiß ich denn, was das für Bestien sind?« Es folgte eine lange Tirade über ständigen Lärm und nächtens vorfahrende Lastwagen. »Der letzte Transport ist erst vor drei Tagen gekommen. Vielleicht wird da mit Drogen oder Frauen gehandelt!«

»Die bellen aber ned«, brummte Sailer.

Andrea war ihm fast dankbar für diesen Satz, der sie ein

wenig heiterer stimmte. Denn ihr war seit der Fahrt übel, was natürlich auch am Mittagessen liegen konnte, das aus Junkfood vom Drive-in bestanden hatte.

Währenddessen echauffierte sich die Frau weiter und erzählte, dass der Jeep schon öfter hier gewesen sei. Sonst würde er aber immer nur so reinhuschen. Im Übrigen stehe heute zum ersten Mal das Stahltor offen.

»Und da warn S' ned neugierig?«, fragte Sailer.

»Ich geh da nicht rein. Dafür ist die Polizei da!«

Sie verschwand nebenan in einer Einfahrt, vor der zwei Löwen mit bayerischem Wappen auf zwei Säulen hockten – Kitsch as Kitsch can.

Der Wind blies unvermindert, während sie auf den Geländewagen zugingen. Sailer pfiff durch die Zähne.

»A Hummer H zwoa«, sagte er.

Andrea hatte so ein Auto noch nie live gesehen, sondern nur im Fernsehen. In der Fernsehserie »CSI«, wo die Farben immer so bunt waren wie bei einem Musikvideo. Die Menschen alle leicht bekleidet und makellos schön. Wo immer Sommer war.

Anders als hier. Die Kälte kroch unerbittlich in ihre Jacke. Ihre Finger waren klamm.

»Koscht sicher siebzigtausend«, meinte Sailer ehrfürchtig.

Das monströse Fahrzeug war abgeschlossen, kein Mensch war zu sehen, was aber lauter wurde, war das Gebell. Andrea ließ den Blick schweifen. Rechts von der Einfahrt lagen drei Einzelgebäude mit Flachdächern, von dort schien auch das Bellen zu kommen. Der Weg wandte sich jenseits der Häuser in einer Linkskurve leicht bergan und schien zu einer Pferdekoppel zu führen.

Sailer rief gegen den Wind: »Hallo, is einer da?«

Doch niemand antwortete.

Sie ließen die Gebäude fürs Erste rechts liegen und näherten sich einem Gehege.

In dem Moment, als sie vor der Pferdekoppel standen, wusste Andrea, dass sie dieses Bild ihr Leben lang nicht mehr vergessen würde. Dass es sie anspringen würde, dass es ihr Leben vergiften würde und ihr den Schlaf rauben.

Sie vermochte nicht zu sagen, wie viele es waren. Die Tiere standen bis über die Fesseln in tiefem Matsch und Mist. Sie waren abgemagert bis auf die Knochen. Andrea sah nur noch Rippenbögen. Jemand hatte wohl vor gar nicht langer Zeit in dieses Matschloch Heu und Stroh geworfen, das zertrampelt war und kaum noch als Nahrung dienen konnte. Es hatte einfach zu viel geregnet. Der Schimmel, dessen Kopf über den Zaun hing, als würde er nur von einem Gummiband gehalten, hatte eine Wunde an der Flanke, aus der Maden krochen.

Andreas Tränen vermischten sich mit dem Regen, der wieder eingesetzt hatte. Trotzdem musste sie immer wieder hinsehen zu all den Kreaturen mit den leeren Augen. Bis ihr Blick in der Ecke dieses Foltergefängnisses hängen blieb. Dort wo ein windschiefer Unterstand fast einen Meter hoch mit Mist und Strohresten gefüllt war, lag ein Fohlen. Ein geschecktes Fohlen. Es lag im Matsch, das Köpfchen irgendwie noch herausgereckt. Als hätte es um sein Leben gekämpft. Als hätte es sagen wollen: »Aber ich will noch nicht sterben, ich bin doch noch kein halbes Jahr alt. Warum hilft mir denn keiner?« Sie hatten es zertrampelt in ihrer verzweifelten Suche nach Futter und Wasser.

Die Woge kam ohne Vorwarnung. Andrea spie den Burger aus, die Essiggurke schier unverdaut. Sie spie und spie und hoffte auf Gnade. Wie konnte jemand so respektlos sein, so mit Tieren umgehen?

Sie wusste nicht, wie viel Zeit vergangen war. Irgendwann reichte ihr Sailer ein Taschentuch, drehte sie um und schob sie behutsam den Weg hinunter. Bis zum Polizeiauto. Dort drückte er sie auf den Beifahrersitz. Orderte per Funk Verstärkung, Tierschutz, Veterinäramt. Schließlich rief er Irmi an. Andrea hörte ihn aus weiter Ferne, als hätte sie Watte in den Ohren.

»Frau Irmengard, tut mir leid, wenn i stör, aber Sie müssen kommen. Sofort, i schaff des ned, und so was schafft sowieso keiner allein. Bitte.« Er nannte die Adresse und erklärte, dass er schon alle alarmiert habe. »Einfach alle!«

Irmi starrte auf ihr Handy. Das war nicht der Sailer, den sie kannte. Was war mit seiner Stimme passiert? Sie drehte sich zu Kathi um.

»Das war Sailer. Total verstört!«

Kathi lachte. »Sailer verstört? Da müsst aber schon eine Mure sein Elternhaus zerstört haben und alle drin gleich dazu, oder. So wie sein Haus liegt, gibt's da aber keine Muren.«

»Kathi, ich sag dir, seine Stimme klang wie die von einem anderen Menschen.«

»Das liegt wahrscheinlich daran, dass du dir mal ein neues Handy holen solltest anstatt dieser schnarrenden Antiquität. Und nicht im Auto telefonieren. Ohne Freisprechanlage, Mensch, Irmi, das erlaubt die Polizei doch nicht.«

Sie waren auf dem Rückweg von Weilheim und kamen gerade durch Murnau. Es war früher Nachmittag.

»Er klang wie aus der Hölle oder so«, beharrte Irmi.

»Ach, Irmi. So viel Dramatik.« Kathi stöhnte theatralisch. »Um was geht's denn eigentlich? Wo ist der Tote? Die Tote? Die Toten?«

»Hat er nicht gesagt.«

»Wie, hat er nicht gesagt? Wir fahren irgendwohin, ohne zu wissen, worum es geht? Selbst unser Sailer hat so was wie eine Ausbildung und sollte wissen, wie man eine Meldung korrekt absetzt.« Kathi fingerte am Polizeifunk herum, doch was sie nun erfuhren, machte die Sache nicht durchsichtiger. Sailer hatte eine Armee angeordnet, so viel verstanden sie. Von einem Todesfall war aber nicht die Rede.

»Ach, kimm! Das geht uns doch nix an. Ich hab jetzt Feierabend. Das Meeting in Weilheim war ja wohl genug für den Tag, oder?«, maulte Kathi.

Kathi hasste solche Fahrten ins »Flachland aussi«, wie sie sich auszudrücken pflegte.

»Ich fahr da jetzt hin«, sagte Irmi, und ihr Ton wurde einen Tick schärfer. »Ich lass dich gern an deinem Auto raus.«

»Ja, ist ja gut. Dann lass uns halt zu Sailer in die Hölle fahren«, zischte Kathi.

Warum blieb Irmi dieser Satz im Kopf, während sie weiterfuhr? Kathi schwieg beharrlich wie ein Trotzkind, während Irmi auf die Straße starrte und ihren Scheibenwischer auf die höchste Stufe schaltete, weil ein erneuter Schauer durchzog. Mit dem Regen kamen nasse Blätter von irgendwoher, eines verklemmte sich im Wischblatt und zog eine

Spur über die Scheibe. Die Hölle, was um Himmels willen hatte Sailer mit der Hölle zu schaffen?

Als Irmi in die Stichstraße einbog, waren dort wirklich Fahrzeuge in Armeestärke angerückt. Polizeiautos parkten den Weg zu, ein Kollege wedelte mit den Händen und deutete Irmi an, dass sie zur Seite fahren solle. Sie manövrierte den Wagen halb in die Hecke und beobachtete einen Konvoi aus Pferdehängern, der gerade einfuhr.

»Was ist denn das hier?« Kathi hatte die Stirn gerunzelt.

Irmi ließ den letzten Pferdehänger durch und stieg aus. Kathi kletterte über die Mittelkonsole und stellte sich zu ihrer Kollegin. Es hatte aufgehört zu regnen, doch es war schneidend kalt. Sicher fünf Grad kälter als in Weilheim.

»Sepp!« Irmi schnippte mit den Fingern und sah den Kollegen, der sie eingewiesen hatte, scharf an. »Was ist hier los?«

»Irre. Solche san Irre«, rief Sepp und eilte davon, weil sein Funk fordernd knarrte und rauschte.

Irmi und Kathi gingen durch das Tor. Weitere Autos, Hänger, ein Lkw, zwei Kleinbusse, ein Notarztwagen, und dann erkannte Irmi die Amtstierärztin Doris Blume, die mit ihrem Rotschopf die Szenerie erhellte.

»Frau Mangold!«

»Bitte, was ist hier los? Hier scheinen alle die Sprache verloren zu haben.«

»Das passiert schon mal, wenn das Unvorstellbare sprachlos macht. Wir vom Amt und vom Tierschutz sehen so was leider öfter, Frau Mangold. In dieser krassen Form allerdings schon lange nicht mehr. Das hier ist die Hölle.«

Da war es wieder, das Wort. Irmi und Kathi folgten der Amtstierärztin, deren leicht schwäbischer Akzent ihrer

Rede etwas Charmantes verliehen hatte. Unpassend charmant, denn nun waren auch Irmi und Kathi an der Pferdekoppel angelangt. Vier große unförmige Gebilde im Matsch waren mit Planen überdeckt, eine Plane war kleiner. Unter den Abdeckungen ragten Hufe hervor, und das Bizarrste war, dass sich diese Hufe wie Schnabelschuhe aufgebogen hatten, wie bei mittelalterlichen Gauklern … Dieses Bild sollte Irmi lange nicht mehr verlassen. Sie schluckte.

»Vier mussten wir sofort einschläfern. Das Fohlen war schon tot. Zertrampelt.«

Doris Blumes Sprache war sachlich. Obwohl Irmi eigentlich nicht hinsehen wollte, glitt ihr Blick immer wieder über die Herde. Klapperdürre Tiere, viele mit schwärenden Wunden, eine junge Frau war gerade dabei, aus der Flanke eines Pferdes mit der Pinzette Würmer zu entfernen. Dabei redete sie leise mit dem Tier und lächelte ihm immer wieder zu. Irmi war nahe dran, sich zu übergeben. Kathi gab ein seltsames Geräusch von sich.

»Ich hab ein paar Kollegen aus der Veterinärmedizin informiert«, sagte die Tierärztin und wandte sich dann an Kathi: »Geht's denn?«

Kathi nickte, und Irmi kämpfte weiter gegen die aufsteigende Magensäure, während Doris Blume in alle Richtungen schnelle, knapp formulierte Befehle gab. Aus einem der Nebengebäude kam gerade die Chefin des Garmischer Tierheims. Sie trug einen großen Korb.

»Die packen's, mein ich.« Sie nickte Irmi und Kathi zu. »Wird etwas dauern, bis sie Vertrauen gefasst haben. Die seelischen Schäden sind meist das Schlimmere.« Die Welpen in dem Korb starrten nur so vor Kot und Schmutz, fünf von ihnen wirkten apathisch, eines aber versuchte, einem der Geschwisterchen spielerisch ins Ohr zu beißen. Irmi schossen Tränen in die Augen. Heiße salzige Tränen, Tränen der Wut und der Verzweiflung. Kathi war ein paar Schritte zur Seite getreten, ihre Schultern zuckten.

»Bei den Hunden ist es noch vergleichsweise erträglich«, meinte die Leiterin des Tierheims. »Sie hatten immerhin einen großen Raum und einen Zwinger. Kaum Wasser, kaum Futter, alles total zugekotet, aber ich habe schon Fälle gesehen, wo die Tiere nicht nur den Kitt aus den Fenstern gefressen haben, sondern auch noch sich gegenseitig.«

»Wie viele Hunde sind es denn?«, fragte Irmi und spürte, wie ihre Stimme ihr nicht gehorchte, sondern sich irgendwie piepsig anhörte.

»Zweiundsechzig, mit den achtzehn Welpen.«

»Und wo bringt ihr die unter?« Kathi starrte die Frau an.

»Genau da beginnt das Problem. Natürlich nicht alle bei uns, wir müssen sie auf alle bayerischen Tierheime verteilen, ich flehe und bettle. Die Tierheime müssen das stemmen, Geld gibt's keines vom Staat. Glauben Sie mir, manchmal hasse ich meinen Job. Ohne die Spenden wären wir verloren, wären die Tiere verloren. Drum muss ich jetzt auch meinen Telefonmarathon fortführen.« Sie lächelte Doris Blume zu, die zurückgekommen war, und eilte davon, einen Hundekorb unterm Arm.

Die Amtstierärztin verzog das Gesicht. »Die Leiterin des Tierheims legt den Finger in die Wunde. Kürzlich haben wir dreiundvierzig Katzen sichergestellt. Dreiundvierzig von ursprünglich sechsundsechzig, der Rest war tot.

Das kostet das Tierheim acht Euro am Tag bei einer durchschnittlichen Verweildauer von knapp hundertfünfzig Tagen. Ergibt pro Tier zwölfhundert Euro, das sind für dreiundvierzig Katzen fast zweiundfünfzigtausend plus circa sechstausendfünfhundert Euro Tierarztkosten. Und da rechne ich noch sehr am unteren Rand, denn Tiere aus solchen Verhältnissen sind meist sehr krank. Jedenfalls hat das Tierheim plötzlich auf einen Schlag fast sechzigtausend Euro Kosten! Und dabei habe ich die außerordentlichen Tierarztkosten, die Fahrtkosten und die zusätzlichen Mitarbeiterstunden gar nicht eingerechnet! Ich hab die Zahlen stets parat, die haben sich mir eingebrannt. Ich verwende sie als drohendes Beispiel, nur leider kann man Landräten oder höheren Tieren so schlecht drohen.«

Irmi sah sie fragend an.

»Schauen Sie, Frau Mangold, die Tierheime sehen keinen Cent von der öffentlichen Hand. Wenn die die Viecher nicht aus Tierliebe aufnehmen würden, stünden die vermeintlich Geretteten auf der Straße. Wie hier beginnt ein Telefonmarathon quer durch die Republik, um abzuklären, wer wie viele Tiere aufnehmen könnte. Wir alle benötigen neue rechtliche Grundlagen – Animal Hoarding ist ein vielschichtiges Problem.«

Animal Hoarding, krankhaftes Tiersammeln, das war der Begriff, den Irmi irgendwo im Hinterkopf gehabt hatte. Direkt war sie allerdings noch nie damit befasst gewesen. Da starben ja auch nur Tiere, keine Menschen, für die die Kripo zuständig war.

Und als hätten sich ihre Gedankenbahnen irgendwo gekreuzt, sagte die Amtstierärztin: »Im Prinzip geht Sie das hier ja gar nichts an, Frau Mangold. Das Leben ist zynisch. Tote Tiere verstoßen maximal gegen das Tierschutzgesetz.«

»Können wir trotzdem was helfen?«, fragte Irmi. »Gerade deshalb.«

»Sicher, jede Hand zählt. Wir müssen die Hunde einzeln versorgen. Sie überzeugen, in Transportkisten zu gehen. Haben Sie Erfahrung mit Hunden?«

Irmi stiegen die Tränen wieder hoch. »Entschuldigung. Meine Hündin ist kürzlich gestorben, der Schmerz ist … verdammt.« Sie schniefte.

O ja, sie hatte Hundeerfahrung. Wally hatte lange und gut gelebt und sterben dürfen, bevor sie allzu sehr hatte leiden müssen. Hier hingegen vegetierten Hunde vor sich hin, die nur gelitten und noch keinen einzigen Tag ein schönes Hundeleben erfahren hatten.

Die Amtstierärztin lächelte. »Wissen Sie, Frau Mangold, es gibt so viele arme Schweine, die auf ein besseres Leben hoffen, vielleicht hat Ihre Hündin ja Platz gemacht für so ein armes Schwein. Ich meine, irgendwann.« Dann sah sie Kathi an. »Würden Sie ein paar Telefonate für mich erledigen? Wenn Sie als Polizei Druck machen, wirkt das besser.«

Kathi nickte. Doris Blume reichte ihr einen Zettel mit Telefonnummern und sagte ein paar schnelle Sätze zur Erläuterung.

»Alles klar!« Kathi warf sich herum, flüchtete eiligen Schrittes zum Auto. Sah sich nicht mehr um.

Irmi folgte der Amtstierärztin, der Geruch wurde immer unerträglicher. Ein junger Mann mit einem Käscher kam ihnen entgegen. »Wir haben die meisten.«

»Wie viele?«

»An die hundert, fürchte ich.«

Irmi sah von der Amtstierärztin zu dem jungen Mann.

»Wellensittiche«, erklärte diese. »Sehr viele. Die schwirrten in einem Raum mit über gut achtzig Kaninchen. Kein Wasser, kein Futter. Viele der Kaninchen haben blutige Ohren oder nur noch Ohrfragmente, weil die ausgehungerten Wellensittiche in ihrer Verzweiflung die Kaninchen angenagt haben. Es sind auch verweste Tiere darunter. Da müssen wir uns noch einen Überblick verschaffen, mein Chef ist schon drin. Das erspar ich Ihnen. Wissen Sie, Frau Mangold, Nager können nicht bellen oder miauen. Sie krepieren stumm und quälend langsam. Kommen Sie!«

Aus dem Gebäude mit den Kaninchen quoll ein Geruch, der Irmi fast den Atem nahm. Sie schaute starr geradeaus und folgte Doris Blume in den Hundezwinger. Zum Glück waren hier längst ein halbes Dutzend Tierschützer und zwei Tierärzte zugange.

»Können Sie versuchen, die zwei Hunde da hinten milde zu stimmen?«, fragte die Amtstierärztin. »Riskieren Sie nichts, aber vielleicht können Sie die beiden bestechen.« Sie warf ihr eine Tüte Leckerlis zu. »Und falls sie irgendwas davon annehmen, bitte auf dieses Spezialfutter umsteigen. Die haben außer Würmern nichts im Magen, die müssen sich langsam an Nahrung gewöhnen.« Sie warf ihr noch zwei Beutel zu. Irmi erkannte die Packungen: ein sündhaft teures Futter für Hunde mit Niereninsuffizienz oder für Rekonvaleszenten.

Der Raum hatte etwas von einem Bunker. Bis auf wenige winzige vergitterte Fenster war er düster. In einer Nische befanden sich zwei Hunde. Irmis Augen mussten sich erst ans Halbdunkel gewöhnen. Sie näherte sich langsam. Der eine Hund zog die Lefzen hoch und knurrte. Der andere hatte die Rute eingeklemmt und starrte sie mit riesigen Augen an.

Irmi behielt den knurrenden im Auge. »He, ich versteh ja, dass du schlechte Laune hast, aber würdest du mir bitte glauben, dass ich dir helfen will?« Knurren. »Du, ich weiß, dass das etwas schwer zu glauben ist in deiner Situation, aber ich bin eigentlich eine ganz Nette.«

War sie eine Nette? Ja, natürlich. Sie war ihr ganzes Leben lang unkapriziös gewesen. Hatte immer getan, was eben getan werden musste. Hatte selten geklagt, und wenn, dann im stillen Kämmerlein. Sie hatte nie Allüren entwickelt, selten gezickt. Wahrscheinlich hatte sie deshalb auf Dauer auch keinen Mann halten können, die Drama-Queens hatten da bessere Karten. Männer fühlten sich wohl mehr geliebt, wenn eine Frau ihretwegen so richtig hysterisch wurde.

Man kann niemanden zwingen, einen zu lieben, hatte sie immer gedacht. Aber offenbar konnten das manche Frauen eben doch. Sie zwangen Männer zum Bleiben. So wie die Frau von *ihm*. Er war bei ihr geblieben, und Irmi hatte sich in die Rolle der Geliebten drängen lassen.

Sie sah die beiden Hunde an. Plötzlich war sie sich sicher, dass es zwei Hündinnen waren. Mutter und Tochter. Dabei hätte sie gar nicht sagen können, warum. Sie sah die Tochter an, die mit der eingeklemmten Rute und den panischen Augen.

»Mädelchen, ich werf dir mal was Feines hin. Probier mal.« Ein Leckerli flog zwischen sie und die Hündin. Die Mutter knurrte.

»Mama, du musst dein Kind nicht mehr beschützen, das

übernehmen jetzt andere für dich. Du musst dich mal entspannen, Mama. Mamachen …« Wieso hatten Tränen nur so ein Eigenleben? Irmi war immer der Meinung gewesen, dass man mit Tieren reden konnte. Vielleicht verstanden sie nicht den exakten Inhalt, aber sie verfolgte die Theorie, dass der Inhalt der Rede den richtigen Tonfall verlieh. Bei ihren Kühen und Schafen funktionierte das, auch wenn ihr Bruder Bernhard sie deswegen immer belächelt hatte.

Irmi warf der kleinen Hündin noch ein Leckerli hin. Die Mama knurrte nicht mehr. Und ganz langsam machte die Tochter einen Schritt nach vorne. Schnappte das Leckerli und quetschte sich wieder in die Ecke.

»Gute kleine Lady.«

Die Tochter schnappte sich das zweite Leckerli. Irmi warf ihr noch eins hin und dann eines vor die Füße der Mutter. Man konnte sehen, wie sie mit sich rang, doch letztlich siegte der Hunger: Sie nahm es.

Nach einigen weiteren Leckerlis öffnete Irmi den Beutel mit dem Spezialfutter. Doch da war keine Futterschüssel. Himmel, als würde das etwas ausmachen. Diese Tiere hatten zwischen Exkrementen überlebt, da war eine Schüssel verzichtbarer Luxus. Wo war eigentlich die Normalität geblieben? Einerseits Goldnäpfe und Diamanthalsbänder für die Haustiere, andererseits Kreaturen wie diese. Warum wurde die Welt immer extremer? Weil die Menschen immer irrer wurden?

Irmi näherte sich auf etwa fünfzig Zentimeter, verteilte den Inhalt der Tüten auf zwei Häufchen und ging wieder einen Schritt zurück. Die beiden Tiere fraßen, nein, schlangen das Futter in sich hinein.

Doris Blume war neben sie getreten. Leise und mit

einem Lächeln. »Frau Mangold, wenn Sie die Kripo mal verlassen, kommen Sie doch zu mir. Meinen Sie, die lassen sich ein Halsband anlegen?«

»Die Kleine ja, die Große … wer weiß?«

»Kleine und Große?«

»Mutter und Tochter, denk ich. Ist so ein Gefühl.«

Die Tierärztin nickte. »Könnte passen. Versuchen Sie es?«

Irmi näherte sich mit einem Leckerli der Kleinen, hatte Halsband und Leine in der Hand. Nun galt es. Was, wenn die Mama sie anfiel? Die Kleine machte sich noch kleiner, ließ sich aber ein Halsband umlegen, während Irmi ihre Augen auf Mama gerichtet hatte.

Sie murmelte: »Mama, Mamachen, es ist vorbei, aber es ist nur vorbei, wenn du jetzt mitmachst.« Als sie an der Leine zog, stand die Kleine auf – und es kam Irmi wie ein Wunder vor, dass die Mutter folgte.

Es war wie ein Triumphmarsch. Die Helfer hatten eine Gasse gebildet, es war auf einmal still. Kein Hund bellte mehr.

Irmi trat nach draußen, wo es dämmerte. Aber auch im fahlen Licht wurde das ganze Ausmaß der Tragödie sichtbar. Die Hundemutter humpelte, sie hatte ein paar böse eitrige Bisswunden. Die Kleine war so dünn, dass Irmi dachte, ihre Knochen würden beim Auftreten bersten.

»Gehen Sie zum Bus«, flüsterte Doris Blume. »Einfach gehen, nicht anhalten. Der Bus hat eine Rampe.«

Irmi gelang es, beide Hunde ins Fahrzeug zu bugsieren. Sie gab den beiden Tieren ein Leckerli, die Mutter nahm es sogar aus ihrer Hand.

»Eine Kämpferin«, sagte die Amtstierärztin und zeigte

auf die Größere der beiden Hündinnen. »War so eine Art Chefin im Rudel, denke ich. Die kriegen wir schon wieder hin. Und ihre Tochter wird sich auch berappeln. Eigentlich hübsche Hunde. Irgendwas mit Labrador drin.«

In der Tat. Die Mutter war schwarz, die Kleine schokobraun. Sie waren glatthaarig, nur die Schnauzen erinnerten eher an einen Collie.

Die Ärztin schloss die Tür und bat den Fahrer, den Bus zu starten. »Wir haben im Tierheim eine Art mobiles Lazarett eröffnet. Da werden die erst mal verarztet. Frau Mangold, wie heißen die beiden denn?«

Irmi zögerte nur ganz kurz: »Mama und Schoko.«

»Schön«, sagte Doris Blume und schrieb etwas auf ihr Klappbrett.

Irmi fühlte sich, als hätte sie hundert Stunden nicht mehr geschlafen, als trüge sie Schuhe aus Blei.

2

Der Bus fuhr davon. Irmi blickte sich nach ihrer Kollegin um. Erst nach einer Weile entdeckte sie Andrea und Kathi beim Notarztwagen und ging auf sie zu.

»Tut mir leid. Ich bin zusammengeklappt«, erklärte Andrea, die auf einem Stuhl vor dem Wagen saß. »Das war unprofessionell, aber …«

»Das war eine normale Reaktion. Ich mach mir nichts aus Tieren, aber das … das …« Kathi schossen Tränen in die Augen.

Kathi tröstete Andrea! Das Leben war ein fortwährendes Mysterium. Mitten im Wahnsinn gab es Lichtblitze, gab es Hoffnung, seltsame Wendungen. War der Mensch so? Musste es immer erst zu Katastrophen kommen, damit man zusammenrückte und milder wurde?

»Andrea, du musst dir keine Vorwürfe machen. Wir alle haben so etwas noch nicht gesehen«, meinte Irmi. »Aber hör mal, vielleicht könnte deine Familie zwei oder drei der Pferde unterbringen? Ihr habt doch leere Boxen. Die sind hier sicher froh um jeden Stallplatz.«

Andreas Eltern hatten eine Landwirtschaft, und erst kürzlich hatte ihre Cousine geheiratet und drei Pferde mitgenommen. »Bis auf Raisting aussi« hatte sie geheiratet, das war für die Traditionalisten in Andreas Umfeld fast schon eine Weltreise. Eine Weltreise von etwa dreißig Kilometern.

Raisting lag in einem ganz anderen Einzugsgebiet. Von

hier war es viel näher zur Landeshauptstadt und zum Starnberger See, wo schicke Münchenpendler zu Mietpreisen lebten, die sittenwidrig waren. Wo man sich fortwährend darüber unterhielt, ob man auf der richtigen oder der falschen Seite des Sees lebte, und wie eine Sinuskurve war mal die Feldafinger Seite die angesagte, mal die Berger Seite.

Solche Fragen stellte man sich in Andreas Familie nicht, sondern eher die, wie man den Nachbarn ärgern konnte, der immer mit seinem viel zu großen Bulldog die Kante des Feldes zu Matsch zerfuhr. Das waren die wichtigen Werdenfelser Lebensfragen.

»Meinst du?« Andrea klang wie ein Schulmädchen. Normalerweise hätte Kathi sie deshalb veralbert, aber diesmal blieb Kathi stumm.

»Ruf an! Red mal mit der Amtstierärztin«, schlug Irmi vor.

Andrea lief davon, und Kathi murmelte: »Wenn man selber Pferde hat, ist das wahrscheinlich noch viel schlimmer.«

Aktion, selbst blinder Aktionismus war besser als Verharren. So lange der Mensch noch irgendetwas tun konnte, blieben Panikattacken weitgehend aus. Aber sie lauerten ganz knapp unter der Oberfläche, bereit, jederzeit auszubrechen.

Bevor Irmi ihre eigenen nächsten Schritte überlegen konnte, kam Sailer. Zusammen mit dem Kollegen Sepp.

»Mir ham da noch so a Gebäude aufbrochn«, sagte Sailer, und noch immer klang seine Stimme ganz anders als sonst. Auch ein Sailer war zu erschüttern, oder gerade jemand wie er, dessen Weltbild so fest gezimmert war.

»Mir ham es sofort wieder zug'macht«, schickte Sepp hinterher.

Noch mehr Elend? Noch mehr Hölle? Was hatten sie entdeckt, was Angstflackern in ihren Augen erzeugt hatte?

»Was ist denn in dem Raum?«, fragte Irmi und wollte die Antwort am liebsten gar nicht hören.

»Des glauben Sie ned«, kam es von Sailer.

»Wo die armen Karnickel waren …« Sepp stockte kurz. »Do is noch a Nebengebäude. Verrammelt wie a Hochsicherheitstrakt. Also, i moan, des is a Hochsicherheitstrakt, weil da san Monster drin.«

Es war Kathi, die allmählich wieder zu ihrer gewohnten Form fand. »Könnten zwoa g'standene Mannsbilder amoi de Zähn auseinanderbringa?« Kathi konnte ein sehr gepflegtes Hochtirolerisch sprechen, wenn es sein musste, und nach einigen weiteren Nachfragen war den Herren zu entlocken, dass sie einen weiteren Raum gefunden hatten. Dass die Damen vom Tierschutz sie gebeten hätten, den Raum aufzubrechen. Dass das eine Weile gedauert hätte und dass sie als Erstes fast auf ein Krokodil getreten wären. Oder einen Leguan oder »so a Urviech mit Monsterzähn«, wie Sailer sich ausgedrückt hatte.

Jedenfalls waren ihnen noch offene Gitterboxen aufgefallen, und sie hatten die Tür wieder zugeworfen. Was völlig korrekt war, denn jeder Polizeischüler lernte, dass da Fachleute hermussten.

»Was habts gmacht, Burschn?«, fragte Kathi.

»Die Frau Tessy vom Tierschutz g'suacht, aber de is grad auf Garmisch abi«, meinte Sailer und sah Irmi hoffnungsfroh an.

Die Frau Irmengard, die würde es schon richten. »Sailer!

Sepp! Was machen wir in so einem Fall? Erst denken, dann lenken! Also?«

»Den Schlangenbeschwörer anrufen?«, kam es von Sepp.

»Genau, gut erkannt. Anrufen! Auf geht's!« Manchmal half nur die Flucht in den Zynismus und in sehr knappe Befehle.

In dem Moment kamen Tierschutzchefin und Amtstierärztin wieder vorgefahren. Die Scheinwerfer zerschnitten den Nebel, es war dunkel geworden. Zappenduster. Sie kurbelten die Scheiben runter, und Irmi setzte sie ins Bild, auch darüber, dass sie ihre Leute angewiesen hatte, den »Schlangenbeschwörer« zu rufen. So nannten sie den Inhaber des Reptilienhauses in Oberammergau, ein Experte für all diese dubiosen Kriechtiere. Er trat mit seinen Schlangen sogar in Filmen auf.

»Das fehlt ja grad noch!«, rief Doris Blume. »Auch noch Reptilien! Die kriegst du ja nirgends unter! Die Reptilienauffangstation in München wird uns lieben, wenn wir denen ein paar Hundert kranke Schlangen und Krokos bringen.«

»Ein paar hundert?«, fragte Kathi nach.

»Ja, bei den Terrarianern ist die Sammelleidenschaft meistens noch schlimmer. Da kommen leicht mal zwei- bis dreihundert Viecher zusammen. Gut, dann warten wir mal.«

Eigentlich hätten Irmi und Kathi jetzt von diesem unwirtlichen Ort verschwinden können, für sie gab es nichts zu tun, aber Irmi wollte auf jeden Fall noch nach Andrea sehen, und da Kathi nicht meuterte, gingen sie zusammen zu einem Stadl, unter dessen Dachüberstand sich sogar eine schiefe alte Biergartengarnitur befand, auf der man einigermaßen trocken sitzen konnte. Die Amtstierärztin hatte Kathi eine Decke mitgegeben, die sie sich um die Schultern hängte. Irmi fror komischerweise überhaupt nicht, obwohl ihre Fleecejacke nicht sonderlich warm war. Dann warteten sie.

Der Schlangenbeschwörer hatte sich beeilt, schien es. Schon bald traf er ein und wünschte ihnen mit fröhlicher Stimme einen guten Abend.

Irmi hatte ihn ein paar Mal erlebt. Er war ein Mann in den Vierzigern, mit einem leichten Allgäuer Dialekt und einem lakonischen Humor gesegnet, der Situationen entkrampfte. Seine Präsenz wirkte auf sie alle irgendwie beruhigend.

»Es war also bisher niemand drin?«, wollte er wissen.

»Nein, meine Kollegen haben die Tür sofort geschlossen. Ein Untier läuft offenbar auch frei da drin herum«, sagte Irmi.

Der Reptilienspezialist begann sein Auto zu entladen. Er hatte verschließbare Plastikbehälter dabei, Nylonsäcke, Styroporkisten, einen Schlangenhaken, Greifzange, Handschuhe und eine Gesichtsmaske. »Falls eine Speikobra dabei ist«, erklärte er.

Sie folgten ihm mit den Utensilien beladen zu besagtem Gebäude. Der Schlangenbeschwörer hatte eine Taschenlampe dabei, die einen ersten vorsichtigen Lichtstrahl in den Raum schickte. Schon bald fand er einen Lichtschalter, und augenblicklich war der Raum taghell. Blendend hell.

»Sie bleiben draußen! Ich seh schon von hier, dass die

Viecher hier in Gitterkäfigen gehalten werden. Ist in Deutschland offiziell verboten. Hat auch den Nachteil, dass da leichter Tiere abhandenkommen. Ein vernünftiges Terrarium ist an sich ein- und ausbruchssicher. Wie Alcatraz.« Er lächelte. »Ich verschaff mir erst mal einen Überblick.«

Er verschwand im Inneren und war relativ schnell wieder draußen. »Das Untier ist ein Waran. Abgemagert und unterkühlt. Den hab ich schon mal in eine Styroporkiste gepackt. Ist völlig harmlos. Die allermeisten Echsen sind nämlich ungiftig. Trotzdem wird das hier ziemlich uferlos. Rufen Sie bitte die Münchner an, ich brauch Hilfe«, sagte er an die Amtstierärztin gewandt. »Dabei war ich nur im vorderen Raum, es gibt aber mindestens noch einen zweiten. Zumindest ist da eine Tür.«

Irmi stellte sich vor, wie er – sobald er die zweite Tür öffnete – von Schlangen attackiert wurde. Es war ein apokalyptisches Bild, auf dem schwarze Schlangen niederfuhren. Woher hatte sie solche Weltuntergangsbilder?

Ihre Gedanken schweiften umher wie Scheinwerfer im Nebel. Diffus. Thor und die Midgardschlange hatten sich gegenseitig getötet, war das so gewesen? Dabei wusste sie, dass Schlangen so ziemlich alles taten, um vor den Menschen zu flüchten. Sie hatte im Laufe ihres Lebens genug harmlose Ringelnattern angetroffen, die sich schnell aus dem Staub gemacht hatten. Und sie wusste, dass die Kreuzotter den trampeligen Menschen scheute und schon fünf von ihnen gleichzeitig zubeißen müssten, um für den Menschen eine akute Lebensgefahr zu bedeuten. Aber Schlangenangst hatte nichts Rationales, und die Situation hier war einfach gespenstisch.

»Warum haben wir bloß solche Furcht vor Schlangen?«, fragte Irmi laut.

»Wissen Sie, Schlangenangst ist heute eher eine Erziehungsfrage. Früher war das anders: Als die Bauern bei uns noch mit der Sense mähten, war der Respekt vor Schlangen oft lebensnotwendig. Und in Australien zum Beispiel tut man sich schwer, eine Schlange zu finden, die *nicht* giftig ist.« Er zuckte mit den Schultern und ging wieder hinein. Irmi sah ihm nach, heftete ihre Augen an die Tür.

Nach einer Weile kam der Schlangenmann wieder. Sein Gesichtsausdruck war ernst. »Das ist jetzt allerdings … ich meine, das ist jetzt ungut«. Er suchte Irmis Blick. »Da drin liegt ein Mann. Tot. Und ich befürchte, er ist umgeben von ganzen Scharen von Mordverdächtigen: nicht nur Schlangen, sondern auch Spinnen, Schwarzen Witwen zum Beispiel. Ihren Biss merkt man kaum, aber sie verfügen über ein Nervengift, auf das manche mit extrem starken Unterleibsschmerzen reagieren. Und natürlich gibt es Skorpione da drinnen. Den Arabikus beispielsweise, der ungleich giftiger ist als der schwarze Skorpion. Pfeilgiftfrösche sind auch dabei.«

Irmi fühlte sich überfordert und müde. »Sie meinen, irgend so ein giftiges Tierchen hat den Mann ins Jenseits befördert?«

»Die Vermutung liegt nahe. Ich habe auch keine Schussverletzung oder irgendwas anderes Auffälliges gesehen. Recht unversehrt der Mann, man könnt meinen, die Pupillen sind etwas kleiner. Ich bin ja kein Profi, aber …« Er brach ab.

Irmi wurde klar, was das bedeutete: Erstens war sie nun schlagartig zuständig, und zweitens würde sich die Sache auch ermittlungstechnisch zur Hölle ausweiten. Sie konnten schließlich nicht einfach so ins Gebäude marschieren. Die potenziellen Mörder waren alle noch vor Ort – lauter hochgiftige Tiere wie Klapperschlangen, Vipern, Cobras, Spinnen und Skorpione.

»Sie können wahrscheinlich nicht ausschließen, dass da irgendwelche Tiere noch immer frei rumlaufen, oder?«, fragte Kathi.

»Es wäre am sinnvollsten, auf die Münchner Kollegen zu warten, erst mal die Tiere sicherzustellen und dann den Mann herauszuholen. Tot ist er ja schon.« Er zuckte bedauernd die Schultern. »Da bin ich mir zumindest sicher.«

Wenn die Reptilienpatrouille gleich überall herumkroch, war es nahezu aussichtslos, hinterher noch verwertbare Spuren zu sichern. Der Schlangenbeschwörer mochte zwar die Kriechtiere verdächtigen, dennoch mussten sie damit rechnen, dass der Mann auch aus anderen Gründen das Zeitliche gesegnet haben konnte.

Allein dieser Ort! »Tod in der Tierhölle. Mord im Viecher-KZ« – sie sah schon die Schlagzeilen vor sich. Irmi seufzte. Natürlich wollte sie weder die Kollegen noch die Spurensicherung oder den Notarzt gefährden. Eine Schlangenattacke auf einen Polizisten oder den Arzt würde mit Sicherheit noch schönere Schlagzeilen einbringen. Und sie konnte sich schon vorstellen, wie Kollege Hase vom Kriminaltechnischen Dienst auf ihren Vorschlag reagieren würde, inmitten von derartigen Giftspritzen Spuren zu sichern. Aber es half alles nichts.

Irmi sah Kathi an. Die hatte die Stirn gerunzelt.

»Versteh ich Sie richtig? Wir müssen erst mal den Raum von den Tieren befreien, oder?«, fragte sie nach.

»Ganz genau, und wir brauchen die Experten von der Reptilienauffangstation in München«, sagte Irmi und sah den Schlangenmann an.

»Die werden eine Freude haben, Sie glauben ja gar nicht, was die alles erleben. Eines Tages hingen bei denen Kaiman-Babys in einer mit Wasser gefüllten Tüte an der Tür. Jedes Jahr landen ungefähr achthundert Tiere in der Auffangstation. Reptilien sind derzeit im Trend, spätestens seit der Dinomode. Und mit der Zunahme der Minihaushalte hätte man dann doch gerne ein Tier. Eins, das nicht bellt und jault. Oder eins, das keine Allergien auslöst.« Er holte Luft. »Außerdem kriegen die jede Menge ungeliebte Erbschaften rein. Da stirbt die Oma und hinterlässt die Schildkröte, die noch gute fünfzig Jahre Lebenserwartung hat. Und es gibt jede Menge Scheidungswaisen aus dem modernen Beziehungswirrwarr und Tiere aus einer eher unangenehmen Ecke, die mit der Kampfhundeszene vergleichbar ist, wo Menschen ihr Ego mit besonders gefährlichen Tiere aufwerten wollen.«

Irmi hatte sich noch nie mit solchen Fragen beschäftigt, aber ihr wurde klar, dass sie sich da gerade in eine Nebenwelt hineinbegab, die undurchsichtig war und in der sie sich mehr als unwohl fühlte.

Der Schlangenmann verzog den Mund und sagte: »In den Beständen solcher Tiersammler befinden sich häufig Riesenschlangen, Giftschlangen und Exoten, die unter Artenschutz stehen und keine Papiere haben. Zwei Drittel der beschlagnahmten Tiere sind behandlungsbedürftig. Sie brauchen ein Leben lang Medikamente, und da müssen erst einmal Adoptiveltern gefunden werden, die mit so etwas umgehen können.«

»Und manchmal wird's offenbar auch gefährlich«, meinte Irmi. »Sie haben den Toten nicht zufällig erkannt, oder?« Blöde Frage, das wusste sie selber.

Der Schlangenmann lächelte. »Bedaure. Ein Mann von normaler Statur, um die fünfzig. Eher teuer gekleidet. Darüber trug er einen blauen Arbeitsmantel.«

Der letzte Satz alarmierte Irmi. Hier inmitten des Drecks und Kots war der Mann so teuer gekleidet herumgelaufen?

»Gut«, sagte Irmi, doch sobald sie das Wort ausgesprochen hatte, wusste sie, dass hier gar nichts gut war. Man redete einfach so daher, sagte »gut«, wenn man »schlecht« meinte. Sagte »versteh ich« zum Chef, der einen gerade entlassen hatte, wo man eigentlich »du dummes Arschloch« dachte. Sie riss sich zusammen. »Dann warten wir also auf diese Reptilien … äh … spezialisten aus München.« Eigentlich hatte sie »Reptilienfuzzis« sagen wollen. Sprache war eigentlich etwas Gemeines. Menschen konnten damit taktieren und manipulieren. Tiere hingegen waren ehrlich – und ausgeliefert.

Sie wandte sich an Kathi. »Kannst du zusammen mit Andrea herausfinden, wem das hier gehört?« An einem Tag wie diesem konnte sie sogar auf Kooperation der beiden Damen im Zickenduell hoffen. Kathi nickte und ging davon.

Selbst Doris Blume, die ja sonst immer von ansteckend guter Laune war, wirkte bedrückt, müde und frustriert. »Ich kann Ihnen leider auch nicht sagen, wem das hier gehört. Erstaunlicherweise wurden wir bisher noch nicht hierhergerufen. Das liegt vermutlich daran, dass das Anwesen so abgeschottet liegt. Aufmerksame Tierfreunde können sich nur dann melden, wenn sie etwas sehen. Und dann, Frau Mangold, Sie wissen das, sind uns auch erst mal die Hände gebunden.«

Erst wenn Nachbarn aufmerksam wurden – durch Lärm oder Gestank –, ging eventuell eine Meldung ein. Häuften sich die Meldungen bei der Polizei, informierte diese das Veterinäramt, aber ein Amtstierarzt konnte erst dann in eine Wohnung oder ein Anwesen eindringen, wenn die Staatsanwaltschaft das befürwortete. Das tat sie natürlich nur bei handfesten Beweisen, aber wie sollte man an solche gelangen, wenn sich der Tierhalter abschottete? Ein Teufelskreis und eine nicht endende Tierhölle, während die Zeit nutzlos ins Land ging, in der weitere Tiere elend verrecken mussten.

»Was geht denn in solchen Menschen vor, um Himmels willen?«

»Wir wissen, dass Tiersammler, Animal Hoarder genannt, psychisch krank sind. Eine Mehrheit von ihnen liebt ihre Tiere zu Tode. Es ist ein Krankheitsbild, bei dem Menschen Tiere in einer großen Anzahl halten, sie aber nicht mehr angemessen versorgen. Es fehlt an Futter, Wasser, Hygiene, Pflege. Die Halter erkennen nicht, dass es den Tieren in ihrer Obhut schlecht geht.«

»Aber das muss man doch merken!«

»Frau Mangold, es gibt auch andere Lebenssituationen, in denen man sich die Realität schönlügt und offensichtliche Tatsachen ausblendet. Diese Tiersammler machen das geschickt, die leben gut in ihrer kompletten Wahrnehmungsverzerrung.«

Sie hatte natürlich recht, es fiel Irmi nur so schwer, diese Quälerei als Krankheit zu sehen.

»Aber ich kann das doch nicht entschuldigen und sagen, das seien eigentlich gute Menschen mit einem hehren Ziel. Nach dem Motto: Eigentlich wollte ich ja Tiere retten, nur leider ist mir das irgendwie entglitten! Verdammt!«

Die Amtstierärztin lächelte müde. »Es gibt eine Studie aus den USA, die vier Typen unterscheidet. Der erste ist der übertriebene Pflegertyp, der sich tatsächlich in die Fürsorge verrennt und dem das Problem irgendwann über den Kopf wächst. Der Rettertyp hingegen glaubt, nur er könne Tiere richtig pflegen. Er rettet alles, aber irgendwann reichen Platz und Geld nicht mehr aus. Der Züchtertyp gibt vor, zu züchten. Er verliert aber den Überblick, es fehlen ihm auch der Geschäftssinn und die Logistik. Am Ende vermehren sich Tiere unkontrolliert, ohne verkauft zu werden. Und schließlich gibt es noch den Ausbeuter. Der schafft Tiere aus eigennützigen Zwecken an. Er hat keinerlei Mitgefühl, ist ein narzisstisch gestörter Mensch, der es zudem schafft, nach außen lange die Maske zu wahren. Er ist nämlich sehr manipulativ.«

Das klang alles nicht gut. Das klang nach vielen Mauern. »Und hier?«, fragte Irmi.

»Ach, wissen Sie, es gibt auch Mischformen. Hier handelt es sich wohl um jemanden, der sich sehr gut verstecken konnte. Ein Retter mit narzisstischer Störung? Keine Ahnung.«

In dem Moment kam Kathi wieder. »Was wir auf die Schnelle herausfinden konnten, ist Folgendes: Das Grundstück gehört einer Isabella Rosenthal. Gemeldet in Karlsruhe. Andrea ist ins Büro gefahren und will mehr herausfinden. Ihr Vater war übrigens gerade da mit dem Viechwagen und hat zwei Pferde mitgenommen. Er hat gesagt, dass er den, der das getan hat, persönlich an den Eiern aufknüpft.«

Von Doris Blume kam ein müdes Lächeln. »Bei so was denkt man öfter an Selbstjustiz. Am liebsten will man doch solchen Menschen das Gleiche antun. Tun wir aber nicht, wir schöpfen unsere legalen Möglichkeiten aus. Kämpfen gegen Windmühlen. Sie genau wie ich.« Sie zuckte die Achseln und ging zu einem Kleinbus hinüber, der eben gekommen war.

Die Experten von der Reptilienauffangstation in München begannen mit der Ärztin und dem lokalen Schlangenmann Kisten zu entladen. Irmi und Kathi konnten momentan nichts tun außer warten. Scheinwerfer leuchteten inzwischen das ganze Gelände aus, die erbarmungswürdigen Pferde waren alle weg, nur die fünf Erhebungen unter den Planen waren noch da – wie Mahnmale.

Es war merkwürdig still geworden, kein Gebell mehr, auch die Hunde waren einer besseren Zukunft entgegengereist. Wie es wohl Mama und Schoko ging? Sie sei eine Kämpferin, hatte Doris Blume gesagt. Doch genau das war das Perfide: Mit Tieren konnte man so quälerisch umgehen, weil sie nie haderten oder etwas infrage stellten. Weil sie nicht über ihr Schicksal nachdachten. Sie konnten nur versuchen zu überleben. Sie kannten es gar nicht anders. Nur in Filmen rotteten sich Tiere zusammen, nur dort befreiten clevere Katzen eine ganze Hundemeute.

Hier hatten sie alle bis auf die Hunde geschwiegen, und jetzt waren nur noch die leisen Jäger übrig – und einer von denen hatte einen Mann erlegt, wenn man dem Schlangenmann Glauben schenken wollte. Eigentlich war Irmi ganz froh, dass sie momentan nichts tun durfte. Ihr graute vor dem Moment, in dem sie sich mit dem Toten auseinandersetzen musste.

Dieser Moment kam zwei Stunden später. Mittlerweile war es nach Mitternacht, und sie hatte Kathi längst heimgeschickt. Die Reptilienexperten hatten geschuftet, unterkühlte Tiere notversorgt, manche hatten sie sofort einschläfern müssen. Und wieder würde es eine gigantische Anstrengung werden, diese Tiere gesund zu pflegen. Reptilien waren noch schwerer vermittelbar als pelzige Kuscheltiere. Kein Fell zu haben, war in der Liebhabeskala ganz unten angesiedelt.

Schließlich erhielt Irmi Zutritt zu dem Gebäude. Leere Gitterkäfige empfingen sie, das Schlimmste aber war eine Kühltruhe, in der tote Tiere eingefroren waren. Rasch warf Irmi den Deckel zu, um die Dämonen wieder wegzusperren.

Der Arzt konnte nur den Tod des Mannes feststellen. Irmi beschloss, die Leiche in die Gerichtsmedizin bringen zu lassen, denn es gab keine klar ersichtliche Todesursache.

Als sie wieder draußen in der feuchten Nebelnacht stand und frische Luft in ihre Lungen strömte, fühlte sie sich wie hundert. Mindestens. Auch der Schlangenmann sah im Scheinwerferlicht um Jahre gealtert aus. Das Tierelend ging ihm an die Nieren, man spürte seine unterdrückte Wut, seine Hilflosigkeit.

»Und was meinen Sie?«, fragte Irmi. »Könnte der Mann an irgendeinem Gift gestorben sein?«

»Könnte, klar. Ich habe dem Toten so eine Art Beipackzettel für die Pathologie mitgegeben, auf welche Substanzen man ihn testen sollte. Es waren einige Tiere nicht ordnungsgemäß gesichert. Mein Hauptverdacht gilt der Coloradokröte.«

»Wem?«

»Der Coloradokröte. Wissen Sie, Frau Mangold, das klingt in Ihren Ohren jetzt vielleicht merkwürdig, aber das Tierchen ist in den USA und auch andernorts sehr beliebt. Wenn man an ihr leckt, wird man high, die Coloradokröte setzt halluzinogene Substanzen frei.«

Irmi starrte ihn an: »Sie meinen, da leckt jemand allen Ernstes freiwillig an einer Kröte?«

»Durchaus, der Mensch ist findig! Das Sekret der Kröte dient eigentlich der Abwehr von Fressfeinden und verhindert den Befall von Parasiten. Im Sekret ist einiges Leckeres drin, unter anderem O-Methyl-bufotenin, ein halluzinogenes Alkaloid. Bei Fressfeinden, die nicht allzu groß sind, kann dieses Gift auch zum Tod führen.«

»Der Mann war aber doch kein Fressfeind!«

»Das nicht, aber wenn man zu viel an der Kröte leckt, kann das zu Gefäßverengung führen mit daraus resultierender Atemlähmung.« Er machte eine kurze Pause. »Wenn der Mann da drin der Verursacher des ganzen Elends ist, dann kann man der Kröte nur gratulieren.«

Irmi hatte in ihrer Karriere wahrlich genug erlebt. Jenseits der fünfzig konnte man mit Verlaub von einer gewissen Erfahrung sprechen. Schussverletzungen, Würgemale, sogar ein Insulinmord – aber Tod durch Krötenlecken? Sie wollte sich das gar nicht so genau vorstellen …

In diesem Moment wurde ihre Aufmerksamkeit auf Sailer gelenkt. Sie hatte ihn mit dem Autoschlüssel losgeschickt, der sich in der Jacke des Toten befunden hatte. Sailer hatte wahrscheinlich den Hummer in tiefer Ehrfurcht geöffnet, war sicher Probe gesessen – und hatte Spuren vernichtet. Deshalb hatte es so lange gedauert, bis Sailer auf seinen Säbelbeinen zurückkam. In der Hand hielt er ein Fundstück aus dem Wagen: ein albernes Herrenhandtäschchen. Warum wunderte es Irmi schon gar nicht mehr, dass es aus Krokoleder war?

»Haben Sie schon reingesehen?«, wollte Irmi wissen.

»Nia ned! Sie san doch de Chefin.«

Irmi zog Handschuhe über und fingerte einen Ausweis heraus. Kilian Stowasser war fünfundfünfzig Jahre alt und in Buenos Aires geboren. Das hatte Klang. Anders als geboren in Garmisch-Partenkirchen. Oder Schongau. Oder Weilheim. Geboren in Buenos Aires, gestorben in Krün. Das allerdings hatte keinen guten Klang.

»Warum sagt mir der Name was?«, fragte Irmi.

»Is des ned der Schlafsackmo?«, vermutete Sailer.

Irmi überlegte kurz. Der Schlafsackmann? Doch auf einmal hatte sie ein Bild vor Augen. Ein Mann neben dem Landrat. Ein Mann auf Rednerbühnen. Ein Mann im Fernsehen. Kilian Stowasser, den sie für seine Schlafsackproduktion zum Bayerischen Unternehmer 2010 gekürt hatten. Einen Tierschutzpreis hatte er auch erhalten, weil er konsequent Daunen aus Lebendrupf ablehnte. Weil er selbst auf einer riesigen Gänsefarm glückliche Gänse hielt, die grasen durften und schwimmen. Ein Vorzeigeunternehmer, der auch jede Menge Arbeitsplätze geschaffen hatte. Was hatte der hier verloren? Hatte er Tiere befreien wollen? Oder an der Kröte lecken?

Auch der Schlangenmann kannte Stowasser aus Funk und Fernsehen. »*Der* Stowasser? Ist das nicht der mit der Fabrik in Eschenlohe? Mit den Gänsen?«

Irmi musterte das Bild im Ausweis. Das war der Tote, ganz eindeutig.

»Den hab ich echt nicht erkannt«, sagte der Schlangenmann verblüfft.

Wer bitte schön erwartete denn auch den bayerischen Unternehmer das Jahres 2010 inmitten gefrosteter Schlangen, unterkühlter Leguane oder mit der Zunge im Nacken einer Kröte?

Irmi hatte Mühe, sich zu konzentrieren. »Man erkennt Leute ja öfter nicht, wenn sie quasi aus dem Zusammenhang gerissen sind, wenn sie … Wissen Sie was, ich komm nicht über diese Kröte hinweg, die …« Wieder beendete sie den Satz nicht.

»Frau Mangold, das wäre nur eine Option. Es befanden sich mehrere Tiere außerhalb der Käfige. Vielleicht käme auch einer der Pfeilgiftfrösche infrage. Sie sind klein, aber oho – null Komma null zwei Milligramm ihres Gifts sind tödlich, es muss nur etwas in eine offene Wunde geraten. Der Mann hat einen zerkratzten Unterarm. Das hab ich dem Arzt aber auch gesagt. In jedem Fall wird die Rechtsmedizin viel Spaß haben, und Sie auch: Kann man Reptilien eigentlich des Mordes anklagen?«

O ja, Spaß würde sie haben. Irmi straffte ihre Schultern. »Ihnen schon mal herzlichen Dank, bitte auch an die Kollegen von der Auffangstation. Ich befürchte, unsere Wege werden sich in nächster Zeit noch öfter kreuzen. Also ich mein, nicht dass mir das unrecht wäre, aber ohne den Herrn Stowasser …« Sie litt unter akuten Wortfindungsstörungen, unter einer Satzbildungsneurose.

Doch der Experte hatte sie schon richtig verstanden. »Frau Mangold, ich glaube, wir alle brauchen erst mal ein großes Bier und ein bisschen Schlaf. Ich stehe natürlich gern zur Verfügung. Würde mich auch interessieren, woran er gestorben ist.«

»Ich halt Sie auf dem Laufenden«, versprach Irmi und wandte sich dann an Sailer und Sepp. »Den Wagen zur KTU, das Täschchen auch. Es ist leider kein Handy drin. Die sollen aber trotzdem mal das gesamte Programm fahren.«

Dann verabschiedete sie sich von ihren Leuten und von den Tierschützern.

Es war eine rabenschwarze Nacht. Kein Mond, keine Sterne standen am Himmel. Sie würden heute Nacht keine Angehörigen mehr informieren. Zwar war es üblich, das so schnell wie möglich zu erledigen und gleich das Kriseninterventionsteam mitzunehmen, aber es war nach ein Uhr, und es lag keine Vermisstenanzeige vor.

Es war fast zwei Uhr, als sie zu Hause war. Noch immer versetzte es ihr einen schmerzhaften Stich, wenn ihr Blick auf den leeren Korb ihrer Hündin fiel. Es war eine stille Übereinkunft zwischen ihr und ihrem Bruder Bernhard, dass der leere Korb stehen blieb. Nicht einmal ihr Kater hatte davon Besitz ergriffen.

Der Kater namens Kater kam angeschlendert, gefolgt von einem zweiten Kater, der aus dem Nichts gekommen war. Ein rabenschwarzes Tier mit wenigen weißen Haaren an der Brust und weißen Barthaaren. Er hatte gelbe Augen wie ein Panther und das Temperament eines Quirls. Ständig in Bewegung. Dass Kater einen Artgenossen akzeptieren würde, hätte sie sich nicht träumen lassen. Aber Katzen waren unergründlich. Kater sah in dem Jungspund, den ihre Tierärztin auf ein knappes Jahr geschätzt hatte, wohl eine Aufgabe. Er war Vorbild und Erziehungsberechtigter zugleich. Deshalb hatte er wohl seinem jungen Freund eine Wühlmaus gefangen, die der Kleine nun stolz in die Luft warf. Das Ding war rattengroß, hatte bloß keinen so langen Schwanz. Irmi war sich sicher, dass Kater es gefangen hatte, nicht der kleine Hektiker. Der gab nämlich ständig pfeifende Geräusche von sich, die auch das letzte Beutetier in die Flucht geschlagen hätten.

Als sie ihr zweites Bier ausgetrunken hatte, war es halb drei. Sie entsorgte das Pelzding und ging ins Bett. Wie gut ging es doch ihren beiden Katern, dachte sie noch, ehe sie einschlief.

3

Als Irmi einige Stunden später ins Büro kam, war Andrea schon da. Sie setzte an, sich noch mal zu entschuldigen, was Irmi aber gleich mit einer Handbewegung abwürgte.

»Wie geht es den Pferden?«

»Papa hat ihnen gestern Nacht noch die Hufe ausgeschnitten. Wahnsinn, wie die dagestanden sind! Das Horn war voll nach vorne aufgebogen, die Gelenke natürlich total dick. Die armen Tiere haben erst mal gar nicht begriffen, was richtiges Heu ist. Wir geben auch lauwarmes Mash, denn denen ihr Darmtrakt ist mit Sicherheit nicht in Ordnung.«

»Das freut mich. Bei euch sind die bestens aufgehoben. Können sie denn bleiben?«

»Papa sagt nein, Mama sagt ja.« Andrea lachte bedeutungsvoll.

»Was sind's denn für welche?«, fragte Irmi.

»Das eine ist ein Wallach, bei dem ich mal auf schweres Warmblut tippen würde, wenn der mal zunimmt. Das andere ist eine Stute. Die hat sogar einen Oberländer Brand und ist sicher noch nicht alt«, meinte Andrea.

Na, eine Kaltblutstute würde ihr Vater sicher nicht mehr vor die Tür setzen, und für den Wallach würde sich die Mama starkmachen.

»Ich hab auch schon recherchiert«, sagte Andrea und wechselte das Thema. »Also diese Isabella Rosenthal hat das Grundstück vor drei Jahren gekauft. Sie ist die Schwester einer Liliana Rosenthal, das ist aber nur der ihr Mädchenname. Ihr Ehename lautet ...«

»Stowasser?«, vermutete Irmi, einem Impuls folgend.

»Ganz genau. Woher weißt du das denn?«

»Der Tote ist ein gewisser Kilian Stowasser. Das haben wir gestern Nacht noch anhand seines Ausweises herausgefunden. Da keine Vermisstenanzeige vorlag, dachte ich mir, es genügt, wenn wir gleich heute früh die Angehörigen informieren.«

»Von denen es wenige gibt. Die Frau ist tot. Keine Kinder. Ein Bruder irgendwo. Und eben diese Schwester der Frau. Ich versuche da gerade mehr rauszufinden.« Andrea machte eine Pause. »Du weißt also auch schon, wer dieser Stowasser ist?«

»Ja, was ich aber immer noch nicht glauben kann, ist, dass er für diese Schweinerei zuständig ist. Ausgerechnet der.«

Andrea nickte. »Ja, das find ich auch unglaublich. Der macht ja ganz massiv PR für seine tierschutzgerechte Produktion. Ich war auf seiner Homepage, da laufen oben am Rand glückliche Gänse durch oberbayerische Wiesen. So einer quält doch keine Tiere. Vielleicht wusste er ja nicht, was die Schwester seiner Frau da treibt?«

»Und warum war er dann dort?«, fragte Irmi.

»Vielleicht hat er's eben erst entdeckt?«

»Glaubst du das?«

»Nein«, sagte Andrea zögernd.

»Wir haben eine Soko gebildet«, berichtete Irmi. »Nachher ruf ich alle zusammen. Um zehn kommt außerdem ein Psychologe. Ich glaube, wir müssen alle erst mal begreifen, was Animal Hoarding eigentlich bedeutet.«

Um zehn Uhr saßen Kathi, Andrea, Sailer, Sepp Gschwandtner und Irmi im Besprechungszimmer.

»Wir waren ja gestern alle vor Ort«, begann Irmi. »Ich weiß nicht, wie ihr geschlafen habt. Ich hatte jedenfalls Albträume.« Sie erzählte von den neuesten Erkenntnissen, und als sie den Namen des Toten nannte, weckte das ungläubiges Staunen.

Dann nickte sie ihrem Besucher zu. »Ich habe Herrn Dr. Bindl dazugebeten, weil wir alle zum ersten Mal mit Animal Hoarding konfrontiert sind. Ich mein, wir waren alle schon mal in einer Messie-Wohnung, ich hatte aber noch nie das Vergnügen mit Schlangen in der Tiefkühltruhe, und Hasen mit abgefressenen Ohren hab ich auch noch nie gesehen.« Sie stockte kurz. »Herr Dr. Bindl, wir klären gerade erst die Besitzverhältnisse, aber kann es theoretisch sein, dass jemand nach außen ein ganz normaler Bürger ist und in Wirklichkeit hinter den hohen Hecken seines Anwesens Tiere hortet?«

»Genau, wie kann so was denn sein? Einerseits ist der Typ ein Tier- und Menschenfreund, andererseits liegen da lauter verelendete Kreaturen auf seinem Hof?« Andrea klang verzweifelt.

»Genau das ist das Perfide am Animal Hoarding, dass man diese Menschen eben nicht auf den ersten Blick erkennt«, erklärte Herr Bindl. »Wir hatten mal einen Fall von zwei Schwestern, die mit einer unendlichen Anzahl von armen Meerschweinchen in einer total vermüllten Wohnung lebten. Nach außen aber waren diese beiden Damen wie aus dem Ei gepellt.«

Weil keiner etwas sagte, fuhr er fort: »Die meisten Tierhorter igeln sich ein, und so dringt lange nichts nach außen.

Der Deutsche Tierschutzbund hat gemeinsam mit Amtstierärzten und Psychologen 2008 eine interdisziplinäre Arbeitsgruppe gegründet, der ich auch angehöre. Wir wollen alle, die sich beruflich mit diesem Krankheitsbild auseinandersetzen müssen, umfassend informieren. Häufig sind Tierhorter einsame Menschen, die psychisch massiv verletzt worden sind und sich daher von den Menschen abwenden und stattdessen den Tieren zuwenden. Kommt dann ein Auslöser wie Scheidung, Tod oder Verlust des Arbeitsplatzes hinzu, kann das der berühmte Tropfen sein, der das Fass zum Überlaufen bringt. Tiersammler haben kein stabiles Selbstbewusstsein. Sie können sich selber keine Grenzen und Strukturen setzen. So entwickelt das Sammeln eine Eigendynamik und wächst den Betroffenen über den Kopf.«

»Die Rolle von Kilian Stowasser bei dem Ganzen steht zwar noch nicht fest, aber der war doch ein erfolgreicher Machertyp. Der hatte sicher kein Selbstwertproblem!«, rief Irmi.

»Das mag sein, aber Sie müssen auch sein Umfeld berücksichtigen. Die Frau, die Schwägerin, auf die offensichtlich das Grundstück läuft. Society Ladys versuchen sich gerne im Tierschutz. Der bisher spektakulärste Fall für den Deutschen Tierschutz war eine wohlhabende Unternehmerfamilie in Hessen, auf deren Grundstück sich jahrelang Hunderte von Pferden, Hängebauchschweinen, Gänsen, Rindern und Ziegen aufhielten. Verwahrlost, krank, die Tiere vermehrten sich unkontrolliert, und die Jungen starben. Als das zuständige Veterinäramt ein Tierhalteverbot erwirkt hatte, schrieb die Familie den restlichen Tierbestand kurzerhand auf die Schwester um und zog nach Rheinland-Pfalz, wo das Veterinäramt weniger rührig war. Das könnte doch in Ihrem Fall so ähnlich sein: Stowasser überschreibt das Grundstück auf die Schwester seiner Frau und ist erst mal aus der Schusslinie.«

Anschließend erklärte er ihnen die Typologie der Tierhorter, die Irmi schon von der Amtstierärztin kannte. Wie gebannt lauschten sie alle seinen Ausführungen. Die vielen Informationen machten sie erst mal sprachlos. Sailer starrte Herrn Dr. Bindl mit offenem Mund an, Sepp schaute zu Boden, und Andrea kaute an ihren Fingernägeln.

»Offenbar haben wir hier aber einen, der nicht so recht ins Raster passt«, sagte Irmi schließlich.

»Passen Verbrecher denn je in ein Raster?«, fragte Dr. Bindl lächelnd.

»Da haben Sie recht, der böse Russe ist gar nicht immer böse, dafür aber die nette Hausfrau von nebenan.« Irmi spielte damit auf ihren letzten Fall an, bei dem ihr ganzes Team sich auf einen angeblich mafiösen Russen eingeschossen hatte. Es hatte unschöne Szenen gegeben, fast war der offene Krieg ausgebrochen, und nur Irmi hatte eine andere Spur verfolgt, die am Ende zum Ziel geführt hatte.

Dabei ging es ihr nie ums Rechthaben, auch jetzt nicht. Ihr war nur aufgefallen, dass es ihr häufig nicht gelang, ihre Mitarbeiter mitzuziehen und zu überzeugen. Wahrscheinlich fällte sie einsame Entscheidungen, tickte einfach anders und erklärte sich schlecht. Ob sie eine schlechte Chefin war? Diesmal wollte sie es besser machen, wusste aber nicht, wie.

»Gut, Herr Dr. Bindl, ich danke Ihnen für die hilfreichen Informationen.« Sie wandte sich an Kathi. »Wir beide fahren zu Stowassers Fabrik in Eschenlohe. Und du, Andrea, suchst du mir bitte alles raus, was du im Zusammenhang mit Stowasser findest? Du bist ja in Google deutlich kreativer als ich.«

Andrea lächelte verschämt.

»So, und der gute Sailer und der Gschwandtner Sepp fahren noch mal nach Krün. Ich will wissen, wer da wann und wie oft rein- und rausgefahren ist. Fragt am besten die Nachbarn. Ich bin sicher, die haben Tagebuch geführt. Alles kann wichtig sein! Gut, dann sehen wir uns wieder um sechzehn Uhr.«

Kathi und Irmi fuhren los. Hingen ihren Gedanken nach. Irmi war dankbar, dass auch ihre Kollegin nicht in Redelaune war. Sie konzentrierte sich, fokussierte ihre Gedanken auf das anstehende Gespräch.

Stowassers Fabrik war tatsächlich imposant zu nennen. Man fuhr durch ein gewaltiges schmiedeeisernes Tor, das einem englischen Landsitz zur Ehre gereicht hätte. Rechts lag eine Tuffsteinvilla im Stil der Gründerzeit, links ein etwas weniger spektakuläres Gebäude, das aus derselben Zeit zu stammen schien. Eine Zufahrt, breit wie eine Flugzeuglandebahn, führte auf eine moderne Halle zu.

Irmi parkte auf dem Besucherparkplatz. Ein Schild lenkte den Besucher in alle Himmelsrichtungen: Büro/Empfang, Fertigungshalle, Anlieferung, Abholung, Gänsefarm.

Der Empfang lag in dem etwas schlichteren Steinhaus. Ein findiger Architekt schien einige Mauern durch Glas ersetzt zu haben, was dem Ganzen Helligkeit und Modernität verlieh. Der Tresen bestand aus hellem Holz, ebenso wie die Sitzgruppe in der Ecke – und alles signalisierte: Seht her, wir vereinen Ökologie mit Ökonomie!

Irmi fand das Ambiente durchaus ansprechend, doch ihr kam das alles hier zu perfekt vor. Auch das Mädchen am Empfang war so eine Symbiose aus Tradition und Moderne, gewandet in ein Designerdirndl, geschmackvoll und schlicht, kein Oktoberfest-Aufreißkleidchen. Die junge Frau war dezent geschminkt und trug das Haar im Nacken zusammengebunden. Lässig und doch gepflegt. Selbst wenn es das Dirndl in Irmis Größe gegeben hätte, was sie bezweifelte, hätte sie es nie mit dieser Noblesse tragen können. Auch die schlanke Kathi nicht – deren trampeliger Gang hätte das Gesamtbild empfindlich gestört.

Das Mädchen begrüßte die Damen mit einem freundlichen »Willkommen bei KS-Outdoors – Daunenträume werden wahr«. Irmi fragte sich, ob sie wohl jedes Mal diesen Sermon von sich geben musste, auch am Telefon.

»Wir würden gerne mit Herrn Stowasser sprechen.«

»Haben Sie einen Termin?«

Irmi zeigte ihre Polizeimarke. Sie hätte auch einen Kronkorken hochhalten können, meistens schauten die Leute gar nicht richtig hin. Nur selten wollte jemand auch noch den Dienstausweis sehen, den Irmi meist im Auto hatte statt im Geldbeutel.

»Oh, ich bedaure. Ich habe ihn heute noch nicht gesehen.« Die junge Frau blickte aus dem Fenster. »Sein Wagen steht auch nicht drüben. Moment …« Sie führte ein kurzes Telefonat und erklärte dann: »Frau Faschinger, seine Assistentin, weiß leider auch nicht, wo er ist. Er hat wohl Außentermine.«

Ja, so konnte man das auch nennen. Er hatte einen

Außentermin gehabt, draußen in Krün, nur leider seinen letzten.

»Dann würden wir gern mit Frau Faschinger sprechen«, sagte Irmi. »Welches Zimmer?«

»Das dritte rechts.« Obwohl sie vermutlich vor Neugier platzte, blieb die Dame am Empfangstresen freundlich-professionell.

Kathi und Irmi gingen den Gang entlang. Die Wände waren gepflastert mit Auszeichnungen: Unternehmer des Jahres. Ein Tierschutzpreis. Ein Innovationspreis der IHK. Lobeshymnen von Landräten und vom Ministerpräsidenten.

Die Tür zu Frau Faschingers Zimmer stand offen. Sie traten ein, und Irmi zog die Tür von innen zu. Auch hier gab es diese hochwertigen Holzmöbel. Eine Doppeltür führte ins Büro von Frau Faschingers Chef. Ein schöner Raum: Holzböden, ein Schreibtisch in klaren Linien, ein paar Farbakzente, wieder Tuffstein, Glas und Holz. Über dem Schreibtisch hing ein wahrhaft hinreißendes Bild einer Gans.

Frau Faschinger war ihrem Blick gefolgt: »Das hat eine bekannte Tiermalerin aus Seestall bei Landsberg gemacht. Ich finde, diese Gans schaut so seelenvoll, so zufrieden.« Ja, ganz anders als die Augen jener Tiere, in die sie vergangene Nacht geblickt hatten.

»Frau Faschinger, Sie haben Ihren Chef heute noch nicht gesehen?«

»Nein.«

»Das ist nicht ungewöhnlich?«

Eine leise Irritation durchzog das Gesicht der Assistentin. »Nein, um die Zeit hat Kilian immer seinen Golfvormittag, sein erster Termin ist um vierzehn Uhr eingetragen. Er spielt jeden Mittwochvormittag Golf, so lange, bis Schnee liegt.«

Aha, man spielte Golf, klar. Was für eine heile Welt!

»Wann haben Sie ihn gestern denn zuletzt gesehen?«, wollte Irmi wissen.

Wieder blickte Frau Faschinger ein klein wenig irritiert. »Gestern, er war morgens kurz da und hat sich dann verabschiedet. Warum fragen Sie?«

»Frau Faschinger, sagt Ihnen Krün etwas?«

»Krün? Ja, sicher, das liegt auf dem Weg nach Mittenwald. Wieso fragen Sie?«

»Sie haben da aber keinen weiteren Firmenstandort, oder?«

»Nein, aber was sollen denn Ihre ganzen Fragen?« Frau Faschinger wurde etwas lauter.

»Herr Stowasser wurde gestern tot in Krün aufgefunden, inmitten einer unüberschaubaren Zahl von Tieren, die in erbärmlichem Zustand waren«, schaltete sich Kathi ein. »Tiere, die teils vor Ort eingeschläfert werden mussten. Können Sie mir dazu irgendwas sagen?«

Frau Faschinger starrte abwechselnd Irmi und Kathi an. Dann sagte sie mit zitternder Stimme: »Tot? Ja, warum denn?«

Weil sich die Tiere zusammengerottet haben. Weil sie die Coloradokröte zum Mord angestiftet haben. Weil die Pfeilgiftfrösche die Revolution ausgerufen haben. Solche Sätze hatte Irmi im Kopf. Stattdessen sagte sie: »Wir können Ihnen momentan gar nichts Konkretes sagen. Auch nichts über die Todesursache. Was hat Herr Stowasser in Krün gemacht?«

»Ich weiß es wirklich nicht«, flüsterte Frau Faschinger. Irmi hatte keine Ahnung, ob sie das glauben sollte.

»Hat Herr Stowasser Angehörige?«, fragte Kathi forsch.

Frau Faschinger säuselte immer noch leise wie ein Espenblättchen: »Liliana, also Frau Stowasser, ist 2009 verstorben. Kinder gibt es keine. Kilian hat einen Bruder, der momentan in Australien lebt oder besser gesagt rumgammelt. Er meldet sich alle paar Monate mal.«

»Was ist mit Isabella Rosenthal?«, fragte Irmi.

Stowassers Assistentin begann zu weinen. Ihre Schultern zuckten, und sie antwortete unter Tränen: »Das ist die Schwester von Liliana …«

»Das wissen wir schon. Ist das ein Grund zum Heulen?«, unterbrach Kathi sie, was ihr einen warnenden Blick von Irmi einbrachte.

Frau Faschinger schluchzte auf. »Frau Rosenthal ist hier fürs Marketing zuständig. Sie …« Der Rest ging in Tränen unter.

»Wo finden wir die Dame?«, übernahm Irmi.

»Sie hat gerade Journalisten zu Besuch. Sie machen einen Rundgang, im Moment sind sie bei den Gänsen.« Frau Faschinger heulte weiter.

Ihr vernuscheltes »Sie können doch keinen Pressetermin stören« überhörten Irmi und Kathi geflissentlich und gingen zügig zurück zum Empfang.

»Könnten Sie alle Abteilungsleiter in einer halben Stunde hierherbitten? Danke!«, wandte sich Irmi an die Empfangsdame, die ausnahmsweise einmal nicht perfekt aussah, sondern recht dümmlich mit ihrem vor Verblüffung geöffneten Mund. Dann verließ sie zusammen mit Kathi das Gebäude.

Draußen klebten die Blätter nass und morbide am Boden, die graue Stimmung erinnerte schon an den Herbst – nur war es weit vor der Zeit.

Kurz vor der Fertigungshalle ging links ein Weg Richtung »Gänsewelt« ab, wo sich schier endlose Wiesen befanden, übersprenkelt von weiteren Gebäuden. Das Gesamtareal musste an die zehn Hektar haben, überlegte Irmi. Sie folgten dem Weg und landeten in einer kleinen Senke, wo sich Gänse und Fotografen tummelten.

Eine Dame, vermutlich Isabella Rosenthal, war gerade mitten in einem Redeschwall. Sie nickte Irmi und Kathi nur zu, wahrscheinlich hielt sie die beiden für zu spät gekommene Journalisten. Sie drückte ihnen jeweils eine Pressemappe in die Hand. Die Titelseite zierte das Gänsebild, das über dem Schreibtisch des Chefs hing. Irmi blätterte weiter. Auf der nächsten Seite stand der folgende Text:

Federn lassen – aber tierschutzgerecht

Er ist schön kuschelig und soll auch bei extremen Minusgraden noch wärmen und den Menschen ausgeruht in den Bergmorgen entlassen. Die Qualität eines Schlafsacks entscheidet oft über das Gelingen von Touren, manchmal sogar übers Überleben. Enthalten sind diverse Füllmaterialien, darunter oft die wärmenden Gänsedaunen. Hand aufs Herz: Wer denkt wirklich darüber nach, woher diese Daunen eigentlich stammen? Wir von *KS-Outdoors – Daunenträume werden wahr* machen unsere gesamte Produktion transparent!

Die Präsentation wirkte hochwertig, das Papier war dick, die Mappe in Recyclingpappe gehüllt und von einem naturfarbenen Bindfaden gehalten. Hier sprang einen der Ökofaktor geradezu an.

Die Marketingdame fuhr mit ihren Ausführungen fort: »Hier haben wir eine Gruppe von hundert Gänsen. Hochinteressant ist, wie die sich verhalten. Es gibt immer ein Leittier. Der hat das Sagen, darf als Erster ans Fressen. Dann folgt die Gruppe in einer festgelegten Rangordnung, und dann gibt's noch den Aufseher, der nachschaut, ob alle gefressen haben. Er selbst frisst erst ganz zum Schluss. In dieser Gruppe ist das Leittier ein Weibchen, der Aufseher männlich, das war aber auch schon andersrum.«

Sie lächelte, und die Journalisten schrieben eifrig mit. Irmi spähte auf das Namensschildchen an ihrer schilfgrünen engen und kurzen Daunenjacke – sicher auch von der Firma KS-Outdoors. Es war tatsächlich Isabella Rosenthal. Ihr Alter war schwer zu schätzen, von vierzig bis Mitte fünfzig war alles möglich. Ihr Gesicht war fast faltenfrei, sie war groß, hatte einen gewaltigen Busen, einen kleinen Bauchansatz und dünne Beine. Eher eine Brünhilde als ein Rehlein. Ihre naturkrausen Haare trug sie in einer seltsamen Hochsteckfrisur, was ihre Gestalt noch imposanter machte.

Sie hatte die Journalisten fest im Griff, die ihr folgten wie der Rattenfängerin von Eschenlohe. Die Führung umfasste noch zwei Ställe, eine Anlage für die Küken, weitere Freiläufe sowie ein Heu- und Strohlager, das Irmi vor Neid erblassen ließ. Wie machten die das, dass die Ballen wie Zinnsoldaten standen und keine Spinnwebe den Heustock verunzierte?

Anscheinend hatten sie die eigentliche Pressekonferenz verpasst, denn die Fragen der Journalisten waren ziemlich speziell und bezogen sich offenbar auf das vorher Gesagte.

»Hab ich das richtig verstanden, dass Sie als erste deutsche Firma das Prüfinstitut beauftragt haben?«, fragte einer von ihnen.

Isabella Brünhilde Rosenthal lächelte. »Wir sind die zweite oder dritte in Deutschland. In Bayern haben wir aber eindeutig eine Vorreiterposition mit dieser Überprüfung durch den, nennen wir ihn mal, Daunen-TÜV! Inzwischen gibt es ein absolut undurchsichtiges Netz an Zertifizierungen und Öko-Labels, die dem Verbraucher vorgaukeln, er könne sich ein sauberes Gewissen erkaufen. Deshalb haben wir uns für das bekannteste internationale Testlabor entschieden. Es wird von Experten betrieben, die unabhängig von Daunenproduzenten und Daunenabnehmern arbeiten und kein Interesse daran haben, eine der Parteien zu bevorzugen oder zu schützen. Das Labor hat Niederlassungen in Europa, in den USA und in China. Ein zentraler Aspekt ist die Tatsache, dass das Labor in China auch einheimische Mitarbeiter beschäftigt, um Zugang zu den chinesischen Farmen zu erhalten. Sie finden die ganzen Informationen noch mal ausführlich in der Pressemappe. Wenn keine Fragen mehr sind, danke ich Ihnen für Ihren Besuch. Wir haben uns erlaubt, für Sie alle eine Daunenweste bereitzulegen, die sie am Empfang abholen können. Deshalb auch die Frage nach Ihrer Kleidergröße in meiner E-Mail.«

Sie lachte, für Irmis Geschmack ein bisschen zu aufgesetzt. Dann fiel ihr Blick auf Irmi. »Für die beiden Damen habe ich nun leider keine Weste, hatten Sie sich angemeldet? Für welches Medium?« Dabei klang sie wie Heidi Klum, wenn die sagte: »Ich hab heute leider kein Foto für dich.«

Irmi erwiderte: »Kein Problem, wir sind ja auch zu spät dazugestoßen. Wir würden Sie aber gerne noch kurz sprechen, wenn das ginge?«

Frau Rosenthal schien einen Moment aus dem Konzept zu geraten, nickte dann aber. Der Tross zog zum Empfang und nahm dort die Tüten entgegen. Frau Rosenthal zog einen der Journalisten zur Seite und wisperte ihm halblaut zu, dass sie auch für seinen Sohn eine Weste beigelegt habe. Aha, ein besonders wichtiger Kollege, dachte Irmi.

Sie und Kathi wurden in den Besprechungsraum gegenüber vom Empfang geschickt, wo noch Reste einer bayerischen Brotzeit standen. Kathi griff sich eine Breze und tauchte sie in eine Schüssel mit süßem Senf.

»Kathi!«, rügte Irmi sie.

»Ja, was? Ich hab höllisch Hunger. Schade, dass keine Weißwürst mehr da sind.« Nach einem männerbedingten Ausflug ins Kerndlfressen – ihr Ex war Veganer gewesen – aß Kathi nun wieder alles.

Sie mampfte noch an ihrer Breze, als Isabella Rosenthal den Raum betrat. »Noch ein Kaffee für die Damen?«

»Nein, danke.« Anscheinend war die Marketingchefin von ihren Kolleginnen noch nicht gewarnt worden und glaubte noch immer, sie beiden wären Journalistinnen.

»Was kann ich für Sie tun? Für welches Medium schreiben Sie noch?«

»Gar keins«, sagte Irmi und zeigte ihre Polizeilegitimation. »Irmi Mangold und Kathi Reindl, Kripo Garmisch.«

Brünhilde Rosenthal starrte sie schweigend an und wartete ab.

»Sie besitzen ein Grundstück in Krün«, fuhr Irmi kühl, aber nicht unfreundlich fort. Sie lehnte noch immer am Tisch und fixierte die Frau.

Frau Rosenthal zögerte nur kurz. Sie war clever genug, diese Tatsache nicht abzustreiten, denn natürlich gab es Grundbuchauszüge. Eine solche Lüge hätte sie nicht weit gebracht.

»Ja«, sagte sie schließlich.

»Was machen Sie mit dem Grundstück?«

»Geht Sie das was an? Ich habe meine Steuern immer bezahlt!«

Frau Rosenthal bemühte sich um Überlegenheit, aber Irmi spürte eine gewisse Unsicherheit. Sie maßen sich mit Blicken. Irmi war froh, dass Kathi noch an ihrem Breznstück herumkaute.

»Frau Rosenthal, Sie haben Ihren Hauptwohnsitz in Karlsruhe?«

»Ach, wollen Sie mich wegen eines Meldevergehens anklagen? Hah! Ja, ich habe den Hauptwohnsitz in Karlsruhe, weil dort auch der Sitz meiner PR-Agentur ist. Ich habe ordnungsgemäß einen Zweitwohnsitz in Eschenlohe bei meinem Schwager gemeldet. So, das hätten wir geklärt, deshalb hätten Sie sich nicht herbemühen müssen!«

»Ich wüsste dennoch gerne, was Sie mit dem Grundstück machen. Beantworten Sie doch bitte meine Frage!«

Wieder ein kurzes Zögern. Dann straffte sie die Schultern. »Ich betreibe einen Gnadenhof im Andenken an meine liebe Schwester, die 2009 verstorben ist. Sie war wie ich eine große Tierfreundin.«

Nun fehlten Irmi doch kurz die Worte. Gnadenhof! O ja, was für eine Gnade hatten die Tiere da erhalten!

»Ach, ein Gnadenhof?« Irmi versuchte die Kontrolle zu behalten.

»Ja, wir haben alte oder ungewollte Pferde aufgenommen. Die haben doch auch ein Recht auf Leben! Sie wohnen im artgerechten Offenstall.«

Nun ging es mit Irmi durch. »Artgerecht? Ihre Schützlinge standen knietief im Morast, hatten Hufe wie Schnabeltassen, wo sich das Horn bereits nach oben aufbiegt. Das Futter war zertrampelt. Artgerecht? Sie wissen schon, dass es durch den permanenten Zuzug neuer geretteter Pferde ständige Rangordnungskämpfe gibt. Alte Pferde aber sind nicht mehr wehrhaft, sie haben oft schwere Prellungen und offene Wunden. Die Pferde sind nicht nach Geschlechtern getrennt, und die Fohlen werden zu Tode getrampelt. Wie bei Ihnen! Gerade alte Pferde brauchen einen individuellen Rückzugsraum! Ein wirklich guter Offenstall müsste viel größer sein und über trockenen Boden verfügen, es müsste Futterraufen geben und sauberes Wasser. Von wegen Gnade, diese Tiere sind Ihretwegen durch die Hölle gegangen!«, rief Irmi und wusste gar nicht, wo all diese Worte hergekommen waren. »Und was war mit den Hunden, den Kaninchen? Was, Frau Rosenthal! War das auch alles Gnade?«

»In der Natur leben Pferde auch in Gruppen, Hunde sind Rudeltiere, und Kaninchen …«

»… lieben es, wenn man ihnen die Ohren zu wunden Stummeln abbeißt?« Irmi wäre beinahe auf die Frau losgegangen.

Dass Kathi sie einmal bremsen würde, das hätte sich

Irmi nicht träumen lassen. Aber bevor Frau Rosenthal womöglich tätlich angegriffen wurde, ging Kathi dazwischen.

»Ihr Schwager wurde gestern Nacht tot auf diesem Folterhof gefunden. Mitten zwischen irgendwelchen Reptilien.« Kathis Stimme war schneidend. Ihr makelloses Gesicht sah aus wie in Eis gemeißelt.

»Kilian? Tot?«

»Tot, jawohl!«

Frau Rosenthal starrte sie an und schwieg.

»Hat es Ihnen etwa die Sprache verschlagen? Schlecht, in ihrem Promojob!«, kommentierte Kathi mit schneidender Stimme.

Es war, als hätten sie die Rollen getauscht. Kathi versuchte sich in Zynismus, und Irmi wäre beinahe handgreiflich geworden. Es war ihr ausgesprochen unangenehm, dass sie vorübergehend die Kontrolle über sich verloren hatte. So kannte sie sich gar nicht.

»Ist er wirklich tot?«, vergewisserte sich Frau Rosenthal.

»Ja, mausetot. Frau Rosenthal, Sie können schon mal mit einer saftigen Anzeige wegen hundertfachem Verstoß gegen das Tierschutzgesetz rechnen.« Irmi hatte sich wieder etwas besser im Griff. »Und noch eine Frage: Was war eigentlich mit den Reptilien?«

»Wir hatten mit den Reptilien nie was am Hut, meine Schwester und ich. Das war Kilians Bereich. Nur er hatte die Schlüssel zu dem Gebäude. Er hat diesen Bereich immer ganz für sich haben wollen. War mir auch recht, ich hasse Schlangen.«

»Sie wollen mir also weismachen, dass Sie über seinen Reptilienbestand nichts wussten?«

»Wie gesagt: Natürlich weiß ich, dass er diese Tiere hält,

aber nicht, welche und wie viele.« Frau Rosenthals Stimme wurde schriller.

»Da scheinen Sie generell etwas den Überblick verloren zu haben, Frau Rosenthal!«, meinte Irmi.

»Ich war nicht mehr so oft droben. Kilian hat gesagt, er füttert die Tiere, weil er ja sowieso zu seinen Lieblingen geht.«

Irmi starrte die Frau an. Sie war also nicht mehr so oft droben gewesen. Hatte die Tiere einfach vergessen. Im Stich gelassen. Auf andere abgeschoben.

»Was für ein schönes Andenken an Ihre Schwester! Sie haben die Tiere einfach verrotten lassen!«

»Also hören Sie mal! Mein Schwager war sehr zuverlässig. Ein Ehrenmann. Ich musste in letzter Zeit häufig nach Karlsruhe, was unterstellen Sie mir da eigentlich?«

Irmi schluckte und fragte mit äußerster Beherrschung: »Wann haben Sie Ihren Schwager zuletzt gesehen?«

»Vorgestern. Ich war bis heute früh in Karlsruhe. Ich bin um vier aufgestanden, um rechtzeitig zu meinem Termin mit den Journalisten wieder da zu sein.«

»Gibt es Zeugen?«

»Sind Sie noch bei Trost? Brauch ich etwa ein Alibi? Natürlich hat man mich gesehen, ich kann Ihnen auch die Tankquittungen von der Autobahn raussuchen lassen, sie sind allerdings schon in der Buchhaltung.«

Das würde sich leicht überprüfen lassen. »Hat Ihr Schwager Sie über seine Pläne in Kenntnis gesetzt, zum Beispiel darüber, dass er zu dem fabelhaften Tierschutzhof unterwegs war?«

»Nein, das wusste ich nicht. Ich war auch, wie gesagt, nicht da.«

Plötzlich stürzte Frau Rosenthal aus dem Zimmer. Dabei hätte sie beinahe Frau Faschinger über den Haufen gerannt, die gerade die Botschaft überbringen wollte, dass sich alle Abteilungsleiter versammelt hätten.

Sie schaute der PR-Chefin angewidert hinterher. »Die kommt gleich wieder. Bei Aufregung braucht sie eine zusätzliche Gabe.«

»Gabe?« Irmi runzelte die Stirn.

»Na, Sie wissen schon.« Frau Faschinger machte eine schnelle Bewegung aus dem Handgelenk.

»Sie trinkt?«

Frau Faschinger lächelte verschwörerisch. »Ja, natürlich. Wodka im Kaffee am Morgen, bei Sekt Orange lehnt sie immer ab und nimmt nur den Saft, den sie dann unauffällig mit Wodka aufspritzt. Sie braucht ihren Pegel, und wenn der absinkt, dann gnade uns Gott. Ohne ihren Helfer wird sie unangenehm aggressiv, wenn sie zu viel hat, wird sie melancholisch.«

Aus der Heulsuse von vorhin war eine ganz schöne Giftspritze geworden. Giftspritze, genau. Irmi hatte den toten Kilian Stowasser vor Augen. Auch hier in der Fabrik herrschte eine ziemlich vergiftete Atmosphäre.

»Ich entnehme Ihrer Rede, dass Sie Frau Rosenthal nicht sonderlich schätzen?«

»Fachlich ist sie ein großer Gewinn für die Firma. Es ist nur sehr schwer, mit ihr zusammenzuarbeiten, weil sie uns dazu zwingt, auf ihre aktuelle Tageslaune einzugehen. Das macht die Sache etwas anstrengend.«

»Was hat denn der Chef dazu gesagt?«, fragte Kathi.

»Kilian hat ihr immer die Stange gehalten. Nun, sie ist ja auch seine Schwägerin.«

»Hat Kilians Frau eigentlich auch in der Firma mitgearbeitet?«, fragte Irmi.

»Nein, die war mehr mit Charity und Ehrenämtern befasst. Und mit Schönsein. Ist auch eine Aufgabe!«

»Woran ist sie denn gestorben?«, wollte Kathi wissen.

»Sie hat einen Schwächeanfall erlitten und ist im Reitstall, wo ihre Pferde standen, die Treppe vom Stüberl hinuntergestürzt. Dabei hat sie sich den Nacken gebrochen.«

Irmi sah sie scharf an und sagte dann, einem Impuls folgend: »Sie war auch Alkoholikerin und ist deshalb gefallen?«

»Das haben jetzt Sie gesagt!«

Irmi beschloss, sich die Unterlagen zu diesem Todesfall kommen zu lassen.

»Frau Faschinger, Ihnen ist wirklich nichts von einem Grundstück in Krün bekannt?«

»Nein, ich bin erst seit zwei Jahren bei KS-Outdoors, und ich arbeite hier nur. Im Gegensatz zu manchen anderen Kollegen hab ich aber auch ein Privatleben. Ich verbringe viel Zeit mit meinen beiden Enkeln und kümmere mich nicht um private Dinge von Kilian.«

Das glaubte ihr Irmi nicht so ganz, schließlich wusste sie über den Alkoholkonsum der Damen Rosenthal ja so einiges. »Ich dachte nur, weil Sie mit dem Chef per du zu sein schienen?«

»Stimmt, das hat er mir nach einem Jahr angeboten. Das hier ist eine kleine Firma, wir arbeiten eng zusammen, Kilian ist ein bodenständiger Typ, und außerdem san mir in Bayern.«

4

Die nächste Stunde verbrachten Irmi und Kathi damit, die Abteilungsleiter des Unternehmens mit den Daunenträumen einzeln zu befragen. Den Ingenieur aus der Fertigung. Den Leiter Design. Die Leiterin der Schnittabteilung. Den Lagerleiter. Den Mann, der den Gänsebetrieb unter sich hatte.

Alle waren voll des Lobes für Kilian Stowasser, ließen aber auch durchblicken, dass Frau Rosenthal nicht ganz einfach in der Zusammenarbeit sei. Je enger man mit ihr zusammenarbeiten musste, desto stärker war die Kritik. Der Ingenieur hatte sich am neutralsten geäußert, der Leiter Design hatte sich über ihre starke Einmischung beklagt. Von Krün wollten sie aber alle nichts gewusst haben.

Allenthalben wurde Kilian Stowasser als begnadeter Golfer bezeichnet, mit einem Handicap im einstelligen Bereich. Dass die verstorbene Frau Stowasser sehr tierlieb gewesen sei, ja, auch das war bekannt. Die Tierliebe von Frau Rosenthal hingegen war niemandem so richtig präsent. Bei den Befragungen brachen ohnehin einige Brocken aus der heilen Fassade des Unternehmens, denn Frau Rosenthal schien das Klima tatsächlich ziemlich zu vergiften.

Nach Alibis zu fragen, war momentan ziemlich sinnlos, so lange sie nicht wussten, wann der gute Kilian von Daunentraum genau verstorben war. Und zumindest Frau

Rosenthal mit ihrem Trip nach Karlsruhe schien aus dem Kreis der Verdächtigen auszuscheiden.

Es war wärmer geworden, der Himmel changierte in hellgrauen Tönen.

»Außen hui, innen pfui«, kommentierte Irmi auf dem Rückweg im Auto. »Nach außen heile Geschäftswelt, und hinter den Fassaden eine Alkoholikerin und ein Arbeitsklima, das alles andere als idyllisch ist. Schad um die schönen Dirndl.«

Kathi nickte. »Schade auch, dass wir mit Kilian Stowasser nicht mehr reden können. Der hätt sicher schöne Geschichten erzählen können.«

»Vielleicht wurde er deshalb ermordet? Weil er nichts mehr erzählen sollte?«

»Von einer Kröte oder einem Pfeilgiftfrosch? Kann man die vielleicht als Mörder anheuern, indem man ihnen zehntausend Euro oder mehr Mäuse verspricht?«

»Ja, ja, ich weiß, das ist unlogisch. Da passt gar nichts zusammen.«

»Oder es war halt doch ein Unfall mit seinen giftigen Spielzeugen«, meinte Kathi.

»Jetzt hören wir uns erst mal an, was die Kollegen so zu berichten haben.«

Die Kollegen im Büro hatten einiges zu erzählen, Andrea hatte ganze Arbeit geleistet.

»Der Daunensaubermann hatte im Spätherbst 2008 eine ganz schöne Schmutzweste. Da hatte ihn eine Tierschutzorganisation schwer unter Beschuss«, berichtete sie. »KS-Outdoors muss ziemlich gelogen haben. Von wegen, alle Daunen kämen von glücklichen Gänsen und so.«

»Sondern?«, fragte Irmi.

»Also, da gibt es eine Tierschutzorganisation. FUF e.V. steht für ›Fell und Federn‹ und wurde 1990 gegründet. Der Hauptsitz ist Hannover, die Landesgruppe Bayern hat ihren Sitz in Garmisch, und der 1. Vorsitzende heißt Max Trenkle.«

Irmi nickte Andrea zu. »Sauber recherchiert, und was hat der FUF nun rausgefunden?«

»Dass KS-Outdoors sehr wohl Daunen aus Qualzuchten in Ungarn zugekauft hat. Auf der Homepage von FUF sind echt eklige Bilder.«

»Danke, nicht noch mehr solche Viechereien«, rief Kathi.

Auch Irmi war nicht unbedingt erpicht auf weitere Gräuelbilder. »Also, so ganz versteh ich das alles nicht. Die PR-Dame, die Schwägerin des Chefs, hatte heute eine Pressegruppe da und hat von einem Speziallabor gefaselt, das Federn und Daunen und die tierschutzgerechte Haltung prüft. Ich muss gestehen, das Innenleben von Schlafsäcken und Daunenanoraks hat mich bisher nicht wirklich interessiert.«

»Mir war das auch alles etwas zu kompliziert, und da hab ich mir gedacht, ich lad den Herrn Trenkle mal zu uns ein.« Sie unterbrach sich mit einem unsicheren Blick zu Kathi und Irmi. »Ich hab bei euch angerufen, aber Kathis Handy war aus. Deins hat geläutet, es ging aber keiner dran.«

Irmi lächelte. Andrea verfiel immer wieder in diese Obrigkeitsangst. Während Kathi zu sehr voranpreschte, nahm sich Andrea zu stark zurück und dachte zu viel nach.

»Andrea, du hast Herrn Trenkle hergebeten? Ja, wunderbar, das hätte ich auch getan. Wann kommt er denn?«

»Er sagte, wir sollen anrufen, er könne innerhalb von fünf Minuten da sein.«

»Gut, Andrea, dann lass den Mann antanzen. Wenn jemand schon mal erpicht darauf ist, mit uns zu reden, müssen wir das doch ausnutzen.« Irmi nickte ihr aufmunternd zu und wandte sich dann an Sepp Gschwandtner, dem sie eher eine längere Rede zutraute als Sailer.

»Irgendwas von den Nachbarn?«

»Oiso, es gibt ja ned bloß de eine Nachbarin, die direkt angrenzt. Es gibt noch zwei andere in der Stroß.«

Ja, das hatte sie zwar nicht wissen wollen, aber Sepp musste wohl erst in Fahrt kommen. Irmi wartete.

»Oiso, des Gelände is erscht im Frühling 2009 bezogen worden. Verkauft hat des a Bauer, der wo 2007 aufgeben hot. Er hot aber so an horrenden Preis verlangt, dass koaner des kauft hot. Erst 2009 hot sich do was bewegt, und dann is des aa ganz schnell ganga, sagen die Nachbarn. Dass sie des kaum richtig mitkriegt ham und dass da glei des Mordstor war.« Er atmete durch, Reden war für ihn offenbar anstrengend.

»De ham sich mehrfach beschwert, weil's eben immer so laut is. Einer, der wo Herr Mühlbauer hoaßt, hot amol a Frau im Cabrio aufg'halten und sie g'fragt, was da oben los sei. Die hot ihm fünfhundert Euro gebn.«

»Wie bitte?«

»Ja, er hot g'sagt, sie hot g'sagt, sie tät halt Hunderl züchten, und da wär's halt lauter, und des wär dann so eine Art Entschädigung. Er hot dann nimmer mehr bei uns ang'rufn.«

Das war ein starkes Stück. »Haben Sie gefragt, wie die Frau aussah?«

Sailer mischte sich ein. »Sicher, Frau Irmengard. Groß, hot er g'moant. Gepflegt, eine Dame eben. Er hot das Kennzeichen notiert.«

»Das Sie schon überprüft haben, Sailer?«

»Sicher.«

»Und von dem Sie den Halter ermittelt haben?«

»Sicher.«

»Der wie heißt?« Irgendwann würde Irmi mal Jod-Sɪɪ-Sprechperlen an Sailer ausgeben.

»Des is aa de Frau.«

»Aber die hat doch auch einen Namen?«

»Sicher.«

Zum Glück schaltete sich Sepp ein: »Isabella Rosenthal.«

Was zu erwarten gewesen war: Frau Rosenthal, die mal eben kleine Geldgeschenke verteilt hatte.

Auch die Anwohner weiter unten, ein älteres Ehepaar, das allerdings nur zeitweise in Krün lebte und zeitweise in München, hatten Geld erhalten, erzählte Sepp. Nur die direkte Anwohnerin, Frau Sanktjohanser, die Sailer ja bereits von seinem ersten Besuch des Krüner Anwesens kannte, hatte behauptet, weder Geld angeboten bekommen noch welches angenommen zu haben.

»Des glaub i der aber ned«, hatte Sailer kommentiert.

Irmi glaubte das auch nicht, aber sei es drum. Frau Sanktjohanser hatte zu Protokoll gegeben, dass alle zwei Wochen nachts ein Lkw vorgefahren sei. Das Tor sei dann aufgegangen und gleich wieder zu. Ein Kennzeichen hatte sie sich nicht gemerkt, es sei ja dunkel gewesen, sie sei sich aber sicher, es sei »was Ausländisches« gewesen.

Ansonsten hatte Frau Sanktjohanser fünf Autos benennen können, die die Straße hinaufgefahren waren: Stowassers Hummer, ein Firmen-Kleinbus von KS-Outdoors, Frau Rosenthals Cabrio, ein Mazda MX-5 und ein Mercedes Jeep, der sei allerdings schon länger nicht mehr gekommen. Irmi nahm an, dass es sich dabei um den Wagen von Stowassers verstorbener Gattin handelte.

Ab und zu wäre auch ein Heutransporter gekommen, hatte Frau Sanktjohanser erzählt. Sicher nicht allzu häufig, dachte Irmi, sonst wären die Tiere nicht bis auf die Knochen abgemagert gewesen.

Irmi blickte in die Runde. »Gut, vielen Dank. Wir können also davon ausgehen, dass die Tiersammelei sozusagen in der Familie geblieben ist.«

»Was aber auch bedeutet«, sagte Kathi, die bekanntlich keine Probleme damit hatte, Unangenehmes anzusprechen, »dass wir keinerlei Hinweise auf einen Mörder oder eine Mörderin haben. Damit geht uns das Ganze eigentlich nichts an, oder?«

»Bis ich nichts aus der Rechtsmedizin habe, sind wir von der Kriminalpolizei im Boot«, erwiderte Irmi. »Wie sieht es eigentlich mit der KTU aus? Hat Hasi schon Laut gegeben?«

»Die sichern gerade die Spuren im Auto und vor Ort. Schade, dass kein Handy zu finden war«, meinte Andrea.

Ehe Kathi noch einmal aufbegehren konnte, klopfte es. Andrea ließ einen Mann herein, der sich als Max Trenkle vorstellte. Irmi bat ihn, schon mal in den Nebenraum zu gehen. Bevor sie ihm folgten, zischte sie Kathi zu, sie solle sich beim folgenden Gespräch bitte im Zaum halten.

Dieser Max Trenkle gefiel Irmi. Er war groß, schlank

und trug die Haare sehr kurz. Ein bisschen erinnerte er sie an Reinhard Mey. Seine Nickelbrille mochte etwas öko wirken, seine Outdoorhose dagegen gar nicht. Sicher Baumwolle aus fairem Handel, dachte Irmi. Insgesamt wirkte Trenkle sehr gepflegt und sympathisch.

Sie dankte ihm für sein Kommen und erklärte ihm, dass sie sich für Kilian Stowasser interessierten. Im Zuge von Internetrecherchen seien sie darauf gestoßen, dass der Tierschutzverein FUF Herrn Stowasser im Visier gehabt habe.

»Herr Trenkle, ich muss gestehen, dass ich bisher eher selten über Schlafsäcke nachgedacht habe. Ich weiß nur, dass Hersteller von Daunenbetten und Daunenkissen Öko-Zertifizierungen haben.«

Eigentlich sollte man viel bewusster und informierter leben, dachte Irmi – wenn der Tag nur mehr als vierundzwanzig Stunden hätte und ihr Kopf nicht immer wieder an die Grenze seiner Aufnahmefähigkeit geraten würde. Gleichzeitig rügte sie sich innerlich, dass das ja eigentlich keine Entschuldigung war.

Max Trenkle nickte. »Ich hole jetzt etwas aus«, kündigte er an. »Unterbrechen Sie mich, wenn Ihnen das zu weit geht.«

Irmi lächelte ihn an. »Nur zu!«

»Gänse werden hauptsächlich des Fleisches wegen als Weihnachts- oder Martinsgans gezüchtet – und schon bleibt einem das Gänsefleisch im Halse stecken. Eine frei laufende Biogans hat zur Schlachtreife nach etwa sieben Monaten ein Gewicht von vier bis sechs Kilo, aber von den rund zehn Millionen Gänsen, die in Deutschland zwischen November und Weihnachten auf den Tellern landen, stammen die meisten aus Polen und Ungarn. Dort werden Gänse in nur neun Wochen unter Kunstlicht und in größter Enge auf ihr Verkaufsgewicht von drei Kilo gemästet. Dabei ist die Gans eher der Abfall, denn das Kostbare an ihnen ist die Stopfleber. Die Stopfleber-Mast ist perfide Tierquälerei: Durch das sogenannte Stopfen wird das Gewicht der Gänseleber von normalerweise hundertzwanzig Gramm auf über ein Kilo gequält. Folgen der brutalen Zwangsernährung sind zerrissene Speiseröhren und geplatzte Mägen. Als Quasi-Abfallprodukt verwendet die profitorientierte Fleischindustrie auch noch die Daunen, die in Betten und Outdoorprodukten landen.«

Immerhin musste sie kein schlechtes Gewissen wegen der Weihnachtsgans haben. Sie konnte nämlich Gänsebraten gar nichts abgewinnen, und ihr Bruder Bernhard gottlob auch nicht.

Max Trenkle sah sie fragend an.

»Nur weiter, Herr Trenkle!«

»Dabei haben die Fleischgänse vielleicht sogar noch Glück, Frau Mangold, denn manche Gänse werden auch rein für die Daunen gezüchtet und bei lebendigem Leibe gerupft. Das nennt man übrigens beschönigend Mauserrupf – mit der Begründung, die Tiere würden in der Mauser ja eh ihre Federn verlieren. Manchmal liest man auch das Wort Harvesting, weil das auf Englisch ja eh keiner versteht. Dieses Verfahren führt bei den Tieren zu schweren Wunden, die sogar genäht werden, auch ohne Betäubung! Der Stress für die Tiere ist so gewaltig, dass sie sich vor Panik in den Stallecken gegenseitig erdrücken. Nach der grausamen Tortur bleiben sterbende Gänse mit gebrochenen Flügeln zurück.«

Kaum hatte Irmi sich etwas erholt von den Bildern der Nebelnacht in Krün, kamen schon wieder neue Albtraumszenarien auf sie zu. Warum war sie auch mit der Gabe gesegnet, sich alles immer so bildlich und plastisch vorzustellen!

»Und von Höfen mit solchen Praktiken hat KS-Outdoors ihre Daunen bezogen?«, fragte Kathi.

»Junge Frau, Sie klingen ungläubig, aber genau das konnten wir denen nachweisen.«

»Wie denn?«

»Wir haben ein paar Schafsäcke aufgeschnitten und den Inhalt testen lassen. Wir haben einen Zulieferer zum Sprechen gebracht, ich will Sie da jetzt gar nicht langweilen. Jedenfalls konnte der Bezug von Daunen aus Ungarn aus einem Stopfleber- und Lebendrupf-Betrieb nachgewiesen werden.«

»Ja, und KS-Outdoors? Was haben die gemacht?«

»Die konnten sich rausreden, dass sie nicht wissentlich Daunen aus tierquälerischer Haltung bezogen hätten.«

»Und damit sind die durchgekommen? Oder anders gefragt: Warum bezweifeln Sie die Richtigkeit dieser Aussage?«, fragte Irmi.

»Das kann ich Ihnen sagen, Frau Mangold. Kilian Stowasser hat sich darauf versteift, dass er nun mal nicht den gesamten Weg kontrollieren könne. Er hat darauf verwiesen, dass der Zwischenhändler, der die Federn reinigt, einfach welche aus Lebendrupf dazwischengemengt habe.«

»Das kann aber doch sein, oder?«, warf Kathi ein.

»Ja, das kann schon sein. Allerdings hatte der Zulieferer uns gegenüber ausgesagt, dass Kilian Stowasser sehr wohl gewusst habe, was er da einkauft. Dass Stowasser die Farm in Ungarn sogar einmal besucht hätte.« Er stieß Luft aus. »Wir hätten ihn als Zeugen gebraucht, er hat seine Aussage aber leider revidiert, weil wir ihn angeblich unter Druck gesetzt hätten.«

Es war still im Raum. Sehr still. Nach einer Weile sagte Irmi leise: »Haben Sie das getan?«

»Nein, haben wir nicht.« Er ließ sich nicht provozieren.

»Stowasser hat sich also aus der Affäre gezogen. Das war Ende 2008. Zwei Jahre später wird er bayerischer Unternehmer des Jahres. Wie passt das zusammen? Ist kein Schatten auf seiner weißen Weste geblieben?«, wollte Kathi wissen.

»Kilian Stowasser ist clever. Sein Marketing auch.«

»Frau Rosenthal?«

»Ja, genau die. So sehr ich Felltiere schätze, aber Haare auf den Zähnen mag ich bei Frauen nicht. Stowasser und seiner Marketingchefin ist es gelungen, die negative Publicity in eine positive umzumünzen. Er gab den reuigen Sünder und ließ klare Richtlinien definieren, die auch an die Daunenlieferanten kommuniziert wurden. Mit Unterstützung eines unabhängigen Partners wurde anschließend ein so genannter Auditierungsprozess gestartet. An dieser Stelle kommt das Labor ins Spiel. Es ist ein seriöses und unabhängiges Institut, gar keine Frage. Mit dieser Transparenz geht KS-Outdoors nun hausieren und Rattenfangen bei den Journalisten.«

Irmi fiel auf, dass auch Trenkle das Bild vom Rattenfänger gewählt hatte.

»KS prescht sehr forsch nach vorne«, fuhr Trenkle fort. »Die Richtlinien für Daunen stammen alle aus der Nahrungsmittelindustrie und sind auf die Outdoorbranche eigentlich nicht übertragbar. Da sind wir uns mit KS sogar ausnahmsweise einmal einig. In der Nahrungsmittelindustrie geht man von einem sehr kurzen Leben der Tiere aus. Deshalb sind diese Standards eigentlich immer noch absolut lebensverachtend für die Tiere. Und darum hat sich KS aufs Banner geschrieben, dass sie von ihren Zulieferern die Einhaltung der Richtlinien der englischen Tierschutzorganisation RSPCA erwarten. Marketingtechnisch ist das brillant!«

»Und Sie glauben ihm das immer noch nicht?«, fragte Irmi nach einer Weile.

»Nein, Frau Mangold, aber wir werden weiter gegen Windmühlen kämpfen, werden weiter unter chronischem Geldmangel leiden und hoffen, dass uns eine nette ältere Dame eine Wohnung vererbt, die wir dann veräußern können.«

Kathi funkelte ihn böse an.

»Junge Frau, das ist unsere einzige Chance. Mitgliedsbeiträge sind ein Tropfen auf den heißen Stein. Und falls Sie nun befürchten, dass ich alte Gönnerinnen meucheln könnte: Nein, das tue ich nicht, all unseren Mitgliedern sei ein langes Leben vergönnt.«

Er war gut. Eloquent und souverän.

»Vielleicht keine Gönnerin, aber Kilian Stowasser?«

»Was, Kilian Stowasser?«

»Vielleicht meucheln Sie keine alten Damen, aber den Widersacher? Wie wäre das, Herr Trenkle?« Irmi klang freundlich und aufgeräumt, obwohl ihr längst schon wieder die Magensäure aufstieß. Sie musste dringend etwas dagegen unternehmen.

»Stowasser ist tot?«

»Genau.«

»Ermordet?«

»Sagen Sie es mir.«

»Also, ich habe ihn nicht getötet. Wenn Sie mich jetzt nach Feinden fragen, da hatte er sicher aus unseren Reihen eine ganze Menge. Er hatte aber auch Feinde in seiner Branche …«

»Halt, das ist mir zu ungenau. Wen?«

»Liebe Frau Mangold, das vermag ich Ihnen auch nicht zu sagen. Aber seine Marketinglady geht sehr clever vor. Ich weiß nur, dass auch andere gern diesen Unternehmerpreis bekommen hätten.«

»Herr Trenkle, Sie und Ihre Organisation hatten doch nicht bloß KS im Visier, oder? Da gibt es doch sicher noch mehr schwarze Schafe?«

»Natürlich, fast alle. Wenn der Konsument für einen Schlafsack keine hundert Euro zahlen will, dann müssen halt die ungarischen Gänse dran glauben. FUF ist im Übrigen eine Organisation, die regional wirkt. Wir haben Landesgruppen und betreiben ganz bewusst Tierschutz in der Region. Und nur da.«

»Dann bleibt der Schwarze Peter derer, die Stowasser nicht mochten, aber an Ihnen kleben«, kommentierte Irmi.

»Damit kann ich leben. Ich nehme an, Sie wollen eine Mitgliederliste des FUF. Die maile ich Ihnen natürlich. Außerdem kann ich Ihnen Tina Bruckmann empfehlen, die eventuell mehr weiß.«

»Tina Bruckmann?«

»Eine rührige und fähige Lokaljournalistin. Sie hat sich mal intensiver mit Stowasser beschäftigt, soweit ich weiß. Mehr kann ich Ihnen aber auch nicht sagen. Sie ist sehr verschwiegen und redet und schreibt erst, wenn sie wasserdichte Fakten zusammen hat.« Er lachte. »Wenn Sie mir jetzt sagen, ich soll die Gegend nicht verlassen, ist das kein Problem. Ich bin ohnehin in der Nähe. Wir machen gerade ein groß angelegtes Katzenkastrationsprojekt, aber das ist eine andere Geschichte.«

Trenkle war nicht nur klug und ziemlich gut informiert in Polizeidingen, er war auch überraschend kooperativ, wenn er von sich aus anbot, eine Mitgliederliste zu mailen.

»Schön, Herr Trenkle, dann schicken Sie mal die Liste!«

»Mach ich. Jetzt haben Sie mir aber immer noch nicht gesagt, was mit Stowasser passiert ist.«

»Das hab ich auch nicht vor«, schoss Irmi den Ball zurück.

Er lachte. »Ach, vielleicht hätte ich doch dabeibleiben sollen, bei solch netten Kolleginnen wie Ihnen. Wissen Sie, ich hab mal bei der Polizei begonnen.«

Aha, daher wehte der Wind, daher sein Fachwissen. »Vom Gesetzeshüter zum Tierschützer?«, meinte Irmi mit einem gewissen Unterton in der Stimme.

»Sie wollen sagen, vom staatstragenden Beamten zu einem renitenten Störer?«

»Na, das haben Sie gesagt«, gab Irmi zurück.

»Schauen Sie, Frau Mangold, ich fand eine Polizeiausbildung anfangs gar nicht so falsch, aber dann kam Wackersdorf, und plötzlich stand ich meinen Kumpels gegenüber. Ich hätte Wasserwerfer auf die richten sollen, mit denen ich am Abend zuvor noch gekifft hatte. Ich für meinen Teil hab diese Demos unter dem Einsatzfahrzeug verbracht und zugesehen, wie windige Kollegen im Schutz der Uniform und der Staatsmacht zu fiesen Schlägern wurden. Ich hab das dann abgebrochen, so gespalten war und ist meine Persönlichkeit nicht.« Er machte eine Pause und lächelte Irmi an – mit einem Ich-bin-zwar-über-fünfzig-aber-meinen-Lausbubencharme-hab-ich-mir-bewahrt-Lachen.

Zur Schizophrenie im Polizeidienst, zum Machtmissbrauch hätte Irmi einiges beitragen können, aber das wäre eher ein Gespräch für eine Kneipe gewesen, ein Gespräch am Holztisch mit Bier und Schmalzbroten. Deshalb fragte sie recht unvermittelt: »Was sagt Ihnen Krün?«

»Die Perle des Karwendels?«

Er war nicht so leicht zu erschüttern. Irmi wartete.

»Wenn Sie auf Stowasser abheben, so weiß ich, dass er da ein Grundstück hat, und ich nehme an, dass die Daunen aus den Qualzuchthöfen da angeliefert werden. Ich war zweimal mit Tina Bruckmann vor Ort. Es gibt hohe Tore, Hecken, Mauern und viel Strom, der eifrige Kraxler abhält.«

»Sie waren also nie drin?«

»Nein, wie denn auch?«

Er schien wirklich nicht zu wissen, was für ein unsagbares Tierelend da verborgen gewesen war.

»Sie hätten sich einfach vors Tor stellen können!«, rief Kathi. »Wir sind doch nicht blöd.«

»Sie sind sicher auch nicht blöd, junge Frau. Sie sind attraktiv und klug, und deshalb denken Sie bitte nach: Ich baue mich also vor dem Tor auf. Oder ich baue mich mit mehreren meiner Mitglieder vor dem Tor auf. Was passiert dann? Stowasser fährt mitnichten jemand über den Haufen oder lässt sich provozieren. Dazu ist er viel zu clever. Wenn, dann ruft so einer die Polizei und den Landrat gleich dazu, wahrscheinlich auch den Ministerpräsidenten. Die einzige Chance, das Gelände zu betreten, wäre illegal gewesen. Ich habe auch mit dem Gedanken gespielt, einfach loszurennen. Aber er hat das geschickt gelöst. Er fährt mit quietschenden Reifen durch das erste Tor, das sich sofort wieder schließt. Dann fährt er durch das zweite. Selbst wenn es jemandem gelänge, durch das erste Tor zu kommen, wäre er anschließend zwischen den beiden Mauerringen gefangen. Das ist so ähnlich wie die Zugbrücke einer mittelalterlichen Festung, nur moderner.«

Umso ungewöhnlicher war es, dass dieses Mal das Tor offen gestanden hatte, dachte Irmi. Sie hatten im Herrenhandtäschchen den Türöffner gefunden – warum hatte Stowasser nicht wieder zugemacht?

»Sonst ist Ihnen in Krün nichts aufgefallen?«, hakte sie nach.

»Hundegebell, wenn Sie das meinen. Wachhunde, nehme ich an. Auch ich lass mich ungern von einem Pitbull, Staffordshire oder Dobermann zerfetzen.«

»Hätten Sie nicht so einen armen Kettenhund befreien wollen?« Irmi ließ noch einen Versuchsballon steigen.

»Oh, da könnte ich Ihnen ad hoc an die zehn Bauernhöfe aufzählen, wo ich ebenfalls tätig werden könnte. Wahlweise können Sie einen Hund für horrendes Geld freikaufen, und der Mann holt dann sofort einen neuen, oder Sie lassen sich vom Hof schießen.« Trenkle erhob sich. »Ich geh dann mal wieder Katzen einfangen. Die Liste kriegen Sie. Und noch eins: Schad war es um Stowasser nicht.«

Sobald er draußen war, begann Kathi auf Irmi einzureden. »Sag mal, Irmi, der hat ja wohl voll mit dir geflirtet.

Und du mit ihm. Mir ist der mehr als suspekt. Und dann dieses ständige Beim-Namen-Nennen, Frau Mangold hier, Frau Mangold da. Das hat der mal bei einem Rhetorikseminar gelernt oder so. Voll nervig, oder?«

Irmi hätte jetzt viel sagen können, zog es aber vor zu schweigen. Kathi war eine komplett andere Generation als sie und wusste nichts von Wackersdorf, nichts von besetzten Häusern. Irmi hatte Anfang der Achtziger einen Typen kennengelernt, der in Freiburg in einer besetzten Bruchbude gelebt hatte, schaurig-schön war das gewesen und abenteuerlich, doch schon bald hatte Irmi bemerkt, dass sie auch in alter Jeans und Schlabber-Sweatshirt immer noch ausgesehen hatte wie das nette Mädel von nebenan. So abenteuerlich ihr der Typ anfangs erschienen war – irgendwann wusste sie, dass sein nonkonformes Leben auch nichts anderes war als ein Ritual. Zwar hing der Aufkleber »Atomkraft – nein danke« am Kühlschrank, aber das Licht brannte, auch wenn niemand zu Hause war. Klar, sie bezahlten den irgendwo angezapften Strom ja auch nicht. Als dann auch noch eine Gasleitung angezapft wurde, war Irmi aus Sicherheitserwägungen wieder ausgezogen und zurück ins Werdenfels gegangen.

Zum ersten Mal hatte sie gespürt, dass sie unpassend war: unpassend für polemische Gruppierungen jeder Art. Unpassend für Verbände und Vereine, weil deren Zielrichtung war, Profilneurotikern eine Plattform zu geben. Was am Land gar nicht so einfach gewesen war, denn eine konsequente Vermeidung von allen Trachten-, Gartenbau- oder Schützenvereinen war den Leuten dort mehr als suspekt. »Is die was Besseres?«, war immer die Frage in der Nachbarschaft gewesen. Irmi rettete da nur, dass ihr Bruder bei der Feuerwehr und in gefühlt hundert anderen Vereinen tätig war. Außerdem konnte sie jede Vereinsabstinenz auf ihre unmöglichen Arbeitszeiten schieben.

Irmi war unpassend für diese Welt, denn sie konnte mit vielen, sie war umgänglich und offen. Aber sie konnte mit den wenigsten länger und tiefer, weil die wenigsten Tiefe und Souveränität besaßen. Darum sah das Kapitel Männer eben auch so düster aus. Wen konnte sie wirklich ernst nehmen und lieben? *Ihn* womöglich, aber *er* war ja nie da. Und dann war auch nicht sicher, ob sie *ihn* würde lieben können, mitten in der Realität des Alltags. Sie hatten sich nie länger als eine Woche am Stück gesehen.

Irmi sah ihre Kollegin kurz an – Kathi, gerade dreißig Jahre jung, laut und fordernd und im Prinzip viel spießiger, als sie es je werden würde. Klar, Kathi war der Kindsvater abhandengekommen, bevor das Kind noch auf der Welt gewesen war, aber sie lebte mit ihrer Mutter und ihrer Tochter ein Idyll dort oben in Lähn unter der Zugspitze. Was hätte sie Kathi über Zerrissenheit sagen sollen?

Also sagte sie: »Na ja, flirten würd ich jetzt nicht sagen. Er hat dir doch ausdrücklich attestiert, dass du attraktiv bist.«

Kathi schüttelte den Kopf. »Echt, Irmi!«

»Echt was?«

»Manchmal bist du verblendet, oder. Der will was von dir. Wahrscheinlich hast du deshalb keinen Typen oder bloß deinen Teilzeitlover, weil du gar nicht merkst, wenn einer was von dir will.«

Rums, Kathi sprang mal wieder kopfüber ins Fettnäpfchen. Eigentlich hätte Irmi jetzt nicht nur was sagen können, sondern auch müssen, aber sie überging Kathis Attacke und wechselte das Thema. »Dann sollten wir in jedem Fall diese Tina Bruckmann mal kontaktieren.«

»Hm«, murmelte Kathi zustimmend. Wie immer hatte sie keinerlei Schuldbewusstsein.

Irmi rief Andrea dazu, berichtete vom Gespräch mit Trenkle und bat Andrea, die Mitbewerber von KS-Outdoors genauer unter die Lupe zu nehmen.

»Wer sagt dir denn, dass dieser Trenkle sich nicht einfach in Hirngespinste verstrickt?«, rief Kathi. »Tierschützer sind doch meistens Halbirre. Oder Profilneurotiker. Oder sie kompensieren ihre eigenen Unzulänglichkeiten mit Tierschutz. Die tun das doch nicht für die Viecher, sondern für sich selber!«

Irmi hielt die Luft an. Ein Teil in ihr gab Kathi recht. Diese Prominententierschützer mit hoher Medienpräsenz waren auch ihr suspekt. Aber Kathi würde wahrscheinlich nie lernen, etwas diplomatischer zu formulieren.

Andrea starrte Kathi an. »Aber du hast diese armen Tiere doch auch gesehen, du hast gesehen, was die Tierschutzleute geleistet haben!«

»Von diesen FUFs war da aber niemand dabei!«, insistierte Kathi.

Andrea war aufgesprungen. »Und ich hab gedacht, du hättest dich geändert, du hättest mal was kapiert. Dass du nicht immer auf allen rumtrampeln kannst. Aber du hast gar nichts kapiert!« Schluchzend stürzte Andrea hinaus.

Kathi sah ihr nach. »So eine Mimose.«

Diesmal sagte Irmi sehr kühl: »Du bist so verletzend in deiner taktlosen Selbstherrlichkeit, dass es dir kaum zusteht, über die Motive anderer zu urteilen. Wir werden überprüfen, was Trenkle gesagt hat. Ob da was dran ist an den vielen Feinden des Gutmenschen Stowasser. Genau deshalb sind wir bei der Kripo. Wir schauen von außen auf die Menschen.«

Schöner Satz und schon wieder gelogen: Niemand von ihnen blickte von außen auf die Dinge, weil sie alle nur Menschen waren.

Immerhin: Kathi schwieg ausnahmsweise.

5

Irmi ging zurück in ihr Büro. Im Nebenraum lachten sich die Kollegen scheckig über jenen Gockel, der mit seinem Krähen inzwischen Polizei und Anwälte wochenlang in Atem gehalten hatte – und nun war er an Altersschwäche gestorben. Manchmal hatte das Leben einfache Lösungen parat.

Sie schloss die Tür. Setzte sich, atmete tief durch. Diese ganze Viecherei genügte eigentlich vollauf, wieso musste sie immer auch noch in die Schusslinie der Kolleginnen geraten? Und dann war ja immer noch die Frage, ob sie sich da völlig umsonst reinkniete, denn bei einem Reptilienunfall konnte ihr Stowasser völlig am Allerwertesten vorbeigehen. Es gab Kollegen, die sich mit Wirtschaftskriminalität beschäftigten, und es gab auch Urteile bei Verstößen gegen das Tierschutzgesetz. Es gab Staatsanwälte und andere Ankläger, und sie sagte auch gerne als Zeugin in einem Tierschutzprozess aus – aber wenn das kein sauberer Mord war, dann waren sie alle nicht zuständig.

Sie griff zum Telefon und erreichte die Rechtsmedizin.

»Ich muss schon sagen, von euch da draußen wird uns was geboten«, meinte der Mediziner.

»Wir bemühen uns redlich.«

»Danke!« Er lachte. »Also, wir haben Todeszeitpunkt und den Übeltäter. Der Tod ist gegen Mittag eingetreten. Zwischen elf und zwölf. High Noon sozusagen, liebe Frau Mangold!«

»Und wer ist der Übeltäter? Diese Kröte?«

»Nein, und auch nicht die pfeilgiftigen Fröschlein. Ich war wegen der Sache extra mit den Kollegen der Toxikologischen Klinik Rechts der Isar in Kontakt. Der Mörder heißt Dendroaspis.«

»Was?«

»Dendroaspis, besser bekannt als Schwarze Mamba.«

»Eine Schlange?«

»Ja, und eine besonders giftige dazu. Das Gift der Schwarzen Mamba ist ein Neurotoxin, ein Nervengift, sozusagen eine explosive Mischung mehrerer Peptide unterschiedlicher Länge, die das zentrale Nervensystem lähmen. Zu dieser neurotoxischen Wirkung kommen Kardiotoxine, das sind Gifte, die auf den Herzmuskel wirken. Die nur im Mambagift enthaltenen Dendrotoxine blockieren die Kaliumkanäle in den Zellmembranen des Opfers, was eine Störung der elektrischen Reizausbreitung im Herzen zur Folge hat. Es kommt zu Herzrhythmusstörungen bis zum Atemstillstand. Wir haben 160 Milligramm Gift gefunden, schon 120 Milligramm reichen aus, um bei einem erwachsenen Menschen tödlich zu wirken.«

Irmi war für den Moment sprachlos und bemühte sich, ihre Gedanken zu ordnen. »Ist es denn sicher, dass die Schlange selbst zugebissen hat?«

»Na, Sie sind mir eine! Hätten Sie lieber einen menschlichen Mörder, der dem Toten Gift injiziert?«

»Lieber nicht, aber ich hab mir so einen seltsamen Beruf erwählt. Sie ja auch! Ginge das denn rein theoretisch? Ich meine, jemandem Mambagift zu spritzen?«

»Das ist in der Tat etwas kompliziert. Ich bin mir nicht sicher, wo die Bisswunde liegt oder liegen könnte.«

»Wieso das denn?«

»Also man sieht kein klassisches Erythem.«

»Was für ein Ding?«

»Eine Hautrötung, die normalerweise auftritt. Es ist auch kein Ödem zu sehen. Der Mann hatte mehrere große offene Wunden an Unterarm und Oberarm, die wohl durch Hundebisse verursacht sind. Viele Zähnchen, größer, kleiner, zerstörtes Gewebe, zerstörte Blutgefäße. Die Wunde war unzureichend verbunden. Jemand scheint den Verband heruntergerissen zu haben. Die Schlange könnte auch in diesem Bereich zugebissen haben, aber das ist eben sehr schwer zu verorten. Insofern könnten Sie die Schlange des Mordes anklagen. Oder eben nicht.« Er stockte kurz, ehe er fortfuhr: »Der Mann hatte übrigens auch Kokain im Blut, aber daran ist er nicht gestorben. Sie ahnen ja gar nicht, in wie vielen der Leichen, die auf meinen Tisch kommen, ich Spuren von Koks entdecke. Das ist mittlerweile eine richtige Modedroge.«

Neben der trinkenden PR-Dame also noch ein Drogenabhängiger bei KS? »Koksender Tierquäler von Schlange eliminiert« – das würde eine großartige Schlagzeile ergeben.

»Um auf Ihre Frage zurückzukommen: Es ist keine Einstichstelle zu finden, in dem zerstörten Gewebe wäre das auch schwer zu verorten. Allerdings könnte Schlangengift auch in die Wunde eingebracht worden sein.«

Irmi hatte langsam das Gefühl, in einem üblen Film gelandet zu sein, und diese Sprachlosigkeit, die sie in letzter Zeit immer wieder attackierte, war wirklich bedrohlich.

»Sehen Sie, Schlangengift kann zentrifugiert und getrocknet werden. Diese Kristalle könnte man in die Wunde einlegen, verbinden, wirken lassen. Das Prinzip eines Nikotinpflasters, wenn Sie so wollen. Beim einen gewöhnt man sich das Rauchen ab, beim anderen das Leben.«

»Wenn ich dieser Theorie folgen würde, müsste ich aber eine Person suchen, die sehr intim oder freundschaftlich mit dem Toten umgegangen ist, oder?«, fragte Irmi.

»Im Prinzip ja. Gut, man könnte ihm das Pflaster – nennen wir es mal so – auch unter Zwang angelegt haben. Und natürlich kann man einem Kokser das Gift auch in seine Hallo-wach-Droge mischen. Ich lass Ihnen alles zukommen, mein Piepser ruft, grüß Sie!« Grüß Sie. Dieser fröhliche Tonfall mit dem leichten österreichischen Akzent – der Mann hatte wirklich ein sonniges Gemüt.

Irmi sank noch tiefer in ihren Stuhl. Mambagift, Hilfe! Eine Schlange, die zugebissen hatte? Ein Mambamörder, der mit Giftkristallen hantierte? Und überhaupt: Wer hielt sich schon eine Schwarze Mamba?

Plötzlich schoss Irmi ein Gedanke in den Kopf. Sie suchte hektisch nach der Inventarliste des sogenannten Gnadenhofs. Schließlich hatte sie die Aufstellung der Reptilien in der Hand. Doch eine Mamba war nicht dabei. Sie blickte auf die Uhr. Es war vier. Da sie keinerlei Lust hatte, mit Kathi zu diskutieren, griff sie nach dem Autoschlüssel und rief nur schnell über den Gang: »Ich fahr nach Oberammergau. Wenn ihr noch etwas erfahrt, ruft mich bitte an.«

Vor der Tür traf sie auf Frau Reindl mit ihrer Enkelin Sophia, die offenbar Kathi besuchen wollten. Na, vielleicht würde der nette Besuch ihre aufgebrachte junge Kollegin etwas besänftigen.

»Hallo, wie schön, euch zu sehen«, sagte Irmi.

Frau Reindl lächelte. Mit ihrer Präsenz zog sie einen sofort in den Bann. Dabei ruhte sie in sich und strahlte Gütigkeit aus. Immer wenn Irmi das Soferl sah, hoffte sie inständig, dass die Kleine von der Oma lernte. Die Chancen standen gut. Kathi war wenig zu Hause. Als Wochenend-Action-Mama war sie für die Zuckerl im Leben zuständig, für Ausflüge, für Party und Eisessen. Für coole Klamotten. Für den Alltag hingegen war die Oma zuständig. Sie wusste, dass Schulbusse auf verschlafene junge Damen nun mal nicht warteten. Sie war es, die dem Soferl vermittelte, dass man von Gummibärchen allein nicht leben konnte und dass es nun mal leider keine Heinzelmännchen gab, die die Hausaufgaben über Nacht erledigten. Die Oma lebte den Alltag, und auf den kam es im Leben vor allem an. Der Rest war Kür.

Kathi kam eher nach ihrem Vater, der jähzornig gewesen war, unbeherrscht und ungeduldig. Frau Reindl sprach wenig über ihren Mann, der früh gestorben war. Aber das wenige reichte, um herauszuhören, dass sie durch die Hölle gegangen war.

Das Soferl war clever. Wo Kathi tobte, agierte das Soferl mit charmanten Manipulationen. Sie gelangte lächelnd ans Ziel. Vielleicht kam sie auch nach ihrem Vater, von dem man gar nichts wusste. Ein damals achtzehnjähriger Bursche aus dem Dorf war das gewesen, der sich längst aus dem Staub gemacht hatte. Irgendwo in Österreich war er, das hatte Frau Reindl mal erzählt. Irmi war sich fast sicher, dass dieses Kapitel noch nicht vorbei war. Das Soferl würde ihn irgendwann einmal suchen, würde ihn sehen wollen. Omas Wurzeln hin oder her, für die ganz gewaltigen Orkanstürme bedurfte es weiterer Wurzeln.

Sophia war hübsch. Sie hatte Kathis große Augen, die vollen braunen Haare, sie war aber kein kantiger, überschlanker Typ, sie würde weicher werden, weiblicher. Schon jetzt war sie für ihr Alter ziemlich groß und gut entwickelt.

»Sophia, ich sag jetzt nicht: Bist du aber groß geworden.« Irmi lachte. »Aber es würde schon stimmen.«

»Das sagst du bloß nicht, weil das alte Tanten sagen würden. Und wer will schon eine alte Tante sein!« Das Soferl lachte und legte den Kopf schräg. Der gleiche Satz aus Kathis Mund wäre verletzend gewesen. Aus Sophias Mund klang das ganz reizend und wohlwollend.

Sophia duzte konsequent alle Menschen, die sie kannte. Das war im Gebirge auch so üblich, und wenn sie es tat, fühlte man sich fast auserwählt.

»Da hast du recht. Und wie geht's dir so?«

»Och, wenn du die Schule meinst, ganz gut. Oder, Oma?«

»Na ja, ein bisschen besser könnten die Noten schon sein.«

»Mein Lehrer hat gesagt, er sei beruhigt, dass bei mir noch Luft nach oben sei. Das heißt, wenn's echt knapp wird, lern ich mehr.« Und nur dann, besagte ihr Blick.

Frau Reindl rollte mit den Augen. »Bloß beim Chatten läuft die junge Dame nicht auf Sparflamme. Da reicht die Beharrlichkeit für Stunden.«

»Oma«, das klang tadelnd, »heutzutage musst du einfach bei Facebook sein, sonst bist du echt uncool. Ich muss doch mit meinen Freundinnen reden.«

Irmi verkniff sich einen Kommentar. Es galt ja schon als antik, wenn man »live« mit Menschen kommunizierte. Im Social Web konnten die Kids zu echten Plaudertaschen werden. Trafen sie sich aber draußen in der echten Welt, brachten sie die Zähne nicht auseinander. Bei ihrer Nachbarin Lissi war das mit den Buben so gewesen, totale Stockfische im Leben, im Web aber ausgesprochen eloquent.

Irmi verabschiedete sich von den beiden und wünschte dem Soferl noch viel Spaß am Wochenende, da sie wusste, dass Kathi mit ihr einen Ausflug zu einem Ritterturnier plante.

Während sie langsam aus Garmisch hinausrollte, ließ sie sich das Gespräch mit dem Gerichtsmediziner durch den Kopf gehen. Der Arzt hatte recht: Die Nobeldroge Kokain war auf dem Vormarsch und wurde immer raffinierter nach Europa eingeschleust, auf Trägersubstanzen wie Bienenwachs, Plastikabfällen oder Düngemitteln zum Beispiel, um anschließend in geheimen Labors vor Ort wieder ausgewaschen und zu reinem Kokain verarbeitet zu werden.

Sie glaubte sich zu erinnern, dass die Europäische Beobachtungsstelle für Drogen und Drogensucht von vier Millionen regelmäßig koksenden Europäern gesprochen hatte. Einer davon war wohl Kilian Stowasser gewesen. Im schönen harmlosen Eschenlohe. Und der hatte mit Sicherheit genug Möglichkeiten gehabt, an Drogen zu kommen. Vielleicht hatte die Nachbarin zufällig den Nagel auf den Kopf getroffen. Was war denn in den nächtlichen Lkw gewesen? Tiere, Daunen, Drogen?

Irmi rief Hasibärchen an und bat ihn, das Areal auf Spuren von Kokain zu untersuchen und nach einem blutigen Verband. Ja, sie bat ihn, denn drängen dufte man ihn nicht. Sonst hätte der kapriziöse Kriminaltechniker, der ebenso brillant wie mimosenhaft war, wieder am Rande eines Nervenzusammenbruchs gestanden.

Gerade kurvte sie den Ettaler Berg hinauf. Das Kloster versank in den tief hängenden Wolken, diffus war das Licht, ebenso diffus wie der Umgang der katholischen Kirche mit der Missbrauchsproblematik. Klöster waren wie Irrgärten, es gab so viele geheime Gänge und Schlupflöcher – baulich gesprochen und im übertragenen Sinne. Doch genauso hatte die Kirche seit Jahrhunderten agiert, und so würde sie sich auch weiter retten, dachte Irmi.

Als sie in Oberammergau in das kleine Sträßchen am Lüftlmalereck einbog, empfand sie den Standort irgendwie als skurril. Wer erwartete hier inmitten von Schnürlkasperl und anderem Schnitzwerk Reptilien?

Der Schlangenflüsterer war gerade dabei, eine Schulklasse zu verabschieden. Ein kleiner Junge sagte hochwichtig und stolz: »Des sag i meiner Mama, dass Ringelnattern gar ned gefährlich san und dass ma von der Kreuzotter aa ned glei stirbt.«

»Nein, da müssten schon fünf Stück gleichzeitig herzhaft zubeißen«, meinte der Experte und nickte Irmi zu.

»Aber do wo mein Onkel wohnt, in Australien, is alles giftig!«, rief ein anderer Knirps.

»Ja, der Inlandtaipan zum Beispiel wird bis zu 2,5 Meter lang, und das Gift kann über 100 Menschen oder 250 000 Mäuse töten. Diese Schlange ist zwar die giftigste Landschlange der Welt, aber extrem scheu.«

Unter Geplapper und Gelächter zogen die Zwerge ab.

»Na, da werden die Mamas, die jetzt gerade das Abendessen vorbereiten, aber ihre Freude an den Tischgesprächen haben«, bemerkte Irmi lächelnd.

»Wissen Sie, Frau Mangold, die meisten Kinder sind Schlangen gegenüber sehr offen. Die Angst wird ihnen von den Eltern eingeimpft. Kinder lieben Dinos, und da sind unsere Echsen natürlich besonders attraktiv. Wobei einem die Tiere leidtun können.«

Irmi sah ihn fragend an.

»Wir leben in einer seltsamen Welt. Reptilien werden illegal auf Börsen gehandelt, und ich kann sie mir im Internet bestellen, die kommen dann mit der Post.«

»Was?«

»Ja. Das ist leider Realität. Reptilien können bis zu achtundvierzig Stunden mit sehr wenig Sauerstoff überleben, die kommen wirklich in ganz normalen Postpaketen. Es gibt natürlich seriöse Tierlogistikfirmen, die sind aber nicht ganz billig und stehen im Fokus der Behörden. Manche Tiere werden auch über Tschechien eingeschmuggelt.« Er machte eine Pause. »Drogen, Menschen, Waffen, Tiere – kommt alles über den ehemaligen Ostblock. Und Reptilien haben einen Vorteil. Sie sind stumm. Totenstill. Der Zoll hat erst kürzlich wieder einen Lkw mit über zweihundert Schlangen erwischt, und das ist nur die Spitze des Eisbergs. Reptilien haben keine Lobby in der Bevölkerung.«

»Aber das scheint ja ein riesiger Markt zu sein?«

»O ja, aber da geht es vor allem ums Prestige. Bei Kindern kommt der Wunsch nach Echsen und Schlangen noch von der Begeisterung für Dinos. Die sind ja auch faszinierend. Es gibt kleinere Echsenarten, die sich für Anfänger gut eignen, aber dann geht's schon los: Die wenigsten Neulinge wissen, dass man Echsen immer als Pärchen halten sollte, dass Schlangen hingegen Einzelgänger sind.«

»Aber es muss doch Beratung geben?«

»Ja, aber nur, wenn ich von einem seriösen privaten Züchter kaufe, wo man sich selbst oder zusammen mit einem Fachmann ein Bild vom Zustand der Tiere macht. Tierhandlungen beziehen über Großhändler, da ist der Weg schwer nachzuvollziehen, und dann gibt es leider diese Börsen im Internet. Schlange auf Knopfdruck. Und wie wir im Falle des Daunenkönigs gesehen haben, entgleist das Ganze sehr schnell. Die Haltung ist extrem aufwändig. Wechselwarme Tiere benötigen meist schon eine relativ hohe Grundtemperatur in ihrem Heim plus einen UV-bestrahlten Sonnenplatz. Das kostet Energie, und auch die Fütterung ist sehr aufwändig. Reptilien kosten Geld, viele Reptilien kosten viel Geld.«

»Und bei Stowasser saßen sie in Gitterkäfigen!«

»Dabei ist die Größe gar nicht so sehr das Problem, aber es fehlen Sand, ein Sonnenplatz und ein Unterschlupf. Aber ich bin abgeschweift, was kann ich für Sie denn tun?«

Irmi zögerte. »Ich habe das Ergebnis aus der Pathologie. Kilian Stowasser ist am Gift einer Schwarzen Mamba gestorben.«

Der Reptilienexperte pfiff durch die Zähne, überlegte etwas und stockte plötzlich. »Wir haben aber keine Mamba sichergestellt!« Er wirkte auf einmal alarmiert.

»Deswegen bin ich da. Wo ist die Mamba? Oder anders gefragt: Hätte auch jemand Stowasser Mambagift injizieren können? Und ihn dann inmitten all der anderen Tiere liegen lassen, damit es so aussieht, als hätte ihn eins seiner eigenen Tiere erwischt?« Sie berichtete kurz von den Erkenntnissen des Rechtsmediziners.

»Nun ja, man kann eine Schlange melken. Das heißt, dass man sie in eine Membran beißen lässt. Das Gift läuft in ein Glas. Man könnte dieses Gift direkt in einer Spritze aufziehen, aber Sie haben ja gesagt, es gab keine Einstichstelle. Es ist durchaus Usus, das Gift gefrierzutrocknen. Und wie Ihnen der Mediziner auch schon gesagt hat, kann man Giftkristalle gut in eine Wunde einbringen.«

»Wer hätte denn Zugang zu Schlangengift?«, fragte Irmi.

»Apotheken, die Pharmaindustrie, Ärzte, auch Homöopathen, die ja gerne mit Schlangengift arbeiten. Dieser Inlandtaipan, von dem ich gerade gesprochen habe, ist nicht nur die giftigste Schlange der Welt, sein Gift wird auch zur Vorbeugung bei Herzinsuffizienz eingesetzt.«

Irmi schüttelte den Kopf. »Damit hab ich mich tatsächlich noch nie befasst.«

»Schlangengifte, natürlich hoch verdünnt und in geringen homöopathischen Dosen, sind sehr wirksam bei entzündlichen chronischen Krankheiten.«

»Und wo kriegen die das her?«, fragte Irmi verblüfft.

»Wir haben eine deutsche Schlangenfarm, die zu pharmazeutischen Zwecken bis zu sechs Mal pro Jahr diese Schlangen melken lässt.«

Irmi schwieg eine Weile und blickte in eine Vitrine, in der eine Gabunviper herumlungerte, die fünf Zentimeter lange Giftzähnchen hatte. Scheußlich!

»Und wo kriegt man Schlangengift her, wenn man keine solchen Giftmischer kennt?«, fragte Irmi.

»Nun, es gäbe die Möglichkeit, die eigene Schlange zu melken. Da müsste natürlich eine leibhaftige Mamba im Spiel sein.«

»Aber Sie haben in Krün doch keine gefunden!«, rief Irmi.

»Richtig. Sie könnte noch da sein. Irgendwo. Ganz abwegig ist das nicht, so schlecht, wie die Käfige gesichert waren. Wir könnten sie übersehen haben in all den Gebäuden. Mambas hängen gerne über Kopf in Bäumen oder eben dort, wo sich ihnen eine Möglichkeit bietet, nach oben zu gelangen.« Er sah Irmi an. »Oder aber sie ist nicht mehr auf dem Gelände und stattdessen irgendwo unterwegs.«

Irmi hatte plötzlich ein Bild vor Augen. War da nicht letztens eine Schlange aus dem Klo gekrochen gekommen und hatte ein kleines Mädchen fast zu Tode erschreckt?

»Ist das bei wechselwarmen Tieren nicht problematisch?«, wollte sie wissen. »Gerade nachts kann es doch schon richtig kalt werden?«

»Natürlich brauchen Reptilien eine gewisse Umgebungstemperatur. Die ständigen Gewitter und Kälteeinbrüche derzeit sind für ihr Überleben sicher wenig hilfreich. Aber man kann ja nie wissen, wo die Schlange gelandet ist.«

Wo die Schlange gelandet war. Irmi wollte sich gar nicht ausmalen, dass die sich in diesem Augenblick irgendwo durch Krün schlängelte. »Und das Mambagift ist sehr gefährlich, wie man sieht«, konstatierte sie.

»O ja, mit einem einzigen Biss kann die Schwarze Mamba weit mehr Gift freisetzen, als nötig wäre, um zu töten. So ein Tod durch einen Mambabiss ist wirklich sehr unschön. Wenn Sie gebissen werden, haben Sie je nach Konstitution etwa zwei Minuten, um sich zu bewegen und eventuell noch zu einem Telefon zu greifen. Nach zwei Minuten wird der Arm taub, dann die anderen Extremitäten. Nach circa fünf Minuten brechen Sie zusammen. Das Perfide ist, dass das Gehirn alles noch verarbeitet. Sie nehmen sich selber wahr, auch was Ihnen widerfahren ist, können aber nichts mehr tun, geschweige denn sich artikulieren! Ziemlich grausam, und dann dauert es noch weitere fünfzehn Minuten, bis das Herz-Lungen-System aussetzt und es zum Erstickungstod kommt.«

Irmi lief ein Schauer den Rücken hinunter. Das wünschte man ja nicht mal seinem schlimmsten Feind. Wie sehr musste man jemanden hassen, um ihn auf diese Weise umzubringen? Reichte es, dass man zum Beispiel Tierschützer war und gegen Windmühlen kämpfte? Dass man Kilian Stowasser immer wieder gewinnen sah und man selber einen Rückschlag nach dem anderen einstecken musste? So sympathisch ihr Max Trenkle auch war, der Ex-Polizist war trotzdem Irmis Hauptverdächtiger. Sie musste auf der Hut sein.

»Ich müsste aber ein gewisses Fachwissen haben, um so zu morden, oder?«, fragte sie zögernd.

»Ja, sicher. Auf so eine Idee kommt ja nur ein Fachmann.« Er stockte kurz. »Ich war es aber nicht!«

»Das hätte ich auch nicht vermutet. Andererseits: Haben Sie ein Alibi?«

Er lachte. »Ein wasserdichtes. Ich war hier bei einer Führung. Neun Zeugen könnte ich benennen. Dann haben Sie angerufen, und ich bin Ihnen zu Hilfe geeilt.«

»Wenn diese Lähmung so schnell einsetzt, dann tue ich doch alles, um noch Hilfe zu holen, oder?«

»Ja, aber wie gesagt, da haben Sie gerade noch Zeit, zum Handy zu greifen und einen Notruf abzusetzen«, meinte der Schlangenmann.

»Sein Handy wurde nicht gefunden«, sagte Irmi leise.

»Dann hatte er keine Chance. Er wird höchstens noch eine kurze Strecke zurückgelegt haben. Vielleicht ist er im letzten der drei Räume attackiert worden und im zweiten Raum niedergegangen. Man reagiert dann ja meist auch panisch und verliert wertvolle Sekunden.«

»Kann ich davon ausgehen, dass sich Kilian Stowasser der Gefahr sofort bewusst war?«

»Wenn das Gift über einen Verband eingedrungen ist, sicher nicht. Und auch nicht, wenn ihm das Gift ins Koks gemischt wurde. Aber wenn er wirklich von einer Schlange gebissen wurde, sollte er wissen, welche Stunde geschlagen hatte. Aber selbst da bin ich pessimistisch. Menschen halten solche Tiere und haben kaum Fachwissen.«

Irmi überlegte. »Koks oder Pflaster würde aber die Anwesenheit einer zweiten Person bedeuten. Denn wenn das so schnell geht …«

»Ja, klar. Eine vertraute Person müsste zum Beispiel den Verband angelegt haben. Sozusagen vordergründig die barmherzige Krankenschwester oder der gute Krankenpfleger, in Wirklichkeit aber die Giftmischerin oder der Giftmischer.« Er verzog den Mund. »Aber um das herauszufinden, haben Sie ja Ihre Leute. Es gibt doch eh keinen perfekten Mord.«

»Sagen wir mal so: Wenn ein Mord perfekt war, erfahren wir ja nie davon. Insofern kann man Statistiken nicht trauen.«

»Auch wieder wahr. Aber im Fernsehen wirkt das immer so, als wäre die Kriminalpolizei allwissend.«

Die Realität sah leider anders aus. Irmi kannte keinen einzigen Rechtsmediziner wie Liefers als Professor Karl-

Friedrich Boerne. Ein Kollege wie Kopper, der ihr Pasta kochte, würde ihr gefallen. Und für einen wie Mick Brisgau, den »Letzten Bullen«, hätte sie sich sogar nach Essen versetzen lassen: dieses Lächeln, dieser Hüftschwung, diese Sprüche – eine herrliche Filmfigur.

Irmi sah auf die Uhr. »Sie werden jetzt schließen, oder?«

»Ja, die Tiere versorgen und dann heimfahren.«

»Dürfte ich Sie morgen früh noch mal nach Krün bitten? Ich muss wissen, ob da eine Schlange war oder immer noch ist.«

»Sicher. Ist acht Uhr zu zeitig? Ich müsste im Anschluss gleich wieder hierher.«

»Nein, das ist wunderbar. Ich steh oft früh auf und helf meinem Bruder im Stall. Schlafen ist Luxus. Ich bin aber kein Luxusweibchen.« Sie lachte etwas angestrengt. »Ich danke Ihnen.«

Als sie wieder im Auto saß, rief sie Kathi an. »Bitte sieh zu, dass wir von Frau Rosenthal eine DNA-Probe bekommen. Wie du das machst, ist mir egal, nur legal sollte es sein. Der Hase soll morgen um neun in Krün sein, du bitte auch. Und wenn's irgendwie geht, probier's mal mit Professionalität, das gilt auch für den Umgang mit Andrea.« Bevor Kathi noch etwas sagen konnte, legte sie auf.

Es dämmerte, eigentlich viel zu früh für diese Jahreszeit, aber der ganze Tag war so gewesen, als hätte jemand ganz da oben vergessen, das Licht anzuschalten.

Als sie das Haus betrat und in der Küche Licht machte, hatte jemand Konfetti ausgestreut. Keine richtigen Konfettis, farblich waren sie nämlich eher eintönig: weiß nämlich und nicht besonders formschön. Sie folgte der Spur und traf zwei Räume weiter auf den kleinen Kater, der den

Rest der Klorolle triumphierend hochschleuderte. Kater lag mit elegant eingeschlagenen Pfoten daneben und betrachtete seinen Schützling. In seinen Augen lagen Milde und Wärme.

Irmi musste grinsen. Sie vermenschlichte Tiere, hätte Bernhard jetzt gesagt. Doch sie liebte die beiden Kater in diesem Moment aus tiefstem Herzen, denn sie schickten Licht in diesen tiefgrauen Tag und brachten sie zum Lachen.

Langsam begann sie die Deko wieder aufzusammeln. Als sie wieder vorne an der Eingangstür war, kam aus der Küche ein schauerlich berstendes Geräusch. Der Neue hatte es irgendwie geschafft, zwischen Decke und Bauernschrank zu springen, und dabei einen Bierkrug zu Boden befördert. Kater war geflüchtet, der Kleine hingegen hieb mit seiner dünnen rabenschwarzen Pfote über die Kante des Schranks.

»Du Giftzwerg!« Irmi lachte.

Er hakelte mit der Pfote nach ihr und hing dann über der Kante, um genau zu beobachten, wie das Frauchen die Scherben aufkehrte. Als sie fertig war, sprang er herunter und rollte sich augenblicklich auf der Eckbank zusammen. Die Show war beendet!

Lasst uns sein wie die Katzen, dachte Irmi, nahm sich ein Bier und setzte sich dazu. Kater kam retour und fläzte sich mitten auf den Tisch. Gut, dass Bernhard mal wieder vereinsmeiern war, er hätte Kater sofort hinunterkatapultiert.

6

Der Experte stand schon da, als Irmi vorfuhr. Es war kühl, aber klar. Die Wolken des Vortags hatten sich verzogen. Die Sonne hatte noch gegen die Berghänge verloren, das Anwesen lag im Schatten. Am Gegenhang aber malte sie bereits Flecken in die Wiese, vielleicht würde ihnen der Restsommer und der Herbst ja noch schöne Tage gönnen und dann übergangslos der Schneezeit weichen. Schnee war besser als Schmuddelwetter. Heller und reiner.

Der Schlangenmann trug eine seltsame Schutzhaube und einen Haken bei sich. Irmi hatte sich das eingeprägt: Mambas kamen von oben. Sie fühlte sich unwohl.

Nachdem sie am Tor das Dienstsiegel gelöst hatte, gingen sie zum Gebäude, in dem der tote Stowasser aufgefunden worden war. Irmi verscheuchte die Bilder, die in ihr aufstiegen, so gut sie konnte. Die Mamba blieb. Sie würde nicht herabfahren aus dem Himmelsgewölbe, dennoch hatte Irmi das Gefühl, als müsse sie die Schultern einziehen und den Kopf in den Nacken legen. Aber ob es besser war, sehenden Auges der Gefahr zu begegnen?

»Ich geh mal rein«, sagte er. »Ich schau mich um.«

Es kam Irmi wie eine Ewigkeit vor, bis er wieder herauskam. In den Händen hielt er ein Fläschchen.

»Afrikaserum, ein Serum gegen Mambabisse«, erklärte er. »Das Präparat ist längst abgelaufen, inzwischen dürfen diese Seren nur noch in ausgewählten Kliniken vorrätig sein. Sie werden kaum mehr hergestellt.«

Irmi sah ihn fragend an.

»Wissen Sie, Frau Mangold, wir Europäer haben alle keine Kolonien mehr. Da stellen wir auch kein Serum mehr her. Sie bekommen es gerade noch aus den Niederlanden, fragen Sie mich aber nicht, ob die mit einer Neuauflage ihrer Kolonialgeschichte rechnen.« Er lachte wieder, der Mann hatte wirklich ein sonniges Gemüt. Oder er war ein Meister des Galgenhumors.

»Und was hilft uns das nun?«

»Also, ich gehe von der Existenz einer Mamba aus. Sonst hätte er dieses Serum nicht gebraucht. Wann die Schlange allerdings hier gelebt hat, kann ich Ihnen nicht sagen. Aber ich bin ja erst am Anfang.« Er zog wieder ab, und Irmi wartete.

Sie hasste Warten. Sie hasste Untätigkeit. Sie ruhte sich nie aus. Sie machte nie Urlaub, zumindest keine Urlaube im klassischen Sinne mit Flugreise und Strand. Mit Handtuchkrieg am Pool und den fett aufgehäuften Tellern, weil man am Büfett ja zuschlagen musste, wenn alles inklusive war. Sie waren immer Landwirte gewesen, da machte man nicht Urlaub.

»Ausruhen kann ich, wenn ich tot bin«, hatte ihre Mutter immer gesagt und spitzbübisch gelacht. Ihre Mutter war immer unterwegs gewesen, geistig und körperlich, und hatte immer Pläne gehabt. Kleine Pläne, kleine Schritte, nichts Hochfliegendes, aber doch eben Pläne. »Sei amoi z'frieden«, hatte ihr Vater sie gerügt, doch da hatte ihre Mutter einen weiteren Satz parat gehabt: »Zufriedenheit ist der erste Schritt in die Lethargie.« Ihr Vater hatte sich dann an den Kopf gefasst und war weggeschlurft.

Irmi atmete tief durch. Es war schwer, ohne solche Sätze

zu leben. Es gab sie als Kalendersprüchlein oder auf Postkarten, aber sie ersetzten niemals die Art, wie ihre Mutter sie gesagt hatte.

Ihr Grübeln wurde von zwei Polizeifahrzeugen unterbrochen, die gerade vorfuhren. Kathi hatte einen kühlen Blick aufgesetzt, der Hase seine Arbeit-ist-schlimmer-als-Zahnweh-Attitüde. Kathi berichtete, dass sie persönlich eine DNA-Probe genommen und Frau Rosenthal eingewilligt hätte. Richtig aufgeräumt sei sie gewesen. »Also, ich sag mal stockbesoffen«, endete Kathi.

Irmi erläuterte dem Kollegen Hase, dass er die ehemaligen Reptilienräume auf die Anwesenheit weiterer Personen hin untersuchen sollte, doch noch ehe er ein leidendes Ja von sich geben konnte, kam der Experte schon wieder zurück. In einer Plastikwanne trug er etwas vor sich her. War das etwa die Mamba?, durchfuhr es Irmi. Nein, es war eine Haut.

»Mambas häuten sich alle vier bis sechs Wochen«, sagte der Schlangenmann leise.

Es war still. Alle blickten auf diese seltsame Haut.

»Das heißt, diese Schlange ist noch da?«, fragte Kathi nach einer endlosen Weile.

»Als sie sich gehäutet hat, war sie auf jeden Fall da, nur wo sie nun ist, kann ich Ihnen nicht sagen. Wir suchen eine wendige, pfeilschnelle Schlange, keinen Elefanten. Ich habe neben dem Kühlschrank mit den Seren übrigens eine Klappe entdeckt, die in einen Keller führt. Anscheinend verzweigt der sich in eine Art Tunnelsystem. Keine Ahnung, was das hier mal war. Die Haut lag jedenfalls im ersten Keller.«

»Also ist die Schlange in diesen Kellerkatakomben,

oder?« Irmi war froh, dass Kathi das Fragen übernahm. Ihre Gedanken liefen schon wieder Amok, und ihr inneres Kino spielte wirre, düstere Filme ab mit viel zu schnellen Bildschnitten.

»Zumindest ist sie definitiv nicht in den oberen drei Räumen. Aber da unten? Keine Ahnung, zumal ich nicht weiß, wie weit diese Gänge gehen. Es ist relativ warm da unten, sie würde dort überleben können.«

»Ich geh da nicht rein!«, kam es vom Hasen.

»Davon würde ich auch abraten«, erwiderte der Schlangenmann. »Ich sehe mich weiter um, ich mach Ihnen aber wenig Hoffnung …«

Er verschwand wieder im Gebäude.

»Hasibärchen, bitte die drei oberen Räume durchfieseln«, sagte Irmi. »Fingerabdrücke, Hautreste, Kokainreste würden mich interessieren. Na, du weißt schon.«

Hasi schenkte ihr einen angewiderten Blick, einen sehr angewiderten Blick, und ging ebenfalls.

Weil Kathi ihm nachstarrte und ausnahmsweise mal schwieg, erzählte Irmi ihr von den diversen Möglichkeiten, wie das Gift in den Körper von Stowasser hätte gelangen können. Sie merkte, dass sie fast flüsterte. Warum nur? Weil die Schlange sie hätte hören können?

»Aber wenn es doch eine Schlange gibt, ist es doch auch mehr als wahrscheinlich, dass diese Schlange Stowasser gebissen hat«, meinte Kathi. »Ein Mamba-Unfall, das gerechte Ende eines Tierquälers, oder?«

Irmi starrte auf den Eingang des Gebäudes, in dem der Schlangenmann und der Hase verschwunden waren. So als käme von dort Rettung oder gar Erleuchtung.

»Man kann eine Mamba ja wohl nicht als Waffe einsetzen, oder?«, fuhr Kathi fort. »Dann wäre man ja selbst in höchster Gefahr! Das würde sich nicht mal der Schlangenflüsterer da drin trauen. Du hast gesagt, man könnte sie melken. Na gut, aber auch da muss sich jemand auskennen. Ich sag dir, das Vieh hat einfach zugebissen. Ich kann der Schlange wirklich nur gratulieren.« Kathi lachte ein wenig gekünstelt. »Das war ein Unfall, sag ich dir. Du weißt doch: Die schlimmsten Verbrechen geschehen aus Liebe und verletzten Gefühlen. So was haben wir hier aber nicht.«

»Was wir aber immer noch haben, sind ein ungeklärter Todesfall, ein Kokser, illegal eingeschleuste Tiere und dieser ganze Daunenbetrug … Wenn's denn einer ist«, schickte Irmi noch hinterher.

»Diesen ganzen Scheiß soll sich doch reinziehen, wer will«, murmelte Kathi. »Zoll, Drogen, Tierschutz, Wirtschaftskriminalität – irgendwelche Kollegen werden diesem Vollpfosten Stowasser schon was nachweisen können.«

Irmi zog es vor zu schweigen.

Als der Schlangenmann plötzlich hinter ihr stand, erschrak sie. Er wirkte enttäuscht und müde. »Nichts. Ich habe keine Ahnung, ob und wie das Tier entfleucht ist. Die Mamba ist vom Erdboden verschluckt. Was Sie aber interessieren könnte: Das Gebäude hat einen zweiten Ausgang. Ich bin gut fünfhundert Meter Kellergang marschiert und bin dann über eine Treppe da drüben rausgekommen.« Er wies auf einen Stadl. »Dort gibt es eine Klapptür im Boden, die konnte man leicht hochdrücken. Ich glaube fast, dass Stowasser oder wer auch sonst diesen Weg genommen hat. Ihre Leute haben doch auch gesagt, sie hätten die Tür erst aufbrechen müssen.«

Das stimmte, Stowasser war wohl über eine Art Geheimgang in sein Reptilienrefugium gelangt.

»Sind da unten noch mehr Räume?«

»Ja, einige verschlossene Stahltüren, ich kann natürlich nicht ausschließen, dass die Schlange da noch drin ist. Irgendwo. Man weiß ja nicht, wann diese Türen verschlossen wurden.«

»Und was tun wir jetzt?« Irmi klang verzweifelter, als sie es beabsichtigt hatte.

»Das kann ich nicht entscheiden. Die Nachbarn informieren. Ganz Krün informieren. Ich kann Ihnen nicht sagen, wie weit die Schlange gekommen ist. Wenn sie denn noch da ist.«

»Sie sind doch der Experte!«, maulte Kathi.

»Ja, aber ich kann nur von Wahrscheinlichkeiten ausgehen. Bei der momentan vorherrschenden Kühle würde ich sagen, die Schlange ist noch nicht bis Garmisch oder Scharnitz vorgerückt. Auch nicht übers Estergebirge gepilgert. Aber just dieses spezielle Tierchen kenne ich nicht persönlich, und es hat mir seine Absichten nicht durch Schwanzschlagen oder Züngeln mitgeteilt.«

Immerhin hatte er Kathi mundtot gemacht. Sie schwieg und funkelte ihn böse an.

»Ihr Gefühl?«, fragte Irmi leise.

»Ich weiß es wirklich nicht. Sie könnte hier noch irgendwo im Keller oder auf dem Grundstück sein. Die Frage ist auch, wann sie zuletzt gefressen hat. Mambas jagen aus der Bewegung etwas Bewegtes und werden dabei bis zu fünfundzwanzig Stundenkilometer schnell.«

»Können Sie morgen weitersuchen?«, fragte Irmi. »Ich kann die Räume momentan auch nicht aufbrechen lassen, das Risiko ist mir zu hoch. Das geht nur in Ihrem Beisein!«

»Ja, das erachte ich für vernünftig. Ich bringe morgen einen Kollegen mit.«

»Dann halten wir das so lange unterm Deckel, damit keine Panik ausbricht oder selbsternannte Mambajäger auf den Plan treten«, sagte Irmi und versuchte, die souveräne Chefin zu geben.

»Das nimmst du aber auf deine Kappe!«, rief Kathi.

»Ja, das tue ich, und du, liebe Kathi entschwindest in dein verlängertes Wochenende und fährst wie versprochen mit dem Soferl nach Reutte zur Zeitreise Ehrenberg.«

Irmi war mal mit *ihm* in Ehrenberg gewesen, wo ein paar Tage lang das Mittelalter wieder auferstand. Es gab genug neuzeitliche Menschen, die es liebten, in eine Zeit abzutauchen, in der verrottete Zähne ebenso an der Tagesordnung gewesen waren wie Syphilis und die Leibeigenschaft. Die heutigen Mittelalterfreaks lebten sich natürlich in die Rolle der Reichen ein, und da gab es genug Vorbilder, was Verschwendung und Dekadenz betraf. Sigmund der Münzreiche war der erste der Tiroler Herrscher gewesen, der am Heiterwanger See pompöse Hofjagden und Fischerfeste veranstaltete. Erzherzog Ferdinand II. hatte Mitte des 16. Jahrhunderts exaltierte Seefeste gefeiert und riesige Schiffe nach venezianischem Vorbild bauen lassen. Die Reichen hatten in Saus und Braus im Fürstenhaus gelebt, während die einfachen Bauern dem Treiben mit Entsetzen zugesehen hatten, vor allem wegen des achtlosen Umgangs mit den Fisch- und Wildressourcen.

Irmi bezweifelte allerdings, dass sich die heutige Mittelaltergemeinde mit ihren reich gefüllten Trinkhörnern ernsthaft für die Geschichte interessierte. Das Soferl hatte immerhin größten Wert darauf gelegt, dass das Mittelaltergewand, das die Oma ihr genäht hatte, »keine doofe Prinzessin wird, sondern eine Gänsemagd«. Sophia wollte wegen der »Autizitat« – der Himmel wusste, wo sie dieses leicht verstümmelte Wort her hatte – barfuß gehen, was Kathi ihr sicher verbieten würde. Irmi hätte dem Kampf der beiden gerne zugesehen und wirklich nicht gewusst, auf wen sie hätte setzen sollen.

Kathi beäugte Irmi skeptisch, sagte aber nichts weiter und zog schließlich ab.

Irmi hatte keine Ahnung, wie sie jetzt am besten vorgehen sollten. Sie waren in der prekären Situation, dass sie nicht wussten, wie das Mambagift in den Körper von Kilian Stowasser gelangt war. Nachdem der Kollege Hase seine Untersuchungen abgeschlossen und losgefahren war, versiegelte sie das Gebäude. Dabei hatte sie ständig das Gefühl, den Kopf einziehen zu müssen, weil diese Mamba auf sie herabfahren könnte. Sie rief sich zur Räson und startete ihr Auto.

Es war auf einmal richtig warm geworden, die Sonne schickte stechende Lanzenstrahlen zur Erde, die Luftfeuchtigkeit war tropisch – kein Wunder nach den Wassermassen, die aus den himmlischen Schleusen geprasselt waren. Bernhard hatte längst mähen wollen, er saß auf glühenden Kohlen. Das Heu hatte schon viel zu lange gestanden, aber die feuchten Wiesen waren immer noch zu nass, um hineinzufahren – vor allem bei ihnen in Schwaigen, wo es eh schon moorig war. Dabei sehnte sie sich danach, zu kreiseln. Sie nahm dazu immer den alten Eicher Königstiger. Effizient war der fast schon antike Traktor nicht, aber für Irmi war die Arbeit mit ihm meditativ und entspannend. Das monotone Geräusch, der Geruch des trocknenden Grases – herrlich. Aber der Wetterbericht versprach nur weitere Gewitter.

Irmi quälte sich in einer Kolonne von Urlaubern durch Klais und Kaltenbrunn. Der Verkehr in Höhe des Klinikums lief dann so zäh, dass sie stattdessen kurz darauf eine Abkürzung durch Partenkirchen probierte. Eine schlechte Idee, wie sich herausstellte, denn ein Umzugs-Lkw blockierte die Straße. Ein junger Mann versuchte verzweifelt, den 7,5-Tonner rückwärts zu manövrieren, während die junge Frau, die ihn einweisen sollte, schimpfte und tobte.

Umzüge waren emotionale Ausnahmezustände. Wenn die Ehe den Umzug überstand, hatte sie Chancen, dachte Irmi. Menschen waren wie Zugvögel. Kaum hatten sie ihre Kisten im Keller ausgepackt, zogen sie wieder los. Zu neuen Ufern, neuen Männern, neuen Leben. Doch sie selber blieben dieselben, nahmen all ihre Unzulänglichkeiten und Hoffnungen mit.

Irmi selbst war von exzessivem Umziehen zum Glück verschont geblieben. Wozu hätte sie wegziehen sollen, wenn daheim die frühmorgendlichen Nebelschwaden aus den Feldern traten, wenn die Kater ihre erste Show im taufeuchten Gras abzogen, sich überkugelten, drohten und auf Tiger machten, wo sie doch maximal Bauernstubentiger waren. Wohin hätte sie umziehen sollen, wenn abends eine große Stille aus den Wäldern langsam bis zum Haus wanderte und es sanft einhüllte. Und was wäre besser als ihr brummiger Bruder und Lissi, ihre Nachbarin, die so viel Sonnenschein in ihrem Herzen trug?

Umziehen wegen jenes Nachbarn, der mit Gewalt und Gewehr drohte, wenn Bernhard Reifenspuren in dessen Feldrand machte, bloß weil er einem noch größeren Ladewagen eben jenes Bauern ausweichen musste? Wegen der Grantlhuberin zwei Höfe weiter, die nie grüßte und Irmi für eine höchst gefährliche Kreatur hielt, weil sie arbeitete und keine Hausfrau war? Wegen der Kampftrachtler-Familie Mair, die seit fünfhundert Jahren mit den Mangolds zerstritten war, wobei niemand den eigentlichen Grund für den Zwist kannte? Nein, umziehen war sinnlos. Es gab nirgendwo bessere Menschen, höchstens andere.

Sie hatte lediglich den kurzen Abstecher in die WG gewagt und war später mit ihrem Exmann Martin zusammen nach Garmisch gegangen. Eine schöne Wohnung war das gewesen, aber eben eine Wohnung, und zwar unterm Dach. Wahrscheinlich war sie ein wenig seltsam, aber eine Wohnstatt, von der aus man nicht ebenerdig hinauskonnte, verursachte Irmi Unwohlsein. Der Umzug war Stress pur gewesen, weil Martin bei jedem Bohrloch für Lampen und Bilder ausgeflippt war, weil mal ein Brocken Wand mitkam, mal der Bohrer brach. Man hätte lachen können und auf den Parkettboden sinken und sich dort womöglich lieben … So was gab es aber nur in amerikanischen Liebesfilmen. In der Realität zofften sich Paare bis hin zu Handgreiflichkeiten, dabei waren sie doch eigentlich nur bestrebt, sich eine schöne neue Heimat zu schaffen.

Draußen auf der Straße war die junge Frau inzwischen losgerannt. »Mach deinen Scheiß alleine, wenn ich dich falsch einweise!«, schrie sie. »Verreck doch in deinem Lkw und deinem blöden neuen Haus. Ich wollte das eh nie.« Nein, Umzüge förderten in den allerwenigsten Fällen die positive Paarbildung. »Umzugskommunikation bei Paaren« – das wäre ein toller Kurs für die Volkshochschule. Wie erkläre ich etwas so, dass meine Frau mich versteht? Wie dirigiere ich das sperrige Möbelstück so, dass zwei Träger in dieselbe Richtung streben?

Martin hatte ihr in der Umzugsphase eine Ohrfeige gegeben. Am besten wäre sie damals schon gerannt! Mit ihren noch unausgepackten Koffern hätte sie nach Hause zurückkehren sollen. Das hatte sie dann fünf Jahre später getan, und das war kein Rennen gewesen, sondern eher ein Schleichen. Martin hatte sich mit ein paar wenigen Gegenständen aus dem Staub gemacht. Es war dann an Irmi gewesen, die komplette Wohnung zu räumen. Dieses Verpacken von Erinnerungen war grausam. Man betrachtete die Scherben seines Lebens und steckte sie in Kisten. Warf den Deckel zu. Sie hatte sich nicht getraut, das Album mit den Hochzeitsfotos zu öffnen. Sie hatte über ihren Kinderbüchern geheult, dabei waren die Fünf Freunde, Hanni und Nanni oder Burg Schreckenstein doch gar nicht zum Heulen. Sie hatte mit Wehmut ihre alten Platten betrachtet. Sie hatte eine LP von Greg Lake aufgelegt. Lauter Lieblingsstücke, die vor Melancholie nur so trieften. »You think you're the devil, but with those angel eyes you're just a slave to love tonight.«

Noch immer sah Irmi der jungen Frau hinterher, die längst hinter einer Hausecke verschwunden war. Sie erfasste auch, warum der junge Mann nicht hatte weiterfahren können. Die Straße war gesperrt, weil es dort ein Straßenfest gab. In zweiter Linie schien es ein Fest der Olympiagegner zu sein, die Transparente mit Aufschriften wie »Danke, IOC! Danke, Pyeongchang!« oder »Hurra,

Samsung, wir lieben die Macht des Geldes!« zwischen die Häuser gehängt hatten.

Irmi nahm an, dass diese kleine Festivität genehmigt war.

Gerade als sie mit ihrem Auto umdrehen wollte, entdeckte sie die Journalistin Tina Bruckmann. Die beiden kannten sich vom Sehen. Irmi las ihre Artikel sehr gern, weil sie differenziert und klug geschrieben waren. Sie stellte ihr Auto ab und schlenderte zu ihr hinüber. Die Journalistin machte sich gerade ein paar Notizen und sah dann hoch. Sie lächelte.

»Erwarten Sie hier etwa einen Mord, Frau Mangold?«

Irmi lachte. »Der Kas is erst mal bissn, würd ich sagen. Wer wollte da noch morden? Höchstens könnte sich ein Olympia-Befürworter so veräppelt fühlen über diese Veranstaltung hier, dass er ausrastet. Wie wäre das?«

»Eine Art Bauernopfer, meinen Sie? Ein Ventil für den ganzen Frust, abgelehnt worden zu sein? Um die Schmach zu verarbeiten, dass putzige Dirndl, die Hausmacht Neureuther und eine Ossi-Eisprinzessin einfach zu wenig waren?«

»Klar, es wurde schon wegen weniger gemordet. Verletzte Gefühle sind oft hochexplosiv. Wer wird schon gerne vorgeführt?«

»Gut, der Punkt geht an Sie, Frau Mangold. Was denken Sie denn?«

»Ich denke, es geht um das Erschließen neuer Wintersportmärkte. Die Topsponsoren heißen Samsung und Hyundai. Deutschland ist doch kein Markt mehr, hier hat doch jeder ein Paar Ski oder ein Snowboard im Schrank stehen. Außer mir.« Irmi lachte. »Ich bin keine Wirtschaftsfachfrau, aber in einem Wachstumsmarkt wie Asien gibt es doch Milliarden zu verdienen. Und dann glaub ich auch, dass Deutschland international als recht problematisch wahrgenommen wird: Wir wollen den Atomausstieg, wir haben ein nicht mehr finanzierbares Sozialsystem. Draußen glauben die sicher, dass Deutschland so ein Projekt gar nicht stemmen kann.«

»Das ist wirklich ein guter Aspekt!«, meinte Tina Bruckmann anerkennend.

»Na ja, das sagt mir halt mein Menschenverstand.« Irmi verzog den Mund.

»Ihnen vielleicht. In Südkorea sind die Aktien für Bauunternehmen und Betreiber von Kasinos und Ferienanlagen gleich mal in die Höhe geschossen. Wir reden hier von der viertgrößten Volkswirtschaft Asiens.«

»Frau Bruckmann, es trifft sich im Übrigen gut, dass wir uns hier zufällig über den Weg laufen. Könnte ich Sie irgendwo auf einen Kaffee einladen? Ins Rathauscafé?«

»Sicher, ich habe ungefähr eine Dreiviertelstunde Zeit.«

»Prima, bis gleich! Treffen wir uns dort.«

Als im Rathauscafé der Cappuccino mit einem Schokopuder-Herz im Milchschaum serviert wurde, schüttelte Irmi den Kopf. »Stellen Sie sich vor, da kommt jemand vom Scheidungstermin im Amtsgericht nebenan und trinkt mit dem Ex oder dem Anwalt so einen Herzerl-Kaffee!«

Tina Bruckmann lachte. »Na, meistens wird man ja wohl eher mit dem Anwalt einen heben wollen. Jetzt bin ich aber neugierig. Wie kann ich Ihnen weiterhelfen?«

»Kennen Sie Max Trenkle?«

»Den FUF-Vorsitzenden? Ein bisschen, ich habe beruflich mehrfach mit ihm zu tun gehabt.«

Irmi nickte. »Und was halten Sie von ihm?«

Tina Bruckmann dachte kurz nach, ehe sie schließlich sagte: »Ich nehme ihm sein Anliegen ab. Er ist keiner von diesen VIP-Tierschützern, denen es doch längst nicht nur oder gar nicht um die Sache geht. Allerdings beneide ich ihn wirklich nicht darum, dass er ständig von einem Haufen Weiber umgeben ist. Allein unter Frauen! Und zwar nicht irgendwelchen, sondern Tierschützerinnen mit massivem Sendungsbewusstsein.« Sie lachte.

Irmi musterte die Journalistin unauffällig. Sie fand diese Frau sehr apart. Nicht im landläufigen Sinn schön, aber sie faszinierte sicher viele Menschen.

»Meine Kollegin war der Meinung, er würde schnell mal flirten. Ist er manipulativ?«

»Nun ja, ich würde ihm einen gewissen Charme attestieren. Ich glaube, er bewegt sich auf dünnem Eis sehr gut. Und dann hat ein Mann, der Tiere mag, bei Frauen ja eh sofort Bonuspunkte.« Tina Bruckmann zögerte kurz und fragte dann: »Darf ich wissen, warum Sie sich für ihn interessieren?«

»Max Trenkle war der Meinung, dass Sie eine ganze Menge über Kilian Stowasser wüssten. Sie sagten vorhin, Sie hätten mit Trenkle beruflich zu tun gehabt. Dann haben Sie wohl auch Stowasser gekannt, oder?«

Tina Bruckmann rührte in ihrem Cappuccino, vom Herz war keine Spur mehr zu sehen. »Es geht also um Stowasser?«

»Ja.«

»Warum?«

»Ich nehme an, Sie wissen den Grund«, sagte Irmi.

»Stowasser ist tot?«

»Ja.«

»Ermordet?«

»Das wissen wir nicht. Ich gebe morgen eine Pressekonferenz. Die Todesursache ist bislang ungeklärt. Ich würde Sie auch dringend bitten, heute nichts mehr zu schreiben.«

Dankenswerterweise hatte bisher nur eine kurze Meldung in der Zeitung gestanden, sie und ihre Kollegen hatten die Journalisten noch abwehren können. Und es schien so, als wären KS-Outdoors auch nicht sonderlich auskunftsfreudig gewesen.

»Ich komme gerade aus dem Urlaub«, sagte Tina Bruckmann. »Ich war noch gar nicht in der Redaktion, sondern bin direkt zu diesem Termin gefahren. Eigentlich wollte ich erst am Sonntag wieder anfangen, aber bei den freien Mitarbeitern ist Land unter, deshalb bin ich früher zurückgekommen. Und Stowasser ist wirklich tot?«

»Ja, wir haben ihn in Krün gefunden. Sagt Ihnen das etwas?«

»Ja, natürlich.« Eine Weile schwieg Tina Bruckmann, dann fragte sie: »Was wissen Sie denn bisher über Stowasser?«

»Dass er in Misskredit geraten ist mit seinen reinen Daunen, die offenbar gar nicht so rein sind. Dass er sich da sehr geschickt aus der Affäre gezogen und dabei sein kriminelles Tun sogar als Marketinginstrument eingesetzt hat.«

»Das haben Sie schön zusammengefasst, Frau Mangold.«

Eigentlich war ihr Tina Bruckmann sehr sympathisch, aber seit der Erwähnung von Stowassers Namen war die Journalistin wortkarg geworden, sie wirkte auf einmal fahrig und weniger kooperativ.

»Danke, dass Sie meine Qualitäten die deutsche Sprache betreffend schätzen, aber ich würde nun doch gerne wissen, was Sie in Bezug auf Stowasser so umtreibt. Max Trenkle war der Meinung, Sie hätten so einiges recherchiert. Und dass sie ziemlich verschwiegen seien.«

Nun huschte ein Lächeln über Tina Bruckmanns attraktives Gesicht. »In dem Punkt hat er zumindest recht.«

»Sie waren mit Max Trenkle mal in Krün?«

»Also gut, ich habe viel und lange recherchiert und bin dabei Kilian Stowasser mehrmals nach Krün gefolgt. Das Tor des Anwesens ging auf wie durch Zauberhand und war auch gleich wieder zu. Ich konnte gerade noch den Blick auf ein zweites Tor erhaschen, das sich ebenso schnell wieder schloss. Stowasser kam meistens erst nach mehreren Stunden wieder raus. Außerdem habe ich beobachtet, dass alle zwei Wochen tschechische Lkw gekommen sind, immer im Schutze der frühen Morgenstunden. Einmal habe ich Max Trenkle gebeten mitzukommen, als Zeuge oder so. Auch er war der Meinung, dass man nicht durch die beiden Tore kommt. Da hätten wir Stowasser schon niederschlagen müssen. Ich habe ein paar verschwommene Fotos, das ist alles.«

Irmi überlegte. »Hätten Sie die Lkw-Fahrer nicht anhalten können?«

»Das hat Max Trenkle mal versucht. Hat sich sogar am Führerhaus festgeklammert. Der Fahrer ist einfach weitergefahren und hat ihn an der Hecke wie ein lästiges Insekt abgestreift.«

»Sie hätten doch dem Lkw folgen können.«

»Hab ich auch gemacht. Bis zum Rastplatz Holledau. Als der Fahrer zum Kaffeetrinken gegangen ist, hab ich unter die Plane gesehen. Schmutzleer das Ganze. Was hätte ich tun sollen?«

»Haben Sie die Nummer notiert?«

»Ja, natürlich. Aber ich kann keine Nummern überprüfen. Es war ein tschechischer Lkw älterer Bauart ohne jeden Aufdruck. Frau Mangold, ich hätte stichhaltige Beweise gebraucht!«

»Dafür, dass er Daunen aus tschechischen Qualzuchten verarbeitete?«

»Genau, ich bin mir nämlich sicher, dass er sich die Daunen nach Krün liefern lässt, der lässt die doch nicht in die Firma kommen!«

»Aber irgendwie musste er sie dann doch in die normale Produktion einschleusen, oder?«

»Tat er auch. Es fuhr auch immer mal wieder ein Firmentransporter nach Krün. Verdunkelte Scheiben, es war nicht mal zu erkennen, wer der Fahrer war. Wahrscheinlich Stowasser selbst«, mutmaßte Tina Bruckmann. »Letztlich bin ich nicht weitergekommen.«

»Und was ist mit Max Trenkle und dem Verein FUF?«

»Die haben auch was anderes zu tun. Momentan führen sie ein groß angelegtes Katzenkastrationsprojekt durch. Wir sind halt alle an Stowassers Mauern gescheitert. Aber das Leben geht weiter. Wer hat das mal gesagt? Das ganze Leben ist ein ewiges Wiederanfangen. Ich glaube, das war Hugo von Hofmannsthal.«

»Um nochmals auf diesen ganzen Unterschleif zurückzukommen: Das schafft doch nie einer alleine, oder? Da muss doch in der Produktion jemand Bescheid wissen?«

»Ja, das war auch mein Gedanke. Der Produktionsleiter vielleicht? Sie können leichter überprüfen, ob der zum

Beispiel zusätzliches Geld erhält. Und ich könnte mir vorstellen, dass diese Rosenthal Bescheid weiß. Frau Mangold, ich spekuliere, ich kann einfach nichts beweisen.« Das klang nun doch frustriert.

»Sind Sie denn wie Trenkle überzeugt, dass er immer noch betrog?«

»Ja, natürlich. Seine eigenen Daunen reichten für seinen Ausstoß niemals, er gab ja auch zu, dass er zukaufte, aber eben nur saubere Ware. Angeblich kann man auf seiner Website über die Seriennummer den genauen Produktionsverlauf nachvollziehen und sogar den Testbericht des Testlabors lesen. Seine Schlafsäcke sind natürlich nicht billig, aber sie sind zu preiswert dafür, dass er angeblich so einen Aufwand treibt.«

»Hat ihn darauf denn noch keiner angesprochen?«

»Doch natürlich. Ich übrigens auch. In einem Interview, das ich mit ihm gemacht habe, hat er seinen Preis damit begründet, dass er eben günstig einkauft. Warten Sie mal.«

Tina Bruckmann nestelte in ihrem Rucksack und holte ein Smartphone heraus. Sie fingerte ein wenig daran herum, lud dann einen Artikel hoch und hielt Irmi das Gerät hin.

Die begann gleich zu lesen. Tatsächlich hatte Stowasser auf jede Frage aalglatte Antworten.

»Sie werden mir nicht glauben, dass Enten in China viel glücklicher sind als ungarische Gänse. Ich weiß schon, beim Stichwort China drängen sofort Bilder heran von schlecht gehaltenen Tieren, dabei geht es dem Geflügel in Europa tatsächlich oft viel schlechter. In China werden Tiere meist in kleinen Familienunternehmen gehalten, aufgrund von Geldmangel werden hier keine Tier-KZs gebaut, sondern die Tiere

einfach auf dem eigenen Grund und Boden laufen gelassen. Unsere Daune mit 675 CUIN – das ist der Wert für die Bauschkraft, in Kubikzoll gemessen – stammt aus Nordchina, und zwar von freilaufenden Enten, die in erster Linie der Eierproduktion dienen. Da diese Enten in einer kälteren Klimazone leben, produzieren sie Daunen mit phantastischen Eigenschaften. Wenn die Enten nach zwei Jahren keine Eier mehr legen, werden sie geschlachtet und anschließend erst gerupft. Die Daune wird an anderer Stelle gereinigt und sortiert. Auch hier erfolgt die Reinigung auf Wasserbasis ohne den Zusatz von Lösungsmitteln. Wir kaufen diese Daunen sehr günstig ein und geben den Preis an unsere Kunden weiter.«

Irmi unterbrach ihre Lektüre. »Klingt alles sehr griffig«, kommentierte sie.

»Ja, klar, aber Stowasser produziert auch Schlafsäcke mit 750 CUIN Daunen. Das sind die für die extremen Temperaturen, echte Expeditionsschlafsäcke. Und diese Daunen stammen aus Osteuropa und werden in Taiwan gereinigt. Und da stimmt irgendwas nicht. Solche Schlafsäcke müssten mindestens sechshundert Euro kosten, seine kosten dreihundertfünfzig oder noch weniger.«

Irmi las weiter.

»KS-Outdoors verwendet nur Daunen höchster Qualität, sie stammen alle von Tieren aus der Nahrungsgewinnung, die ethisch korrekt getötet worden sind. Lebendrupf oder Harvesting sind absolut ausgeschlossen. Die Tiere werden nicht zwangsgemästet, sondern leben artgerecht mit Freilauf, haben einen Unterschlupf und Zugang zu Wasser und frischer Nahrung. Die Menge der Tiere pro Quadratmeter liegt unter der empfohlenen Anzahl. Jede einzelne Daunencharge wird von internationalen Labors getestet.«

»Bis auf die, die er illegal druntermengt, wenn ich Ihrem Gedankengang folgen darf«, sagte Irmi. »Aber ist das nicht riskant, was er da treibt?«

»Ach, seien wir doch mal realistisch.« Tina Bruckmann klang müde, und Irmi war fast versucht, sich zu entschuldigen, dass sie die Urlaubslaune der Journalistin so rüde zerstört hatte. »Wen interessiert denn wirklich das Innenleben des eigenen Schlafsacks? Wenn da so ein herrliches Büchlein mit großartigen Fotos von glücklich grasendem Federvieh beiliegt, wer forscht denn da noch nach? Mensch, wir leben in einer Welt, wo wir für neunundsechzig Cent zweihundert Gramm eingeschweißten Schinken im Supermarkt kaufen, wer wollte denn da im Schlafsack wühlen? Der deutsche Verbraucher ist doch insgesamt total desinteressiert. Mal kommt ein Skandal, schwappt kurz hoch, keiner frisst mehr Salat wegen EHEC – und zwei Wochen später ist alles vergessen.«

Sie hatte sich in Rage geredet.

»Und einer wie Stowasser profitierte davon?«

»Na sicher.«

»Sie mochten ihn nicht, oder?«

»Sie werden das sicher schon von anderer Seite gehört haben oder noch hören: Stowasser hatte die Connections, mich überall unmöglich zu machen. Er hat … äh … hatte einen sehr guten Draht zu meinem Chef. Ich wurde zeitweise richtiggehend degradiert, durfte nur noch über weichgespülte Themen schreiben: Kindergartenfest, die besten Abiturienten vom Irmengard-Gymnasium – so was eben. Über den Geflügelzuchtverein schon nicht mehr, da hätte ich ja einen Schlenker zu Stowasser machen können.«

Sie lachte bitter. Ja, diese Frau war wirklich frustriert. Irmi gab ihr das Smartphone zurück, ihre Blicke trafen sich.

»Bin ich nun auch verdächtig? Brauche ich ein Alibi?«, wollte Tina Bruckmann wissen.

»Wo waren Sie denn am Dienstag?«

»Im Urlaub, allerdings nur am Ledrosee, ich hätte ja leicht mal über den Alpenhauptkamm jetten können.«

»Hätten Sie, ja.« Irmi lächelte. »Und darf ich Sie noch mal bitten, bis zur PK morgen zu warten?«

»Keine Sorge, die Welt erfährt noch früh genug, dass der bayerische Unternehmer des Jahres 2010 das Zeitliche gesegnet hat! Entschwebt in einen watteweichen Daunenhimmel, ich bezweifle aber, dass der in den Himmel kommt.«

Tina Bruckmann spielte auf seine Daunenschiebereien an. Irmi war sich ziemlich sicher, dass sie weder etwas vom Kokain wusste noch von seinen illegal gehaltenen Tieren. Aber sie musste trotzdem weiterhin auf der Hut bleiben, zu viel Vertrauensvorschuss hatte sich oft schon als arger Fehler erwiesen. Im Privatleben und in den Ermittlungen.

»Frau Bruckmann, kannten Sie denn seine Frau?«

»Nein, ich glaube, die haben in ziemlichen Parallelwelten gelebt. Sie war in irgendeinem Reitstall engagiert, und da ist sie wohl auch die Treppe runtergefallen. Ich glaube, wir hatten auch nur den Polizeibericht. Ehrlich gesagt, hat mich das auch nicht interessiert. Und dann war das auch schon vor zwei Jahren, glaub ich. Sie wissen ja: Nichts ist so alt wie die Zeitung von gestern.«

»Um auf Herrn Stowasser zurückzukommen: Max Trenkle meinte, dass Sie auch etwas über Zoff mit Mitbewerbern wüssten?«

Tina Bruckmann zögerte wieder eine Weile, ehe sie erzählte: »Als er zum Unternehmer des Jahres gekürt wurde, gab es zu diesem Anlass ein Golfturnier in Burgrain, und da kam die gesamte Wirtschaftsprominenz: unser Landrat, der Bundestagsabgeordnete und alles an Adabeis, was wir so aufzubieten haben. Ich war auch da, den triumphierenden Blick, den Stowasser mir zugeworfen hat, werd ich nie vergessen. Jedenfalls war es der Wunsch meines Chefs, auf den Greens Stimmen zum Event einzufangen. Eine dämliche Idee! Ich zog also mit dem Fotografen von Hole zu Hole, ziemlich albern. An Loch zehn war Stowasser gerade dabei, aufs Green zu pitchen, als ihn ein Mann einfach mal schubste. Die beiden haben sich richtig angebrüllt, und erst als sie uns gesehen haben, vor allem die Kamera, war Schluss. Ich glaube, sonst hätte der Mann Stowasser seinen Golfschläger übergezogen. Ich habe natürlich nachgeforscht, wer der andere war: Veit Hundegger, der macht auch in Outdoor, wobei er eher Bikewear fabriziert, also Bikepants, Softshells und so weiter – aber auch Daunenjacken. Der wäre sicher ebenso gern bayerischer Unternehmer des Jahres geworden, der war auch nominiert.«

»Das wäre doch journalistisch für Sie interessant gewesen, oder nicht? ›Kampf der Aspiranten‹, ›Der Geschlagene schlägt zurück‹ oder so!«

»Frau Mangold, die Aufgabe war, glückliche bayerische Unternehmer zu zeigen, die sich alle begeistert über das liebevolle Miteinander einer großen bayerischen Familie aus Mir-san-mir-Freunden äußern. Sie kennen das doch zu Genüge: Wenn so ein ganzer bayerischer Kerl mal zuschlägt, ist das doch bloß urig. Archaisch eben! Festzeltromantik, Holzhackerbuam-Tradition. Was weiß denn ich!«

»Klar, wenn ein Mann zuschlägt, ist das archaisch, wenn eine Frau das tut, gehört sie in die Klapse.«

Sie schwiegen beide eine Weile, bis Irmi sagte: »Ich danke Ihnen für Ihre Offenheit und dafür, dass Sie bis morgen dichthalten.«

»Gerne, es genügt auch mir persönlich, morgen zu erfahren, wie Stowasser ums Leben kam. Ich hoffe allerdings, es war kein schöner Tod.«

Das klang nun aber doch sehr bissig, dachte Irmi. »Nein, das war es nicht.«

Die Journalistin spürte, dass sie übers Ziel hinausgeschossen hatte, und ruderte zurück. »Ich meine, ich wünsch keinem was wirklich Böses, aber dieser Kampf gegen Windmühlen macht einen so müde und mürbe.«

»Kampf gegen Windmühlen, das hat Max Trenkle auch gesagt.« Irmi sah die Journalistin prüfend an.

»Ja, Tierschutz ist wahrscheinlich auch so eine Sisyphosarbeit. Aber ich glaube, Trenkle ist gut darin, Niederlagen wegzustecken. Er ist ein ganz anderer Mensch als ich. Ich wollte immer Journalistin werden, schon als kleines Mädchen – Prinzessin oder Tierärztin wollte ich nie werden. Ich bin eben vom alten Schlag und mache einen Job, bis ich tot umfall. Trenkle hingegen orientiert sich dann eben neu, bricht zu anderen Aufgaben auf. Ich glaube, er ist einfach ein bisschen skrupelloser als wir beide. Ihn hält nichts wirklich.«

»Sie wissen, dass er mal Polizist war?«, fragte Irmi.

»Ja, aber das war nur eine seiner vielen Karrieren. Recht vielseitig, der Mann.«

Irmi sagte nichts. Wartete.

»Er hat mir mal einen kurzen Abriss seines Lebens gegeben. Realschule, Polizeiausbildung, Abbruch derselben, Abi nachgemacht, Lehrerstudium Englisch und Biologie. Schuldienst nur kurz. Wieder zu viele Hierarchien. Er war dann auch mal länger in Australien und Südafrika. Eine größere Erbschaft und nun sein Ehrenamt. Geld muss der keins mehr verdienen.«

»Tja, das kann ich von mir leider nicht behaupten!« Irmi lachte. »Gut, morgen in der Pressekonferenz gibt's dann mehr, aber Sie haben mir schon mal sehr geholfen.«

Inwieweit ihr die Aussagen von Tina Bruckmann tatsächlich halfen, wusste sie nicht. Warum hätte ihr Trenkle seine ganze Lebensgeschichte erzählen sollen? Verdammt, das war alles so vertrackt, und außerdem war da womöglich immer noch diese verdammte Mamba unterwegs. Irmi war eigentlich ganz froh, dass sie Kathi in Urlaub geschickt hatte, das gab ihr etwas Zeit, die Gedanken zu ordnen. Morgen war auch noch ein Tag, ein entscheidender dazu, und Irmi machte etwas, was sie selten tat: Sie trödelte. Fuhr langsamer als sonst aus Garmisch hinaus. Stellte sich beim Tanken in Oberau extra so in die Schlange, dass es länger dauern würde. Zahlte in Zeitlupe.

Als sie an Lissis Hof vorbeifuhr, war alles dunkel. Schade drum, sonst hätte sie der Nachbarin einen Besuch abgestattet, aber heute war Lissis Landfrauentag. Bernhard war bei den Schützen, alle hatten ihre Rituale, ihre Fixsterne – nur ihre Lebensuhr tickte irgendwie anders.

Sie warf einen Blick in den Stall, wo gefräßiges Schweigen oder besser das monotone Kauen der Kühe herrschte, das Irmi so liebte. Bernhard hatte frisches Gras eingemäht, er war mit der Heuernte aber völlig aus dem Zeitplan. Drei trockene Tage am Stück, wann hatte es die denn gegeben? Im April, aber da war nun mal gerade Winterende und keine Erntezeit. Es grummelte auch schon wieder im Hintergrund. Irgendwo machte sich wieder ein Gewitter auf den Weg. Allmählich setzten die gewaltigen Entladungen Irmi richtig zu.

Als sie in die Küche kam, war heute mal nicht Konfetti-Tag, sondern Nudel-Reisauflauf-Tag. Es war ihr völlig schleierhaft, wie der Jungspund das nun wieder geschafft hatte, aber es war ihm gelungen, aus einem alten Küchenbüfett die Glasschubladen herauszuziehen und anschließend Reis und Nudeln auf dem Boden zu verteilen. Die Schubladen waren wie durch ein Wunder ganz geblieben, und der kleine schwarze Panther trieb gerade eine Nudel durch die Mitte. Fusilli hießen die und ließen sich sehr gut kicken. Unterm Tisch saß Kater und ließ sich von seinem Stürmer ab und zu mal eine Nudel hinkicken, die er dann retournierte. Ein tolles Team, die zwei, vor allem der Kleine, der in seinem raschen Dribbling natürlich auch den Reis flächendeckend verteilte. Sie musste lachen. Auch in ihrem Leben gab es Rituale: diesen beiden Wildfängen hinterherzuräumen.

Nachdem sie das Chaos beseitigt hatte, zappte sie lustlos im Fernsehen herum. Es gab schon wieder eine Castingshow, bei der sich junge Leute zu Affen machten, die zum einen wohl keinen Spiegel daheim hatten und zum zweiten einen Hörschaden, denn singen konnten die alle nicht.

Irgendwann war sie mal bei DSDS hängen geblieben und hatte wie gebannt zugesehen. Am Ende hatte sie sogar das Voting abgewartet. Damals war dann ein netter Junge, der tatsächlich hatte singen können, rausgeflogen, und sie war gar nicht verwundert gewesen. Es war doch ganz klar, wie die amorphe Masse Fernsehmensch dachte: Der ist eh gut, der kommt weiter, ich stimm für einen, der den Mitleidsbonus hat oder den Der-kann-noch-weniger-als-ich-Zuschlag bekommen hatte. Diese ganze Sendung war eine kollektive Massenmanipulation, perfide in dieser Perfektion. Zwar ging es hier nur um die fehlenden Sangeskünste von Teenagern, aber Irmi war sich sicher, dass diese Art von Manipulation sicher auch bei der Einführung der Todesstrafe für Kinderschänder funktionieren würde. Was für eine verdrehte Welt! Einerseits war so vieles absolut vorhersehbar, so abziehbildhaft, dass sie sich ärgerte, weil man ihre Intelligenz so gering schätzte. Andererseits war das Leben verwirrender geworden, und einer wie Trenkle verwirrte sie noch mehr. War er der Mambamörder?

Ihr Handy läutete, *er* war es. Da er Bernhards Abendtermine kannte, rief er häufig dann an, wenn er Irmi allein wähnte. Und wer hätte schon da sein können? Ein Lover? Was für ein schlechter Witz. Irmi hatte es sich immer zur Maxime gemacht, ihre Fälle nicht im Privaten breitzutreten, sie unterlag der Schweigepflicht, das war das eine, aber sie wollte auch nicht während der gesamten freien Zeit in Mord und Totschlag wühlen. Auch sie brauchte ein paar Stunden Abstand.

Er war gerade in Vancouver und schwärmte ihr vom Restaurant Sandbar auf Granville Island vor.

»Du hast gefehlt, zu zweit hätten wir viel schöner in den

Regen sehen können. Die Perle am Pazifik ist ganz schön nass«, meinte er und lachte.

»Schwaigen, die Perle des Voralpenlands, auch«, sagte Irmi und erzählte von den dauernden Gewittern. Himmel, nun redete sie mit dem Mann, den sie liebte, also übers Wetter? Es war so schwer, aus dieser Entfernung Nähe aufzubauen, und wie aufs Stichwort setzte der liebe Himmelpapa wieder dazu an, zu kegeln. So hatte ihre Mutter ihr den Donner immer erklärt: »Der Himmelpapa kegelt!«

»O ja, ich hör es, ganz schön heftig.«

»Ich hasse es!«, sagte Irmi inbrünstiger als geplant.

»Ach, komm, Gewitter sind doch höchst faszinierend.«

»Was ist daran faszinierend? Mich macht das ganz kirre. Wenn mich mal der Blitz erwischt, findest du das sicher nicht mehr faszinierend.«

»Du wirst ja nicht übers freie Feld laufen oder allein auf einem Berggipfel stehen. Und Benjamin Franklin bist du auch nicht!«

»Wer?«

»Im Sommer 1752 hat Benjamin Franklin ein Experiment gewagt. Er ließ einen Drachen in den Gewitterhimmel aufsteigen, um Elektrizität aus der Luft einzufangen. Ein Funke sprang vom Ende der Drachenleine auf seine Hand über. Das war der Beweis, dass eine elektrische Spannung zwischen den Wolken und der Erde besteht. Hätte ein Blitz in den Drachen eingeschlagen, gälte Benjamin Franklin zwar immer noch als der Blitz-Beweiser, wäre aber selber Geschichte gewesen. Hast du das gewusst?«

Nein, hatte sie nicht. Sie wusste sowieso viel zu wenig. *Er* wusste viel, sie bewunderte seine Allgemeinbildung.

Und wenn er erzählte, tat er das nie, um zu protzen, sondern weil er einfach ein hervorragender Erzähler war. Er hätte Lehrer werden sollen oder Uniprofessor.

»Nein«, sagte sie und wusste plötzlich nicht, was sie sonst noch hätte sagen sollen, als wieder ein gewaltiger Donner niederfuhr und der Blitz den Nachthimmel taghell beleuchtete. »Puh, das war ganz nah! Wie rechnet man das aus?«

»Der Schall hat im Gegensatz zum Licht, das etwa dreihunderttausend Kilometer in der Sekunde schnell ist, nur eine Geschwindigkeit von dreihundertzweiunddreißig Metern in der Sekunde. Bei null Grad Celsius, wohlgemerkt. Und drum kann man aus der Zeit zwischen dem Blitz und dem Donner die Entfernung des Blitzes berechnen. Drei Sekunden sind recht genau ein Kilometer.«

Bevor Irmi noch etwas sagen konnte, kamen Donner und Blitz fast gleichzeitig. Rums, die beiden Kater hechteten von der Eckbank und sausten hinaus. Draußen war es dunkel, allein das Display ihres Handys leuchtete.

»Bei euch geht's ja schiach zu«, sagte er, und Irmi musste lachen. Er übte bayerische Ausdrücke, aber über »Obacht!«, »schiach« und »Obatzda« war er noch nicht hinausgelangt, und auch das klang alles ein wenig zu preußen-bayerisch.

»Furchtbar, ich hasse das. Der Strom ist auch weg.«

»Das ist doch romantisch«, sagte er.

Natürlich hätte sie nun etwas antworten müssen von wegen Kerzenschein und Sehnsucht, aber irgendwie fanden die Gefühle in ihrem Inneren keinen Weg in ihre Sprache. Sie schwieg.

»Ich muss in zwei Wochen in die Schweiz«, sagte er plötzlich. »Kannst du dir nicht ein paar Tage freinehmen?«

Wieder ein Blitzschlag, diesmal in ihrem Inneren. Er kam, er würde ganz in der Nähe sein! Sie müsste sich freuen. Freudig erregt sein. Doch was fiel ihr als Erstes ein? Sie fragte sich, ob der Fall dann schon abgeschlossen sein würde und wer sich um die Kater kümmern sollte. Bernhard vergaß doch immer, die Katzen zu füttern.

Es war nicht so einfach, aus der täglichen Realität heraus, aus der gewitterigen Dunkelheit nun auf einmal in Urlaubs- oder sogar Liebeslaune zu kommen. Sie hatte so oft Sehnsucht nach ihm, aber jetzt fühlte sie gar nichts.

»Meldest du dich, wenn du aus Kanada zurück bist?«, fragte Irmi. Das kam ihr irgendwie angebracht vor. Und neutral. Auf ihren Fall zu verweisen, hätte *er* ja womöglich als Ablehnung interpretiert.

»Sicher, und denk an mich in der stromlosen Nacht.« Er schickte ein Küsschen und legte auf.

Irmi atmete tief durch und trat ans Fenster. Noch immer blieb die Euphorie aus, und noch immer zuckten die Blitze, nun schon weiter weg überm Estergebirge. Sie tapste ins Bad und zog im Dunkeln ihr Schlaf-T-Shirt an.

Morgen war auch noch ein Tag.

Wieder einer, der sich um eine Mamba ranken würde.

7

Es war allmählich so eine Und-täglich-grüßt-das-Murmeltier-Situation. Wieder standen sie in Krün, diesmal war der Schlangenmann mit einem Kollegen da, und Irmi fröstelte wieder. Es war in der Nacht unglaublich kalt geworden, ihr Thermometer hatte morgens acht Grad angezeigt. Ein herrlicher bayerischer Alpensommer!

Der Himmel hatte in der Nacht aufgeklart, aber mit der Klarheit war die Kälte gekommen. War das nicht wie im richtigen Leben? Man ruderte ziellos durch gefährlich aussehende dunkle Gewässer. Man schlingerte führungslos durch seine Emotionen. Doch irgendwann kam Klarheit. Man konnte auf das eigene Leben schauen und das einiger Mitmenschen. Und dann strömte auf einmal diese Kälte ein – bei den wenigsten kam nach der Lebensfahrt die Milde.

Irmi hatte einen »professionellen Einbrecher« aus Hasis Team dabei, Lorenz Wagner, und den Gschwandtner Sepp, der sich zwar mit Händen und Füßen gewehrt hatte, der ihr aber besser geeignet schien, Räume aufzubrechen, als Sailer. Außerdem kannte er weniger Leute als Sailer und war somit kein Zeitungsersatz. Er stammte ursprünglich aus dem Niederbayerischen und hatte hier nur spärliche Kontakte, abgesehen von seiner Frau Guadalupe, die Mexikanerin und auch noch bildhübsch war. Mit ihr hatte er zwei Kinder namens Xolotl und Katharina.

Irmi erinnerte sich, dass sie nach der Anzeige des

Erstgeborenen »Xolotl Josef Barnabas Zimmermann« ins Internet gegangen war und »Xolotl« staunend auf Platz fünfzehn der beliebtesten mexikanischen männlichen Babyvornamen gefunden hatte. Auf Platz vierzehn hatte da allen Ernstes »Walter-Kurt« gestanden. So betrachtet, hatte Katharina noch Glück gehabt.

Sie gingen durch die Räume, in denen die Reptilien so unwürdig hatten leben und sterben müssen. Stiegen in den Keller hinunter, liefen durch Gänge und erreichten tatsächlich den Ausstieg, der in den Holzstadl führte. Es war überraschend warm hier unten. Gutes Mambaklima?

»Ich nehme mal an, dass Stowasser auf diesem Weg die Anlage betreten hat«, sagte Irmi. »Unklar bleibt, warum er das Tor hat offen stehen lassen. Das hat er ja anscheinend sonst nie getan.«

Sepp nickte eifrig, was bei ihm immer auf Unsicherheit und/oder Unverständnis hindeutete, während die beiden Reptilienspezialisten mit Taschenlampen die Decken ableuchteten. Langsam gingen sie alle zu jenen drei Türen zurück, von denen zwei rechts des Ganges abzweigten und eine links. Der Fachmann hatte die beiden rechten Türen schnell öffnen können. Dahinter lagen überraschend große Räume, in denen Europaletten gestapelt waren und auf deren Böden Daunenfedern lagen. Der Luftzug von der Tür versetzte sie in taumelnde Bewegungen, sie stiegen hoch, trudelten und treidelten und sanken gespenstisch leise zu Boden. Das war wohl das Lager all jener Daunen, die nicht unbedingt so reinweiß gewesen waren. Irmi sammelte ein paar der feinen Federn auf, man würde hoffentlich feststellen können, woher die stammten. Aber weit und breit war keine Mamba zu sehen!

Inzwischen versuchte sich der Schlössermann an der dritten Tür. Es war eine schwere gepanzerte Stahltür, die so aussah, als würde sie zu einem unterirdischen Banksafe führen. Sesam, öffne dich! Oder doch lieber nicht? Irmi graute vor der Wahrheit. Was, wenn da weitere Tiere eingesperrt waren? Wenn womöglich Tote darin zu finden waren? Oder illegale Einwanderer, Prostituierte aus dem Osten? Sie schüttelte den Kopf, das waren doch lauter klischeehafte Bilder, die sich da in ihr inneres Kino eingeschmuggelt hatten. Der Raum würde einfach ebenso leer sein wie die anderen.

Die Tür sprang schließlich auf. Es war zappenduster bis auf einen hellen Fleck an der gegenüberliegenden Wand, nur die Lampe des Schlangenmanns erhellte den Raum, sie irrte suchend an den Wänden entlang, er griff zu einem Lichtschalter. Neonröhren flackerten, taten ihr Bestes, und plötzlich ward Licht. Helles, gleißendes, kaltes Licht.

Der Raum war noch größer als die beiden anderen und deutlich länglicher. In seiner Mitte stapelten sich Holz- und Plastikkisten.

»Transportkisten für Reptilien«, sagte der Experte und nickte seinem Kumpel zu. Sie untersuchten Kiste für Kiste, während Irmi den Atem anhielt.

Nach einer schier endlosen Weile sagte der Mann: »Frau Mangold, das sollten Sie sich ansehen.«

War da etwa diese Mamba? Irmi war sich gar nicht sicher, ob sie so was sehen wollte. Sie trat näher.

»Doppelte Böden«, erklärte der Schlangenmann.

Irmi hatte immer noch Gummihandschuhe an und griff in die Kiste vor ihr. Pfiff durch die Zähne. Das Päckchen, das sie zutage förderte, dürfte fünfzigtausend Euro wert sein. Kokain, über dessen Reinheitsgrad und den genauen Wert sich die Experten Gedanken machen konnten. Sie hob den Blick, sah den Finder an.

»Keine Mamba, aber auch brisant«, sagte er leise. Dann machte er eine Kopfbewegung zu einem Loch in der Wand. »Da ist eine Öffnung nach draußen. Ob das Tier, sofern es diesen Raum je betreten hat, dort rausgekrochen ist, kann ich nicht sagen. Was ich dagegen mit Sicherheit sagen kann, ist, dass es, solange Ihre Leute hier drin hantieren, nicht wiederkommen wird.« Er hatte den Kopf in den Nacken gelegt. »Hier ist auch nichts, was dem Tier über Kopf Deckung geben könnte.«

Irmi nickte. »Wagner, können Sie den Hasen herbeordern? Und die Leute vom Rauschgift gleich dazu?«

»Dacht ich mir schon. Ja, mach ich.«

Irmi wandte sich an Sepp. »Gehen Sie mal raus, ich bleibe hier und rufe, und Sie versuchen von außen festzustellen, wohin dieses Loch führt.« Sie waren alle näher an den Lichtfleck herangetreten und dabei fast auf eine fette Kröte getreten. Die saß in einer Ecke und wirkte ziemlich genervt von der Invasion.

Liebevoll nahm Sepp sie in die Hand. »Ich bring sie raus. Hier verhungert sie ja. Ist bestimmt durch das Loch gekommen und runtergefallen. Manche denken wohl immer noch, man kriegt Warzen, wenn man Kröten anfasst, dabei ist das ein totaler Schmarrn.«

Weg war er. Irmi sah ihm verblüfft nach. Man wusste so wenig von seinen Leuten!

Ihr Rufen wurde erst einmal gar nicht belohnt, es dauerte lange, bis sie Sepps Stimme hörte. »Frau Mangold, ich weiß jetzt, wo das Loch mündet.«

Als Irmi wieder oben war, schien die Sonne. Es war nach der Kühle des Morgens rasant heiß geworden, dieses Wetter schaffte den stärksten Organismus. Es wurde schon wieder feuchtheiß, ein Wetter, das aggressiv und dünnhäutig machte.

Das Loch lag außerhalb der Mauern des Anwesens, ein gelber geriffelter Drainageschlauch kam unter einem Busch aus der Erde.

»Griffig für eine Kröte«, meinte Sepp und ließ offen, wie sich wohl eine Mamba beim Kriechen auf diesem griffigen Untergrund fühlen würde.

Nun war wieder nicht zu klären, ob die Mamba unterwegs war. Irmi beschloss, auf keinen Fall irgendetwas von der eventuell flüchtigen Mamba an die Öffentlichkeit dringen zu lassen. Sie wollte Panik vermeiden.

Sie beschloss, erst einmal von der anderen Arbeitshypothese auszugehen, nämlich dass das Gift auf andere Weise in den Körper von Stowasser gelangt war!

Sie verabschiedete sich von ihren Helfern, und der Schlangenmann entschwand mit einem »Wenn Sie mich brauchen – immer gerne!«.

Sie hoffte eigentlich, den Mann nicht mehr zu brauchen, auch wenn er ihr durchaus sympathisch war.

Als sie ins Büro kam, klebte ihr das T-Shirt am Rücken. Sie hasste diese feuchte Hitze, sie lebte doch in Bayern mit dem sprichwörtlich weiß-blauen Himmel und nicht in den Tropen! Aber der Himmel, der sich übers Oberland wölbte, war selten blau, und die Wolken zogen schon lange nicht mehr wie Schäfchenherden übers Firmament. Sie waren meist grau, bald anthrazit, und dann kamen später schwarze Wände auf sie zugewalzt. Nein, Bayern war auch nicht mehr das, was es mal war, nicht bloß wettertechnisch gesprochen.

Andrea saß an ihrem Schreibtisch und sah nicht sonderlich taufrisch aus. Wie Irmi gehörte auch sie zu jenen Frauen, denen die Wimperntusche verlief und die sich den Schweiß aus den Augen wischten, ohne dabei zu bedenken, dass heute so ein Alle-Jubeljahre-Tag war, an dem sie sich überhaupt Aufhübschungsmittel ins Gesicht gemalt hatten. Andrea hasste Seidenstrümpfe, hatte Laufmaschen, schon bevor sie die Packung geöffnet hatte. Andrea konnte auf Stöckelschuhen nicht gehen und in engen Röcken schon gar nicht. Andreas BHs, die ab und zu aus einer Bluse spitzten, waren praktische Sportsgesellen aus Baumwolle, keine neckischen Spitzenaccessoires wie die von Kathi. Die auf solche Dinger angesichts ihrer A-Cups auch ganz hätte verzichten können. Andrea bekam rote Backen, wenn's heiß war und wenn sie sich aufregte. Andrea war kräftig und sportlich gebaut, Fett setzte sie an der Hüfte, am Allerwertesten und an den Oberschenkeln an. Kurzum: Andrea war wie sie keine Elfe, keine Fee, kein anämisches, blasses, sphärisches Wesen, sondern eine ganz normale Frau.

Wie trefflich ließ es sich doch übers Wetter oder Figurfragen philosophieren, wenn man sich von irgendetwas Unangenehmem ablenken wollte. Irmi hasste Pressekonferenzen, wobei hier nur einige Lokaljournalisten zu erwarten waren, die dankenswerterweise nicht ganz so investigativ waren. Und Blut troff auch nicht aus ihren Blättern. Wie hatte Tina Bruckmann gesagt? Das ist doch hier alles Festzeltromantik! So wollten das die Zeitungsverleger und Landräte am liebsten.

Bevor Irmi zur PK hinüberging, bat sie Andrea, sich über Veit Hundegger zu informieren. Und auch darüber, wer denn erben würde. Mord wegen eines zu erwartenden Geldregens war ja keine Seltenheit.

Andrea strahlte. Sie war die Königin der Suchmaschinen und Archive. Während sie draußen oft linkisch wirkte, war sie im Web brillant.

Irmi hatte sich mit Weilheim abgestimmt und sich zudem den Pressesprecher ausgeborgt, musste also nur die zweite Geige spielen. Die Rolle der Souffleuse wäre ihr lieber gewesen. Sie hatten eine klare Marschrichtung festgelegt: portionsweise Information abgeben, das Wort »Mamba« gänzlich unerwähnt lassen.

»Meine Damen, meine Herren, wir haben diesen Termin angesetzt, weil aus Ihren Reihen sicher der Wunsch besteht, Näheres über den Tod von Kilian Stowasser zu erfahren. Ich darf Folgendes bekannt geben: Kilian Stowasser, fünfundfünzig Jahre alt, wurde am Dienstag in Krün tot aufgefunden. Er befand sich auf einem landwirtschaftlichen Anwesen, das seiner Schwägerin gehört. Dort wurden Tiere unter katastrophalen hygienischen Bedingungen gehalten, darunter Pferde, Hunde, Kaninchen, Wellensittiche und Reptilien. Die Tiere wurden vom Veterinäramt beschlagnahmt und auf diverse bayerische Tierheime beziehungsweise auf die Reptilienauffangstation in München verteilt. Frau Dr. Blume vom Veterinäramt beantwortet Ihnen hierzu sicher alle Fragen. Die Staatsanwaltschaft hat Anklage wegen Verstoßes gegen das Tierschutzgesetz erhoben. Es liegt hier der Tatbestand des Animal Hoardings vor, Ihnen ja sicher auch bekannt als krankhaftes Sammeln von Tieren.«

»Und was hat Stowasser da gemacht? Auch Tiere gesammelt?«, kam die Frage von Radio Oberland.

Der Pressesprecher lächelte. »Das entzieht sich nach momentanem Ermittlungsstand unserer Kenntnis. Wir gehen aber davon aus, dass Herr Stowasser auf dem Anwesen Reptilien gehalten hat.«

»Und da hat ihn dann ein Skorpion gebissen?«, meinte einer lachend.

Irmi hatte nur darauf gewartet.

»Die Obduktion des Kilian Stowasser hat ergeben, dass er tatsächlich an der tödlichen Dosis eines Schlangengifts gestorben ist«, erwiderte der Pressesprecher und klang dabei so, als hätte er gesagt: Der Besuch im Supermarkt hat ergeben, dass meine Frau Waschmittel braucht.

Nun schwirrten Stimmen durcheinander, Irmi sah in aufgeregte Gesichter. Sie suchte den Blick von Tina Bruckmann und versuchte, in deren Augen zu lesen.

Als sich der Tumult etwas gelegt hatte, fragte Tina Bruckmann: »Sie wissen auch, welche Schlange das war?«

»Ja, aber das tut nichts zur Sache.«

»Verstehen wir Sie richtig: Stowasser wurde von einer seiner eigenen Schlangen gebissen?«, fragte Oberland und hielt ihm das Mikro vor die Nase.

»Davon gehen wir aus.«

»Wozu ermittelt dann die Kripo«, fragte Tina Bruckmann und sah Irmi scharf an. »Frau Mangold?«

»Sie wissen doch, dass bei einem ungeklärten Todesfall in jedem Fall ermittelt wird«, sagte Irmi und hoffte, sie klang auch so waschmittelneutral wie der Pressesprecher. Ihre Deutschlehrerin hätte ihr das sicher angestrichen: Wiederholung, zweimal »Fall«.

»Frau Mangold, das ist mir bekannt, aber es dürfte ja nicht schwer sein, so einen Schlangenbiss zu lokalisieren?« Tina Bruckmann ließ nicht locker.

Irmi wandte sich an den Pressesprecher, der nickte ihr fast unmerklich zu.

»Eben das ist der Gerichtsmedizin nicht eindeutig gelungen, denn Herr Stowasser hatte auch anderweitige Bissverletzungen von Hunden.« Die Waschmittelstimme war ihr leider gar nicht gelungen.

Wieder setzte Stimmengewirr ein, bis ein freier Journalist es auf den Punkt brachte: »Er könnte also auch vergiftet worden sein, mit Schlangengift?«

»Meine Damen, meine Herren, wir ermitteln, und sobald wir etwas wissen, werden wir Sie natürlich informieren.« Der Pressesprecher erhob sich demonstrativ und marschierte unbeeindruckt zur Tür. Der Journalist von Radio Oberland stellte sich Irmi in den Weg: »Frau Mangold, waren Sie bei der Tierbeschlagnahmung dabei?«

Irmi atmete innerlich auf und überlegte sich ihre Worte. »Ja, und es haben dort ganz furchtbare Zustände geherrscht. Vor allem die Pferde waren in einem erbärmlichen Zustand, unterernährt, teils verletzt, vier mussten noch vor Ort eingeschläfert werden.« Wie das klang, so neutral, so kühl, dabei wütete in ihrem Inneren eine Mischung aus Wut und Verzweiflung. Sie hatte diese Bilder verdrängt, nicht erfolgreich genug, wie sich jetzt herausstellte. »Vonseiten des Veterinäramts bekommen Sie sicher weitere Informationen. Ich kann zu dem Thema nur als Privatperson sagen, dass Sie alle hier die Chance haben, darüber aufzuklären. Darüber, dass Animal Hoarding längst zu einem weitreichenden Problem geworden ist. Sie können als Journalisten auch ein Bewusstsein für diese Problematik schaffen, damit Mitbürger, die verwahrloste Tiere sehen, gleich Meldung erstatten.«

Damit wandte sie sich ab und war froh, den Fokus nun auf die armen Viecher gelegt zu haben. Als sie den Pressesprecher verabschiedet hatte und auf ihren Stuhl gesunken war, klopfte es. Tina Bruckmann stand vor der Tür.

»Darf ich reinkommen?«

»Sicher. Setzen Sie sich. Kaffee?«

»Mit Herzchen?«

Irmi lächelte müde. »Nein, und leider ist er auch ziemlich scheußlich.«

»Ich nehm trotzdem einen. Kein Zucker, viel Milch, dann wird's schon gehen.«

Irmi ging hinaus und kam mit zwei Tassen wieder. Sagte nichts. Wartete.

»Sie haben mich gestern nach Max Trenkle gefragt, der bei einer Tierschutzorganisation war. Sie haben ihn unter Verdacht, oder?« Tina Bruckmann sah zum Fenster hinaus.

Irmi musste kontern. »Max Trenkle hat mir Ihren Namen genannt und verraten, dass Sie intensiver im Leben von Stowasser herumgestochert haben. Das macht Sie verdächtig. Dass Trenkle mit Tieren zu tun hat, macht ihn ebenfalls verdächtig. Aber wenn er Katzen kastriert oder sich für geprügelte Hofhunde oder von mir aus Przewalskipferde einsetzt, muss er sich ja nicht gleich mit Schlangengift auskennen. Wir sind auf der Suche nach potenziellen Feinden von Stowasser. Dass die FUF-Mitglieder keine Fans von ihm sind, ist uns beiden klar. Frau Bruckmann, wir stehen noch ganz am Anfang!«

Irmi war wieder in ihrem Fahrwasser, im Einzelgespräch konnte sie punkten. Nur wenn sie von ganzen Massen umringt war, die auf sie einschrien, fühlte sie sich überfordert.

»Darüber hatten wir ja gestern schon gesprochen, dass ich natürlich den Alpenhauptkamm schnell mal hätte überwinden können.«

»Hätten Sie, eben!« Weil Tina Bruckmann schwieg, fuhr Irmi fort: »Natürlich kann ich Ihnen nicht verbieten, weiter zu recherchieren. Das ist Ihr Job. Ich bitte Sie nur zu bedenken, dass ein Artikel, der FUF mit einem Mord in Verbindung bringt, schlafende Hunde wecken könnte. Und unsere Arbeit torpediert.«

Mehr wollte und würde sie nicht sagen. Man sollte es tunlichst vermeiden, Journalisten zu sagen, was diese zu schreiben hätten. Damit erreichte man oft das genaue Gegenteil.

»Informieren Sie mich, wenn es etwas Neues gibt?«, fragte Tina Bruckmann.

»Ja, das werde ich«, sagte Irmi und meinte das auch ernst.

8

Erst als die Journalistin draußen war, merkte Irmi, wie ausgelaugt sie war. Wenn der Adrenalinspiegel sank, kam eine Welle von Müdigkeit. Und Hunger. Irmi beschloss, zum Inder zu gehen, Inder am Mittag machte leicht und glücklich, die Gewürze beflügelten irgendwie ihre Sinne. Es war kurz nach eins, und bis sie zurückkam, wäre das Hasenteam wohl auch wieder da, und vielleicht hatten die ja Neuigkeiten.

Irmi aß gerne allein, man konnte so herrlich Leute beobachten und den Gesprächen lauschen. Am Nachbartisch saßen Menschen der Wir-um-die-dreißig-Generation. Sie entnahm dem Gespräch, dass sie alle ursprünglich aus dem Werdenfels stammten, in Ettal zur Schule gegangen und in die Welt hinausgezogen waren. Anlässlich eines Klassentreffens waren sie nun in Garmisch-Partenkirchen. Die Leute am Tisch bildeten quasi die Vorhut für das morgige Fest. Sie trugen alle Kleidung im Landhausstil mit urbanem Touch, und die jungen Frauen hatten sich alle Sonnenbrillen in der Größe von Schweißerbrillen ins blonde glatte Haar geschoben. Die eine rief zur Bestätigung der Heldentaten der anderen stets »oh my gosh«. Ja, hier war man nicht mehr im Himmelsacklzement-Land.

Was kaum aufgefallen wäre: Eine der Frauen hatte ein etwa fünf Monate altes Baby dabei. Sie trug es wie ein Accessoire in der Maxi-Cosy-Schale herum. Wie eine Handtasche. Wegen des kleinen Leopold Paul Oskar hatte sie ihrem Mann nicht nach Somalia folgen können, nach New York und Kapstadt dagegen schon. Oh my gosh!

Irmi versuchte ihre zuckenden Lippen unter Kontrolle zu bekommen. Die Kindsmutter ignorierte das Baby gänzlich, der Kleine war aber dankenswerterweise ein ganz braves Kind, das nur freundlich umherblickte. Irmi musterte die junge Frau ganz genau. Ein leichtes Doppelkinn schob sich vor, ja, der Zahn der Zeit und das unzulängliche weibliche Bindegewebe nagten eben auch an diesen gestylten jungen Frauen. Wartet ihr mal zwanzig Jahre, dachte Irmi, straffte ihr Kinn und zahlte.

Gegen halb drei kam sie zurück und fand Andrea vor, die ihr einiges an Informationen ausgedruckt hatte.

»Hast du eine Kurzform für mich, bevor ich das alles lese?«, fragte Irmi mit einem Lächeln.

»Ja, klar, ganz so kurz geht es aber nicht.«

Irmi zog sich einen Stuhl heran. »Bitte, nur zu, ich lausche gerne!«

»Also zuerst mal: Erben wird wohl der Bruder. Es gibt kein Testament, die Erbfolge ist klar. Der Notar von KS-Outdoors versucht den Bruder ausfindig zu machen. Der steckt wohl wirklich irgendwo in Australien. Zuletzt hat er aus Byron Bay gemailt. Der hat anscheinend null Komma null Interesse an der Firma oder an Geld. Wirtschaftliche Motive fallen also aus.«

»Schlecht für uns, also keine Spur. Dabei ist Geld so ein schönes Motiv. Was hast du sonst noch?«

»Dieser Veit Hundegger ist der Besitzer von BBT, das steht für Bavarian Bike Tools. Die stellen Radbekleidung her, neuerdings aber auch Radlschuhe und Jacken, die nicht bloß zum Radeln sind. Zum Beispiel Daunenjacken.

Die Firma wurde vor zehn Jahren von Veit Hundeggers Vater betrieben und war ein bisschen altbacken. Dann hat der Junior übernommen, und in nur fünf Jahren hat das Unternehmen gescheit zugelegt. Jetzt schreiben die schwarze Zahlen und sind mittlerweile Kult. Der Junior war, wie du gesagt hast, nominiert für diesen Unternehmerpreis 2010. Ich hab da in ein paar Branchenzeitungen gelesen, und die waren sich alle sicher, dass er gewinnt. Nominiert waren insgesamt fünf, und er war der Favorit.«

»Tja, und dann ging der Oscar an Stowasser. Was für eine Schmach!«, rief Irmi.

»Ich hab da ein Interview mit Hundegger, das er nach der Preisverleihung einem Sportblatt und Bayern 5 gegeben hat. Und beide Male hat er kein Blatt vor den Mund genommen, sondern gesagt, dass Stowasser immer noch keinen … Moment, wie hieß das noch … richtig, keinen transparenten Nachweis für seine Daunen hätte. Und er hat gesagt, dass Stowasser zu billig ist, dass er bei der Qualität und Qualitätsprüfung mehr verlangen müsste. Ich hab dir das alles zusammengestellt.«

Irmi nickte.

»Und noch was«, fuhr Andrea fort. »Der junge Hundegger ist aktenkundig wegen Drogenhandel und Körperverletzung. Da gab's eine Jugendstrafe in Form von Sozialstunden wegen Drogenhandel an einem Rosenheimer Gymi, und dann hatte er mit einundzwanzig noch eine saftige Geldstrafe wegen gefährlicher Körperverletzung. Er ist international Mountainbike-Downhill-Rennen gefahren, und der Typ, den er zusammengehauen hat, war ein Konkurrent aus Kanada.«

»Das ist ja ein Ding! Der Bayern-Biker schlägt den

kanadischen Holzfäller zusammen.« Irmi überlegte kurz. »Und damit empfiehlt man sich dann zum bayerischen Unternehmer des Jahres?« Sie stockte und lachte. »Na ja, wir haben allerdings auch genug vorbestrafte Politiker in unserer schönen Republik!«

»Der Hundegger ist jetzt sechsunddreißig, das liegt ja auch alles etwas zurück«, meinte Andrea.

»Jugendsünden, meinst du?«

»Ja, so ähnlich.«

»Hm, aber Leute, die ein bisschen cholerisch reagieren, tun das gerne auch im gesetzteren Alter. Mit sechsunddreißig ist der sicher noch nicht altersmilde geworden. Ich glaube, den Herrn Hundegger besuchen wir mal. Ist das Hasenteam schon da?«

»Ja, der Oberhase wartet in deinem Büro.«

Wie immer sah Kollege Hase aus wie das Leiden Christi. Er war so dünn, dass Irmi sich jedes Mal fragte, ob er nicht bald durch den Duschsiphon fallen würde.

Was er aber mit seiner Flüsterstimme zu sagen hatte, war nicht uninteressant. Neben Fingerabdrücken von Stowasser und dessen DNA hatte der Hase Spuren von drei weiteren Männern gefunden und außerdem Spuren von drei Frauen. Eine davon hatte er Frau Rosenthal zuordnen können, eine zweite der verstorbenen Gattin, die wegen des Unfalls damals im Computer gewesen war. Und er hatte weibliche Abdrücke gefunden, die nicht aktenkundig waren, aber recht frisch.

Die geheimnisvolle Dritte? Irmi war für solche Annahmen zu pragmatisch, sie wollte der Schnapsdrossel Rosenthal ohnehin noch mal auf den Zahn fühlen. Wer die Männer sein mochten, blieb ein Rätsel. Einer war vermutlich der Fahrer des tschechischen Lkws, das zumindest schien logisch zu sein. Doch zu wem könnten die beiden anderen Spuren gehören? Zu Trenkle vielleicht?

Als der Hase wieder hinausgeschlichen war, ging Irmi zu Andrea hinüber und bat sie, sich die Akte vom Unfall der Frau Stowasser zu holen, denn nun interessierte sie sich doch für die Geschichte.

Zurück in ihrem eigenen Büro, klingelte das Telefon. Irmi sah auf die Uhr. Es war halb vier. Freitags um halb vier saßen die meisten schon im Biergarten. Es war Doris Blume.

»Frau Dr. Blume, ich hoffe, Sie wollen mich nun nicht lynchen, weil wir Ihnen die Journalisten auf den Hals gehetzt haben?«

»Nein, kein Problem. Ich bin ganz froh, wenn das Problem Animal Hoarding angesprochen wird. Dass das eben entgegen der landläufigen Meinung kein Unterschicht-Asozialen-Problem ist, sondern quer durch alle Schichten geht. Wie bei den Messies. Nein, aber ich wollte Sie auf etwas anderes aufmerksam machen, keine Ahnung, ob das interessant für Sie ist.«

»Nur zu, jeder Hinweis kann wertvoll sein.«

»Wir haben unsere bürokratischen Arbeiten erledigt, wir haben dokumentiert und dann dokumentiert und auch noch zusätzlich dokumentiert – in der Medizin kommt keiner mehr zur eigentlichen Arbeit vor lauter Dokumentation. Dabei ist mir der Name Stowasser irgendwie aufgestoßen, und zwar nicht nur, weil auch ich einen KS-Schlafsack habe. Nein, eine Frau Liliana Stowasser ist meinen Kollegen im Ostallgäu 2007 und 2008 schon mal ziemlich negativ aufgefallen. Die gute Frau Stowasser hatte auch schon im Ostallgäu einen sogenannten Gnadenhof, auch da blieben die Zustände lange unentdeckt, weil sie ein abgelegenes Grundstück in der Nähe eines Weilers mit dem passenden Namen Eiterberg gepachtet hatte. Das Ganze liegt wirklich in ›Hinterpfuideifel‹, wie der Kollege sagte, irgendwo nördlich von Rückholz. Dabei ist ja Rückholz selbst auch nicht gerade ein tobendes Weltdorf. Die Kollegen im Ostallgäu haben das gesamte Procedere durchgemacht: Verwarnung, erneute Kontrollen, aufgrund einer vorübergehenden Verbesserung erst mal Ruhe, wieder Anzeigen, wieder Kontrollen … Frau Stowasser wurden am Ende die Pferde entzogen, woraufhin sie den Pachtvertrag kündigte und weg war.«

»Weg?«

»Nun, sie fiel zumindest den Kollegen nicht mehr auf. Wissen Sie, das zentrale Problem ist eben, dass wir keine bundesweiten Daten haben. Wir bräuchten gerichtliche Anordnungen zur Therapie bei Animal Hoardern und vor allem ein bundesweites Melderegister. Krankhafte Tiersammler verschwinden nämlich gerne aus dem einen Bundesland und machen dafür andernorts munter weiter! Und selbst innerhalb Bayerns tauchen sie ab.«

»Aber Frau Stowasser ist doch wiederaufgetaucht?« Irmi war schlagartig wieder wach, obwohl der Verdauungsprozess alles Blut in den Magen gezogen hatte.

»Nein, Frau Stowasser ist erst mal gar nicht mehr aufgetaucht, dafür aber Frau Rosenthal!« Doris Blume machte eine Pause, sie hatte wirklich Sinn für Dramaturgie.

»Richtig, Isabella Rosenthal, die hatte ja auch das Grundstück in Krün gepachtet.« Irmi war nicht ganz klar, worauf die Amtstierärztin hinauswollte.

»Nein, ich meine nicht Isabella Rosenthal, sondern Liliana. Denn aus Liliana Stowasser ist ratzfatz eine Liliana Rosenthal geworden. Offenbar hat sie ihren Mädchennamen angenommen und erneut ein Grundstück gepachtet. Ich weiß nicht, wie ortskundig Sie im Landkreis Garmisch-Partenkirchen sind, aber sie hat sich wieder in die völlige Verschwiegenheit zurückgezogen. Sie kennen die Schöffau?«

»Sicher.«

Doris Blume lachte. »Nun, der Schöffau attestiert man ja ohnehin gern eine gewisse Zurückgezogenheit und eine Neigung dazu, innerfamiliär zu heiraten, damit das Sacherl beisammenbleibt. Westlich der Schöffau ist doch dieses ausgedehnte Waldgebiet mit Hunderten von Wegen, die kaum einer kennt. Und da unter dem Kirnberg, irgendwo im Nirgendwo, hat also Frau Rosenthal wieder so einen Stadl gepachtet, wieder so ein Schlammloch, das den Namen Offenstall nicht verdient hat. Aber Frau Stowasser-Rosenthal war tief davon überzeugt, dass sie den rumänischen Pferden einen Gefallen tat, die sie vermeintlich rettete.«

Rumänien – Irmi schwante nichts Gutes. Solange die Mauer noch stand, hatten sie es mit einer völlig anderen Kriminalität zu tun gehabt. Gegen die kriminelle Energie, die über die ehemaligen Ostländer jetzt ungebremst in die EU hereinschwappte, waren jene alten Fälle, in denen die Mafia involviert gewesen war, wirklich Kasperletheater gewesen. Die paar Mafiabosse, die im deutsch-österreichischen Grenzlandidyll zu Irmis ersten Kunden gehört hatten, waren ja richtig nette Märchenonkels gewesen im Gegensatz zu den heutigen Kandidaten.

»Frau Mangold, sind Sie noch dran?«

»Ja, ja, ich hatte nur gerade einen gedanklichen Anflug von Gesellschaftspessimismus. Also, die gute Frau Stowasser-Rosenthal hat Pferde aus Rumänien gerettet …«

»Genau, allerdings müsste ich dazu wieder etwas weiter ausholen …«

»Holen Sie, holen Sie …« Irmi seufzte.

»Rumänische Pferde werden von Viehhändlern aus reiner Geldgier eingeschmuggelt. Das sind Pferde auf dem untersten Preisniveau, die gehen dann ja auch an die entsprechenden Käufer, die Reitermädels, die sowieso kein Geld haben und dann schon beim Pferdekauf sparen. Und meistens haben sie gar keine Ahnung davon, wie es den Tieren eigentlich geht. Diese Pferde sind oft in erbärmlichem Zustand, haben Narben an den Vorderbeinen und werden zum Verkauf erst mal gesund- und muntergespritzt. Lässt die Wirkung nach, geht das Tier krumm, ist apathisch, hustet – na ja, das volle Programm eben. Weil es aber den Pferdeschiebern nicht mehr so leicht gemacht wird, ganze Ladungen an Pferden nach Deutschland zu schicken, kommen die Rumänenpferdchen immer häufiger über Tschechien herein. Sie haben dann tschechische Pässe vom dortigen Verband und kommen ohne Untersuchung nach Deutschland, weil tschechische Pferde keine brauchen. Der Fachmann kann erkennen, dass das Rumänen sind: kleine, kurze, etwas stärkere Pferde, die in Rumänien so kleine Wagerl ziehen müssen. Einfallschneise ist die Oberpfalz, und der Kollege dort ist mittlerweile ziemlich resigniert: Über die Oberpfalzconnection kommen auch Pferde ganz ohne Papiere an oder Pferde mit falschem Pass und gefälschten Untersuchungsergebnissen.

Und wenn ausnahmsweise mal Unregelmäßigkeiten nachgewiesen werden können, ist das nur die Spitze eines riesigen Eisbergs.« Doris Blume atmete tief durch. »Rumänien hat seit 2007 sein Tierschutzgesetz verbessert. Es ist zum Beispiel verboten, Tiere zu euthanasieren, außer, wenn sie unheilbar krank sind. Die nationale Behörde für Veterinärwesen und Lebensmittelsicherheit ist verantwortlich für die Überwachung und Umsetzung dieser Gesetze. Wir alle aber wissen, dass diese Gesetze nur auf dem Papier bestehen. Tötungen und Vernichtungskampagnen an Tieren passieren häufig in der Nacht – meistens durch private Auftragnehmer der Kommunen. Das Land ist zutiefst korrupt.«

Irmi schwieg und wartete ab, was Doris Blume noch zu berichten hatte.

»So – und nun gibt es eine ansteckende Blutarmut bei Einhufern, man nennt sie Equine Infektiöse Anämie, kurz EIA, und auf Englisch Swamp Fever. Das ist eine Virusinfektion, die Pferde und nahe Verwandte wie Esel und Maultiere befällt. Sie ist für Menschen ungefährlich. Der Erreger stammt allerdings aus derselben Virusgattung wie das Aids-Virus des Menschen. Nach einer Ansteckung zählen Fieber, Konditionsverlust und Schwäche zu den wichtigsten Krankheitsanzeichen. Manchmal versterben die Pferde in einem solchen ersten Schub. In vielen Fällen erholen sie sich aber und entwickeln eine chronische Form: Sie sind monatelang fieberfrei, haben zwar nicht mehr eine so gute Kondition wie früher, wirken aber auch nicht ernsthaft krank. Manche Pferde zeigen sogar zeitlebens keine Symptome, obwohl sie den Erreger weitergeben können. Infizierte Tiere bleiben lebenslang Virusträger. Die EIA ist in Deutschland eine anzeigepflichtige Tierseuche und galt hier lange Zeit als ausgestorben, bis es ab 2007 zu immer mehr Ausbrüchen kam und 2009 richtiggehend Panik in der Pferdeszene ausbrach. Die Pferde, die die Krankheit hatten, kamen alle aus Rumänien. Die Seuche ist dort endemisch, das heißt, sie tritt regelmäßig gehäuft auf.«

»Und ich gehe recht in der Annahme, dass Frau Stowasser diese Krankheit eingeschleppt hat, oder?«, fragte Irmi.

»Ja, eines ihrer Pferde hatte seltsame Symptome, man machte einen Bluttest – mit positivem Ergebnis. Das war bereits im Spätsommer 2008.«

»Und was passierte dann? Ist das heilbar?«

»Nein! Jedes Pferd mit einer positiven Blutprobe muss, so bestimmt es das Gesetz, getötet werden. Und das Virus macht nicht vor Stallmauern und Weidezäunen halt, denn es überträgt sich durch Stechmücken.«

Irmi überlegte. »Es kann also sein, dass in der Nachbarschaft Pferde infiziert werden, weil so eine heimtückische Stechmücke zum nächsten Stall fliegt?«

»Ja, und genau das ist im Dickicht des Kirnbergs geschehen. Wir gehen mit unserem momentanen Wissen davon aus, dass das Virus in der Stechmücke nicht sehr viel länger als dreißig Minuten virulent bleibt. Das heißt, dass eine Mücke, die vom Kirnberg nach Weilheim fliegt und dort ein Pferd sticht, mit hoher Wahrscheinlichkeit nicht mehr infektiös ist. In unmittelbarer Nachbarschaft aber …« Sie ließ den Satz unvollendet.

Irmi versuchte sich zu konzentrieren und das Gehörte zu verarbeiten. »Was mich nun aber wundert, ist, dass Frau

Stowasser Tierärzte an ihre Tiere ließ, ich meine, so versteckt, wie sie sonst gelebt hat.«

»Das ist es ja, Frau Mangold!«, rief Doris Blume. »In einem Nachbarstall trat die EIA auf, drei Pferde wurden positiv getestet und mussten getötet werden. Es war absolut nicht einsichtig, woher das Virus kam, die Pferde waren ein Süddeutscher Kaltbluthengst, dann ein Hannoveraner, der im Turniersport ging, und ein Isländer – keinerlei Spuren nach Rumänien, bis in dem Stall eine Ahnung zur Gewissheit wurde. Unweit davon gab es nämlich eben jenen Gnadenhof, auf den uns der Stallbesitzer, gleichzeitig Besitzer des Kaltbluts, angesetzt hat. Verständlich, denn er sah natürlich seine Felle respektive seine Einnahmen über Einsteller davonschwimmen. Wenn die EIA auftritt, werden die betroffenen Betriebe gesperrt, das heißt, es dürfen aus dem Betrieb keine Pferde rein und raus.«

»Und im Stall von Frau Stowasser war dann der Seuchenherd?«

»Ja, im Bestand waren acht Pferde, von denen vier positiv getestet und dann auch getötet wurden. Dass Frau Rosenthal identisch mit Frau Stowasser ist, das wurde mir erst durch das Gespräch mit den Ostallgäuern klar. Wissen Sie, Frau Mangold, wir kommen ja kaum dazu, all den Anzeigen wegen Tierschutzvergehen nachzukommen. Da geht schon mal was unter.«

Sie klang angestrengt.

»Waren denn die Zustände damals anders als in Krün?«

»In der Tat. Die Pferde standen zwar im Matsch, hatten aber sauberes Wasser, es gab eine überdachte Heuraufe, und es waren eben auch nicht so viele. Wenn ich Schlamm schon als Kriterium heranzöge oder schlecht gepflegte

Hufe, dann müsste ich dem halben Werdenfels die Pferde entziehen.«

»Und wie ging es dann weiter?«, fragte Irmi.

»Die Pferdehalter in der Umgebung liefen Amok. Fehlinformationen und diese verdammten Internetforen richten ja nur Schaden an. Hinzu kommt, dass es in Kalkofen eine große Reitanlage gibt, und da bricht natürlich Panik aus, weil die Reiter befürchten, dass ihre Lieblinge gefährdet sein könnten. Wir wurden bombardiert mit Anrufen, es wurden auch Turniere abgesagt, was aus fachlicher Sicht kaum sinnvoll ist, weil wir von keinem Fall wissen, bei dem sich die infektiöse Anämie direkt von Pferd zu Pferd übertragen hätte. Bisher war es immer die böse Mücke.«

»Ich glaube mich zu erinnern, dass ich da was in der Zeitung gelesen hatte.«

»Ja, Frau Stowasser oder Rosenthal verweigerte jede Aussage, aber es gab natürlich eine tränentriefende Herzblutstory über die junge Frau, deren Isländer getötet werden musste. Sie wissen schon: der Augenstern der Frau, schon als Fohlen gekauft, so viel mit dem Tier durchgemacht ... Wenn der Mann hätte eingeschläfert werden müssen, wäre das nur halb so schlimm gewesen. Falls die einen Mann hatte.« Doris Blume atmete tief durch und fuhr fort: »Medial war das natürlich recht ergiebig. Für viele Pferdebesitzer begann ja erst mal das Warten: Drei Wochen nach dem Tod eines erkrankten Pferdes müssen die Kontaktpferde eine Blutprobe abgeben, und selbst wenn die negativ ist, wird nach weiteren vier Wochen noch einmal Blut abgenommen. Erst danach kann Entwarnung gegeben werden. Für die Halter ist das Warten eine Zerreißprobe. Es kam bei uns dann nichts mehr nach, aber in dieser Phase lagen die Nerven blank. Ich habe mir mal die Einträge aus den einschlägigen Internetforen geholt und Ihnen auch was zugemailt. Von ›Verbrechern‹ ist da die Rede, Betroffene, auch aus anderen Bundesländern, haben sich ausgetauscht, ob man Sammelklagen anstrengen könnte. Man versuchte, Schuldige zu finden, Pferdehändler, die mit dem Anämie-Virus infizierte Pferde aus Rumänien importiert haben. Böse Worte gab es auch für die Low-Budget-Käufer, die ganz naiv ein Pferd für fünfhundert Euro kaufen. Die Turnierszene hackte auf die ›brunzdummen Freizeitreiter‹ ein. Und es wurden eben auch massive Vorwürfe an Tierschützer adressiert, die Pferde retten, was andere Pferde allerdings das Leben kostet.«

Irmi fühlte die Anspannung, spürte das Kribbeln, das sie jedes Mal überfiel, wenn sie Witterung aufnahm.

»Wurde Frau Rosenthal denn auch namentlich attackiert?«

»Ja, und wie. Ich habe Ihnen da wie gesagt vorhin was durchgemailt.«

»Ist Frau Rosenthal nicht auch bald darauf verunglückt?«

»Etwa fünf Monate später, im Frühjahr 2009. Pikanterweise bei einem Treppensturz in just jenem Stall, in dem die drei Pferde getötet worden waren«, sagte Doris Blume für ihre Verhältnisse ungewöhnlich leise und langsam.

»Sie begab sich also freiwillig in die Höhle des oder der Löwen? Warum das denn?«

»Das entzieht sich meiner Kenntnis. Schauen Sie, es traten keine weiteren Fälle mehr auf, wir hatten genug anderes zu tun. Probleme mit der Impfung gegen die Blauzungenkrankheit und so weiter. Es ist genug zu tun, wenn Sie es mit der explosiven Mischung aus Renitenz und Verschlossenheit der Werdenfelser Bauern zu tun haben. Das ist wie bei den Lebensmittelskandalen: Aufreger kochen hoch und über, bald aber kühlt das Wasser ab, und auf einer ganz anderen Herdplatte brodelt es wieder. Ich weiß nur, dass natürlich auch auf Behördenebene der Ruf nach besseren Kontrollen des Pferdehandels laut wurde. Alles Lippenbekenntnisse – bisher hat nur die Schweiz die Einfuhr von Pferden aus Rumänien verboten. Und selbst wenn nur noch Pferde einreisen dürfen, die in vorher festgelegten Laboren untersucht wurden und ein Zeugnis von bestimmten Amtstierärzten haben müssen, hat man noch lange keine Garantie, dass nicht schlecht bezahlte Leute an den entsprechenden Stellen bestechlich sind.«

Irmi schwieg.

Doris Blume sagte schließlich: »Ich höre Sie denken, Frau Mangold!«

»Ja, es rattert in meinen alten, verbrauchten Hirnwindungen.«

»Darf ich mitdenken?«

»Denkende soll man nicht aufhalten!« Irmi lachte leise.

»Eine Frau verschuldet den Tod von drei geliebten Pferden. Jeder der drei Besitzer hätte Grund, ihr den Tod zu wünschen.«

»Und diese Frau fällt komischerweise sehr dubios die Treppe hinunter«, ergänzte Irmi.

»Eineinhalb Jahre später wird ihr Mann tot inmitten von Reptilien aufgefunden, die ebenfalls illegal nach Deutschland gekommen sind, das ist uns vom Veterinäramt auch klar. Wer Reptilien einschleust, hat es auch in der

Hand, Pferde einzuschleusen, eventuell beides über Tschechien«, sagte Doris Blume. Wieder sehr leise.

O ja, dachte Irmi. Pferde, Reptilien und Koks. Letzteres würde sie Doris Blume natürlich nicht auf die Nase binden. Stattdessen sagte sie: »Und schon haben Sie meinen Fall gelöst. Einer der drei Pferdebesitzer hat sein Pferd gerächt, oder?«

»Wäre eine Möglichkeit«, meinte Blume. »Tiere werden häufig weitaus mehr geliebt als die Anverwandten. Und manchmal geht es auch um viel Geld.«

»Wissen Sie denn noch, wer die Leute waren?«

»Hab ich Ihnen rausgesucht und ebenfalls durchgemailt«, sagte Doris Blume. »Und wenn ich mir noch einen Zusatz erlauben darf: Der Warmblüter war ein zukunftsträchtiges teures Springpferd und der Kaltbluthengst ein gekörter Super-Sperma-Lieferant. Insbesondere die Kaltblutleute verstehen gar keinen Spaß, wenn es um ihre Rösser geht.«

»Das glaub ich gerne. Wenn Sie mal einen Job brauchen, Frau Blume …«

»Ach, danke schön. Ich glaube, wir sind am End doch ganz gut da aufgehoben, wo wir sind, Frau Mangold. Wenn Sie noch was wissen wollen, ich helfe Ihnen, wo ich kann.«

Irmi bedankte sich und sackte in ihren Bürostuhl. Sie hatte die Pferde vor Augen, die Hügel unter den Planen. Eine Mamba kroch durchs Bild, irgendwo schoss Trenkle durch ihre Gedanken. Trenkle, Rosenthal, Blume, Stowasser, Hundegger, EIA, Viren, Daunen – was war das für ein Wust, den es hier zu entwirren galt!

Sie ging zu Andrea hinüber, die in einer Akte blätterte. »Ist das die von Liliana Rosenthal?«, fragte Irmi.

Andrea stutzte. »Du meinst Stowasser?«

»Richtig, dazu kann ich dir eine schöne Geschichte erzählen.« Irmi stockte. »So schön ist sie gar nicht.« Sie fasste zusammen, sprach von den Vorfällen im Ostallgäu, von der Mutation der Frau Stowasser zu Rosenthal und von den Pferden, die getötet worden waren.

»Ja klar, Mensch, die haben damals den Viktorius vom Gangkofer eingeschläfert. Der hatte in der HLP 8,6. Ein Wahnsinn!«

Irmi verstand vor allem Bahnhof. Und weil sie wahrscheinlich entsprechend dreinblickte, musste Andrea lachen und sagte: »Entschuldigung, das war Rosserer-Latein. Also, wir haben ja auch Kalte, wie du weißt, und der Viktorius war ein junger Rapphengst, der bei der Hengstleistungsprüfung eine Note von 8,6 hatte. Das ist sehr viel, ich will dich da jetzt nicht mit Details langweilen. Jedenfalls hat der dem Anton Gangkofer gehört, und der Hengst war sehr gefragt. Mein Vater kennt den Gangkofer besser, ich seh ihn immer nur in Rottenbuch beim Fohlenmarkt. Ein Wahnsinn, dass so ein schönes Pferd dran glauben musste.«

»Andrea, du weißt ja, dass ich es nicht so mit Pferden hab! War das denn ein großes Ding mit dieser Infektiösen Anämie?«

»Ja, schon, so etwa drei Monate lang. Als keine Fälle mehr auftraten, war das Interesse schnell vorbei«, erklärte Andrea mit einem Achselzucken.

»Wie groß ist denn der Verlust bei so einem Hengst?«

»Also, mei, ich weiß, dass der Gangkofer das Hengstfohlen für neunhundert Euro ersteigert hat. Das ist erst mal nicht viel. Der Verlust besteht in der entgangenen

Decktaxe und darin, dass das Ross weg ist. Weißt du, der Gangkofer war so ein Quereinsteiger, der hat nicht schon seit Jahrzehnten Rösser, und dem haben viele das Pferd nicht vergönnt. Im stillen Kämmerlein haben die gefeixt, dass es den Gangkofer getroffen hat.«

»Bloß im stillen Kämmerlein?«, fragte Irmi mit einem Lächeln.

Andrea gluckste. »Du kennst doch die Leut, da gab's genug, die kein Blatt vor den Mund genommen haben.«

»Dieser Anton Gangkofer hatte also allen Grund, sauer zu sein?«, fragte Irmi.

Andrea starrte sie mit großen Augen an. »Du meinst, der hat die Frau Stowasser getötet?«

»Warum nicht?«

»Und den Kilian Stowasser auch?«

»Nun, wenn ich der Argumentation der Amtstierärztin folge, dann hatte Frau Stowasser kaum die Möglichkeit, Pferde aus Rumänien einzuschleusen. Aber er hatte diese Option schon, er hat ja wohl noch ganz anderes Zeug eingeschleust: Daunen, Drogen, Drachen – da passen doch auch noch ein paar Gäule auf den Lkw aus Tschechien!«

»Aber der Gangkofer, also, ich mein …«

»Andrea, bloß weil er Süddeutsche Kaltblüter züchtet, ist er kein besserer Mensch.« Irmi musste schon wieder seufzen. »Wie sieht es denn nun mit der Akte aus? Vielleicht gibt die uns ja einen ersten Aufschluss.«

Andrea schob ihr die Pappe über den Tisch. »Ich hab ein bisschen drin gelesen. Komisch ist das schon.«

Ja, in der Tat, dachte Irmi. Frau Stowasser war die Treppe des Reiterstüberls auf dem Anwesen von Anton Gangkofer hinuntergestürzt und hatte sich das Genick gebrochen. Die Akte umfasste auch Bilder und Lageskizzen. Gangkofer hatte einen Stadl in eine Reithalle umfunktioniert und an der Stirnseite ein kleines Stüberl eingebaut, inklusive einer sehr steilen Himmelsleiter, die Frau Stowasser direkt in die Hölle befördert hatte. Frau Stowasser hatte 1,7 Promille Alkohol im Blut gehabt – gut, da ist man natürlich nicht mehr so trittsicher. Den Fall hatte damals die Polizei in Weilheim bearbeitet, weil das Grundstück von Gangkofer schon jenseits der Landkreisgrenze lag. Man hatte die Anwesenden befragt, die alle angegeben hatten, dass es eine kleine Stallfeier gegeben hatte. Vor dem Hintergrund der EIA-Geschichte fand Irmi es schon sehr bizarr, dass Frau Stowasser ihre verbliebenen vier Pferde wohl zu Gangkofer gestellt und da ein halbes Jahr später gefeiert hatte. Jedenfalls war das ein Unfall gewesen, Akte zu, Klappe zu, Frau Stowasser tot!

Irmi schüttelte den Kopf. »Wirklich eine komische G'schicht. Zufall?«

»Du glaubst doch nie an Zufälle!«, rief Andrea.

»Nein, sehr selten. Ich glaub auch nicht an Schicksal und Vorherbestimmung. Das sind doch nur faule Ausreden, das eigene Leben nicht in die Hand zu nehmen«, sagte Irmi.

»Na ja, also, ich weiß nicht …«, meinte Andrea.

Irmi musste innerlich grinsen. Andrea widersprach ihr, das war ja mal ein gutes Zeichen von aufkeimendem Mut.

Irmi sah auf die Uhr. »Du gehst heim, damit die Liste deiner Überstunden nicht ins Unendliche wächst. Ich schau am Wochenende vielleicht mal bei diesem Gangkofer vorbei, und am Montag knöpfen wir uns den Hundegger vor mit seinen kultigen Radlhosen.« Sie überlegte kurz. »Ich nehm dich mit zu Gangkofer, wenn dir das recht ist. Ich hab von Pferden keine Ahnung, nur von Kühen. Das sind nette Wiederkäuer, Pferde erscheinen mir ungleich komplizierter.«

»Au ja«, sagte Andrea, verabschiedete sich wenig später und verschwand.

Irmi verließ Garmisch in einer Karawane von Autos und beschloss, in Oberau noch einkaufen zu gehen, um den vereinsamten Kühlschrank mit etwas Leben zu füllen. Eine Urlauberfamilie hatte ihren Einkaufswagen dermaßen überladen, dass Irmi sich besorgt fragte, ob ein Notstand ausgebrochen war und sie das irgendwie nicht mitbekommen hatte.

»Kategorie Fewo total«, pflegte Lissi dazu zu sagen. Ihre Nachbarin vermietete zwei Ferienwohnungen und hatte immer wieder Gäste, die dem lokalen Bäcker nicht mal ein paar Euro gönnten, sondern ihre eingeschweißten Aufbacksemmeln mitbrachten und niemals auf die Idee gekommen wären, essen zu gehen. Lissi hasste es, wenn sie bei der Endreinigung die öligen Küchenschlachten zu beseitigen hatte. »Himmel, da kochen die Weiber daheim Jahr und Tag, und im Urlaub langt's ned amoi für a Pizza.«

Irmi kaufte eher spärlich ein und beschloss, bei Lissi vorbeizufahren. Es hing eine feuchte Schwüle über dem Moos, und Lissi wirbelte gerade in ihrem Kräutergarten, hatte rote Wangen und erdige Hände, strahlte wie immer und schaffte es, Irmi allein durch ihre Anwesenheit fröhlich zu stimmen. Sie fragte auch nicht nach Irmis Arbeit, sondern dirigierte sie in eine neu gestaltete Gartenlaube, wo sie kunstvoll Weiden so verflochten hatte, dass sie unter einem luftigen Tipi saßen.

Lissi brachte Prosecco, der wie immer zu süß war, und erzählte Geschichten aus dem Dorfleben, wer mit wem, welche Hochzeiten anstanden und welche Scheidungen. Das Leben konnte so angenehm sein.

Es war längst dunkel und bayerisch frisch, als Irmi heimging. Die beiden Kater waren wohl auf der Pirsch, zumindest war keiner von ihnen zu sehen. Beim Einschlafen hörte sie es wieder grollen. Ein neues Gewitter zog heran.

9

Irmi erwachte durch einen jähen Schmerz in der Zehe. Aua! Und nochmals aua! Sie zog ihren Fuß hektisch weg und hörte ein strafendes Zischen. Der kleine Kater liebte es, Zehen zu jagen, und er war wohl der Meinung, dass Irmi mal aufstehen könnte. Es war ja auch schon sieben. Ganz schön spät, eigentlich hatte sie noch in den Stall gehen wollen.

Stattdessen machte sie sich auf in die Küche, kochte Kaffee, legte Brot in den Toaster, der sicher so alt war wie sie selbst. Er hatte noch ein dickes, mit Isolierband umwickeltes Kabel, das an einem fetten Stecker endete, aber er funktionierte. Sofern man den Toast rechtzeitig herausnahm, denn einen automatischen Auswurf hatte er nicht.

Die Zeitung lag auf dem Tisch. Irmi beäugte sie. Die erste Seite war mal wieder mit irgendeiner Börsen- und Bankenkrisen-Geschichte belegt, das Aufmacherfoto zeigte verregnete Bierbänke und eine verlassene Maß, in der sich der Regen gesammelt hatte. Ja, als Biergartenbetreiber konnte man über diesem Nicht-Sommer verzweifeln und Konkurs anmelden. Einen Vorteil hatte ihr Job: er war wetterunabhängig, denn gemordet wurde immer, gestorben auch.

Zögerlich klappte Irmi die Zeitung auf und zog den Garmischer Lokalteil heraus.

Herr über 1000 Gänse tot

Bayerischer Unternehmer des Jahres 2010 tot aufgefunden

Eschenlohe/Krün. Kilian Stowasser, mit dem bayerischen Unternehmerpreis ausgezeichnet, wurde Dienstag letzter Woche in Krün tot aufgefunden. Bei dem Anwesen handelt sich es sich um einen Gnadenhof seiner Schwägerin. Die Zustände dort waren allerdings so entgleist, dass die zuständige Amtstierärztin und das Tierheim Garmisch stundenlang Tiere sicherstellen, verarzten und teilweise sogar einschläfern mussten. Dr. Doris Blume sprach von »verheerenden Zuständen, die ich in der Form schon lange nicht mehr gesehen habe. Pferde, Hunde, Kaninchen und Wellensittiche vegetierten ohne Futter und Wasser dahin, es kam auch zu Kannibalismus.« Blume beschreibt die Zustände als einen besonders krassen Fall von Animal Hoarding, also krankhaftes Tiersammeln. Weltweit nimmt das Tiersammeln zu, auch »als Folge von Vereinsamung, einem Zurückziehen von den Menschen« – so Blume. Neben den Vögeln und Säugetieren befanden sich auf dem Anwesen auch Reptilien, die ebenfalls nicht artgerecht gehalten worden sind. Kilian Stowasser starb durch Schlangengift. Wie er genau damit in Berührung kam, ermittelt momentan die Kripo. Es könne sich eventuell um einen Biss handeln, ließ die Polizei verlauten. Momentan gilt es noch nicht als geklärt, ob Stowasser der Besitzer der Tiere war. Stowasser trug zudem Bissmale von Hunden. Dazu Irmgard Mangold: »Wir stehen noch ganz am Anfang.«

Tina Bruckmann hatte sich an die Fakten gehalten. Irmi war ihr mehr als dankbar. Im Bayernteil gab es eine verkürzte Form, nun wusste also der ganze Freistaat, dass der Mann tot war, dass Schlangengift im Spiel gewesen war. Viel mehr aber nicht. Allerdings würden bald Boulevardmagazine auf den Fall aufmerksam werden, sie hatte also nicht viel Zeit.

Bernhard kam herein. »Servus, Schwester.« Er plumpste auf einen Stuhl, Irmi schenkte ihm Kaffee ein. Bernhard nahm sich einen Toast, und während er das halbe Glas Marmelade draufschmierte, fiel sein Blick auf die Zeitung.

»Wer ist tot?«

»Kilian Stowasser, der stellt Schlafsäcke her. Drüben im Dorf.«

»Ach, der Gänsebaron. Du kennst doch den Schmutterer Willi. Der hat mal eine Weile die Gänse gepflegt.«

»Echt?«

Das klang wohl zu interessiert, weil Bernhard sofort nachfragte: »Hast du was damit zu tun?«

»Ja, quasi. Was hat er denn so erzählt, der Willi?«

»Dass der Stowasser einen Mordsaufzug macht mit seine Gäns, dass es ja wohl übertrieben ist, wie viel Platz die haben müssen und dass die Frau Stowasser denen sogar Namen gegeben hat. Ich bitt dich schön, die sehen doch alle gleich aus!«

»Aber jetzt ist er nicht mehr dort?«

»Naa, des war vor ein paar Jahren, der Willi arbeitet jetzt beim Maschinenring.«

Bernhard stopfte sich noch einen Toast rein und stand auf. »Ich fahr in den Forst. Muss mal schauen, was die Stürme alls umg'haut ham.«

Irmi sparte sich jeden Kommentar von wegen nicht allein in den Wald und so weiter. Es war ja ungewöhnlich genug, dass ihr Bruder sie überhaupt in seine Pläne einweihte. Sie las noch ein bisschen in der Zeitung, beschloss dann, dem Staubsauger mal Bewegung zu verschaffen, und putzte schließlich noch das Bad. Sie hasste Putzen, aber Bernhard hatte gesagt: »Keine Putzfrau, was sollen denn die Leit denken, wenn mir als Bauernhaushalt a Putzfrau ham!« Jede weitere Diskussion war zwecklos.

Es war halb elf, als Irmi bei Andrea anrief: »Ich tät zu Gangkofer fahren, kommst du mit?«

»Klar, treffen wir uns in Saulgrub? Dann musst du nicht mit der Kirch ums Dorf fahren!«

»Ja, wunderbar.« So konnte Irmi rüber nach Grafenaschau fahren und weiter nach Kohlgrub. Ein Katzensprung, während Andrea sich den ungeliebten Ettaler Berg hinaufwinden musste.

Im Hof standen noch Pfützen, es hatte wohl ganz schön geschüttet in der letzten Nacht. Nun war es bedeckt, ein Wetter, das Irmi liebte. Besser als dieses ständige Wechselbad aus Schwüle und Gewitterregen.

Andrea wartete am V-Markt, wo das samstägliche Einkaufschaos in vollem Gange war. Es war wohl doch ein Notstand ausgebrochen!

Sie fuhren durch Bad Bayersoien und am recht mondänen Parkhotel vorbei, wo verwaiste Strandkörbe über den Soier See blickten. Die Teerstraße wurde hinter Kirmesau zum Feldweg, so angelegt, dass er wie ein hochgewölbter Rücken wirkte. Ein paar Radler kamen ihnen entgegen und schauten böse, dabei war das nun mal eine offizielle »Straße«. Auch die zuckelnde Ponykarawane vor dem

Blaslhof musste umschifft werden, ebenso wie eine heftig diskutierende Wandergruppe mitten auf der Straße in Schöffau. Ohne die verbeulten Schilder, die immer mal wieder Halt im Sträßchenwirrwarr gaben, hätte sie nie zu Gangkofer gefunden.

Der Hof lag recht hübsch am Abhang des Kirnbergs, der Blick ging weit ins Land hinein. Etwas abseits in einem Obstgarten voller alter Bäume, die dringend mal der Pflege bedurft hätten, stand ein altes Bauernhaus, das ziemlich marode aussah und dessen Dach schon abgestützt war. Es schien aber noch bewohnt zu sein. Wahrscheinlich von Gangkofers Eltern.

Zweihundert Meter entfernt hatte man einen eher pompösen Neubau im Landhausstil mit einer großen Terrasse errichtet. Es folgte ein hypermoderner Laufstall, den wohl die Kindeskinder noch abzahlen würden – ebenso wie einen brandneuen riesigen Fendt, über dessen Sinn man hier in der Steillage sicher diskutieren konnte. Der Traktor parkte vor dem Stadl, den Irmi bereits auf den Skizzen gesehen hatte.

Das große Tor stand offen und gab den Blick in eine Reithalle frei, die nicht gerade mit gleißender Helligkeit aufwartete, aber immerhin hatten die Reiter ein Dach über dem Kopf. An die Süd- und Ostseite hatte Gangkofer je fünf Paddockboxen angebaut, ein Stück den Hang hinauf gab es noch zwei alte Schuppen, die jeweils ein paar Ponys als Unterstand dienten. Optimale Platzausnutzung könnte man das nennen, offenbar waren rund zwanzig Pferde hier untergebracht. Ohne zu wissen, was der Mann dafür verlangte: Ein schönes Zubrot zum eher frustrierenden Milchpreis war das sicher.

Irmi schlenderte, gefolgt von Andrea, zu der Halle, wo eine Frau vor einem Pferd stand und mit einem dicken Tau vor den Augen des Tiers herumwedelte. Das Pferd wirkte völlig desinteressiert und verharrte wie eine Statue. Der Sinn der Übung sollte wohl sein, dass es zurückwich, doch es tat nichts. Zwei weitere Frauen in Irmis Alter riefen Tipps und Kommentare über die Bande, und selbst oder gerade ihr als einem Laien in Pferdefragen war klar, dass dem Tier das ganze Geschrei und Gebrüll zu bunt werden musste. Plötzlich stand es elegant auf den Hinterbeinen, warf sich ebenso elegant herum und verließ die Halle mit einem Sprung über den Absperrungsbalken am Tor, das dicke Tau wehte hinter ihm her. Die Wedlerin lag im Sand.

»Upps«, machte Andrea und sah dem Pferd nach, das bergwärts ins Grün galoppierte, gefolgt von der Wedlerin, die sich aufgerappelt hatte und hinterherrannte. Eine der beiden Zuschauerinnen löste sich ebenfalls von der Bande und stolperte hinterher. Nur halb so elegant wie das Tier!

»Ich sag es der Katja immer: Der Gaul ist völlig irr«, kam es von der anderen Frau. »Ich hab ihr die Milena so ans Herz gelegt, die arbeitet nach Hempfling, und ich hab ihr schon tausendfach gesagt, die muss dem Pferd diese EM geben. Also, meine Shakira ist ein völlig neues Pferd, seit ich ihr EM und Bokashi füttere. Sie füttern doch auch Bokashi und EM?« Das klang drohend.

EM kannte Irmi nur als Abkürzung von Europameisterschaft, aber das konnte hier ja nicht gemeint sein. Und wer Bokashi war, entzog sich Irmis landwirtschaftlichem Wissen. Das Pferd war Irmi im Übrigen gar nicht irr vorgekommen, sondern eher vernünftig. Außerdem waren

Pferde bekanntlich Fluchttiere, bei drei solchen Weibsen blieb doch nur der organisierte Rückzug.

Da Andrea beharrlich schwieg, antwortete Irmi: »Äh, nein, wir suchen eigentlich nur Anton Gangkofer.«

Es war offensichtlich, dass Irmi bei der Dame durchgefallen war. Diese war aber auch gleich abgelenkt, weil eine Erscheinung barfuß in befranstem Reitrock, mit Rüschenbluse und Cowboyhut auf einem sattellosen Pferd herangeritten kam.

»Adsila, wie schön!«, kreischte die andere und öffnete den Balken. War damit das Pferd gemeint oder die Reiterin? Andrea stand der Mund offen, Irmi war von der Show nun doch so gefangen genommen, dass sie noch etwas stehen blieb. Das Pferd mit einem dicken Hintern und einem winzigen Kopf trottete in der Halle im Kreis herum, bis es nach einer endlosen Weile in einen Zuckeltrab verfiel.

An Irmi gewandt, flüsterte die Zuschauerin, bebend vor Ehrfurcht: »Adsila hat mal unter Mustangs gelebt.«

Unter Mustangs? Irmi wollte sich das gar nicht so genau vorstellen.

Dann rief die Futterspezialistin von eben in die Halle: »Adsila, Angel Spirit joggt ja göttlich!«

Offenbar war Adsila doch die Frau. Sie war faltig wie ein überstandiger Pfirsich, und ihr hochgerutschter Rock legte unschöne fette Krampfadern offen. Angel Spirit war demnach das Pferd. Dieser Engelsgeist jedenfalls zuckelte noch eine Weile, bis Frau Adsila, die sicher auch Bokashi fütterte, wieder von dannen zog. Zum Glück entschwand die andere gleich mit ihr.

Irmi starrte Andrea an. »Ich glaub, ich hatte eine Erscheinung. Ich stehe im Oberland und glaube, man hat mich auf einen fernen Planeten gebeamt.«

»Also, das letzte Ross war ein Quarter Horse, ein amerikanisches Arbeitspferd, und im Westernreiten heißt dieser ganz langsame Trab Jog, daher hat sie vom Joggen gesprochen.«

»Okay, und der Rest?«

»Hempfling ist so ein Pferdeflüsterer, der mit den Hüften wackelt und einen ziemlichen Schlag bei Frauen hat. Auch hier in der Region ist eine wegen dem Hempfling durchgegangen und mit ihr viel Geld.«

Irmi überlegte. »Hatten wir da nicht auch mal was wegen Sekten auf dem Tisch?«

»Ja, genau. Einige Sektenausstiegsvereine betreuen auch Hempfling-Opfer. Es gibt inzwischen viele Geschädigte, die er mit seiner Finca in Spanien geködert hat. Die meisten haben da viel Geld reingesteckt und haben dort völlig umsonst geschuftet …«

»Bloß Erleuchtung gab es keine?«

»Ja, so ähnlich. Ganz genau krieg ich das auch nicht mehr zusammen, ich weiß bloß, dass eine Freundin von mir auf den Typen schwört. Sie hat Gott sei Dank kein Geld, drum passiert da nix. Einen Kurs bei dem kann die sich nie leisten.«

Irmis Eindruck, schon wieder in einer Parallelwelt gelandet zu sein, vertiefte sich zunehmend. »Und was hat es mit den EM auf sich?«

»EM sind effektive Mikroorganismen. Meine Oma versprüht die bei den Goaßn im Stall, weil sie sagt, dass sich dann der Kot und der Urin besser zersetzen und es weniger Fliegen gibt und die Goaßn mehr Milch geben.«

Andrea machte eine Kunstpause. »Mein Vater sagt: Oma, spinnst jetzt auf deine alten Tag. Also, jedenfalls kann man die auch füttern, und dieses Bokashi ist fermentiertes Getreide, glaub ich, da waren diese EM vorher schon tätig. Das ist zwar irgendwie doppelt gemoppelt, wenn ich auf das Bokashi auch noch EM gebe. Aber so ganz genau weiß ich das auch nicht.«

Irmi hatte eine Schnute gemacht und grinste. »Ich nehme an, dein Vater füttert kein Bokashi?«

»Nein, wir füttern Heu und Gras.«

»Wär ja no scheener, wenn s'beim Gässler aa so spinnen täten«, kam es von hinten.

Die beiden Kommissarinnen drehten sich um. »Andrea, griaß di«, sagte ein Mann und schickte ein »Griaß Eahna« an Irmis Adresse. Aha, das also war der Gangkofer Anton. Er steckte in einer blauen, etwas mistigen Latzhose. Natürlich hatte er die männliche bayerische Bierblase an der Frontseite, wirkte aber generell so, als sei er schon mal mehr gewesen, die Hose schlabberte jedenfalls ziemlich. Er war um die vierzig und wirkte nicht unsympathisch.

Als Irmi sich vorstellte, runzelte er die Stirn, seine Begeisterung für Besuche der Polizei hielt sich augenscheinlich in Grenzen. »Lustiger Laden hier«, sagte Irmi in einem Versuch, die Stimmung aufzulockern. »Meine Mutter hat immer gesagt, der liebe Himmelpapa hätte einen großen Tiergarten. Sie haben sogar eine Frau Adsila?«

Er grinste wieder. »Ja, der Name is indianisch. Sie hoaßt eigentlich Vroni Huber, also in einem andern Leben halt, aber des klingt natürlich ned guad zu Enschl Schpirit.«

»Da haben Sie ja einiges an Show hier geboten?«

»Ja mei…«

»Und ja mei heißt, dass die Show Geld bringt?«

»Und wenn's so wär?«

Geld stinkt nicht, das hatte es noch nie getan. »Und wenn das Geld von einer kommt, die schuld dran ist, dass der Viktorius eingeschläfert werden musste? Ändert das nichts?« Den Namen des Gauls hatte sich Irmi immerhin gemerkt.

Gangkofer druckste herum und war sichtlich unangenehm berührt. »Ja mei, des war halt Pech.«

»Pech? Das war doch fahrlässig, diese Pferde aus Rumänien zu holen!«

»Mei, Frau Mangold, was glauben S', was sich die blöden Weiber do bei uns von de Händler aufschwatzn lassen! Do gibt's oan, der hot a Schrankerl voll von falschen Papieren und Pässen. Wenn der Gaul halt braun isch und eine dünne Blässe hot und des Papier passt, dann kriegt er's eben. Do wird a polnisches Kutschpferdl zu einem sauteuren Pinto. Und wie die Rumänen von der Stowasserin maushin waren, hot sie neue vom Viechmarkt in Miesbach g'holt. Und die standen dann bei mir.«

»Aber Sie haben einen zukunftsträchtigen Hengst eingebüßt!«, insistierte Irmi.

»Ja, scho, schad ist's drum, aber des lasst sich nimmer ändern. I bau grad einen neuen auf.«

»Und nehmen ausgerechnet Frau Stowasser mit vier Pferden bei sich auf?«

Irmi kannte die Antwort bereits. Sie hatte wieder etwas mit der Geld-stinkt-ned-Philosophie zu tun.

»Mei, der Kilian …«, hob Gangkofer an.

Ach, der Kilian, der war ja gerne mit jedem per du gewesen, dachte Irmi. »Ja mei, der Kilian?«

»Der hot mir den Hengst ersetzt und zu der Halle was dazugegeben.«

Dazugegeben? Irmi war sich fast sicher, dass der Kilian die gesamte Halle finanziert hatte. Wie nobel, die Familie Stowasser war überall recht aktiv gewesen in der Verteilung von Schweigegeldern!

»Und was zahlt man dann so bei Ihnen im Monat?«, fragte Irmi.

»Dreihundertfuchzig!«

»Aha.«

»Des is günstig. Mit Halle und Koppeln, und i fütter aa ganz a guats Heu!«, ereiferte sich Gangkofer.

»Bestimmt«, sagte Irmi beschwichtigend. Bei zwanzig Pferden und »dreihundertfuchzig« sollte sie Bernhard vielleicht auch zu einer Umstellung auf Pferdeeinsteller raten. Aber ihr Bruder hasste Pferde, er war ein klassischer Kuhbauer, und in ihrer Familie gab es keinerlei Pferdetradition. Keinen Opa, der ins Holz gegangen wäre oder mit Rössern gearbeitet hätte. Ihre Ahnen hatten Ochsen gehabt.

»Wie lang waren die Pferde von Frau Stowasser denn da?«

Gangkofer beäugte Irmi ausgesprochen grantig und wandte sich dann an Andrea: »Was will dei Chefin eigentlich?«

»Och, die will einfach, dass ihre Fragen beantwortet werden.« Irmis Ton wurde schärfer. Sie konnte auch anders. »Die kann Sie nämlich sonst auch vorladen lassen.«

Das schien ihm wenig verlockend, und nun gab er brav Auskunft. Die Pferde seien bis zum Tod von Frau Stowasser da gewesen, und nach dem Tod der Stowasserin habe ihr Mann Kilian sie abholen lassen. Wahrscheinlich waren sie in Krün gelandet, dachte Irmi. Am Tag des tödlichen Unfalls war Gangkofer gar nicht vor Ort gewesen, sondern mit seinem zweiten Hengst Vinaro bei der Zugleistungsprüfung.

»Do hab i Zeugn grad gnug«, sagte er, »und außerdem hob i des aa scho den Kollegen erzählt.«

Das stimmte, Irmi hatte die Aussagen gelesen. Auch die Liste der Anwesenden.

»I woaß scho, warum ihr fragts! I lies aa Zeitung. Der Kilian is tot. Schad, war so a guade Haut. Hot die oide G'schicht was damit zum tun?«

Ja, dumm war er nicht, der Gangkofer Anton!

»Was meinen denn Sie?«, konterte Irmi.

»Dass ihr wissen wollts, wer den Stowasser ned mögen hat?«

»Klug gefolgert, und ich nehme mal an, das war unter anderem der Herr Magerer, der sein Springpferd verloren hat.«

»Falsch, ganz falsch! Der Nobel Boy vom Magerer war hoch versichert. Der Gaul war bei uns quasi auf Sommerfrische. Der hat einen Spring-Burn-Out gehabt. Des gibt's aa bei Rössern. Aber der wär aa nach seinem Sommerurlaub nimmer mehr g'hupft. Des woaß i g'wiss, und der Magerer hot des aa g'wusst!« Nun hatte Anton Gangkofer richtig rote Backen. »Dem hot die Stowasserin an G'falln getan. Der is richtig gut aussi kemma aus der G'schicht.«

Das klang wirklich überzeugend, wiewohl Irmi Andrea mit einem Kopfnicken bedeutete, seine Aussage später zu überprüfen.

»Da war aber noch ein totes Pferd, oder?«

»Ja, der Sleipnir. Wenn wer die Stowassers ned mögen hot, dann die Sonja.«

»Sonja?«

»Sonja Ruf, die wo auch des Ross hat einschläfern lassen müssen. Den Sleipnir, des war ein Isländerwallach. Sie hot noch so an kloanen Heustockmarder, die Bjalla. Und wissts was?«, fragte er erneut an Andrea gewandt.

»Nein?« Sie schüttelte den Kopf.

»De Sonja war auch damals beim Fest do, bis zum Schluss, bis die Frau Stowasser die Treppn runtergepoltert is. Was muss die auch so blöd fallen? Nix als Ärger hot des gebn. Polizei, Berufsgenossenschaft, die Treppn hob i sichern müssen. Und jetzt kommen S' schon wieder …«

Ja, nun kamen sie auch noch! Nein, Gangkofer konnte sich für ihren Besuch nicht erwärmen. Und Irmi hatte in jedem Fall zwei Verdächtige weniger. Gangkofer hatte von Stowassers Blutgeld mehr als profitiert, dieser Magerer wohl auch, nur Sonja Ruf hatte ihr geliebtes Pferdchen verloren. Aber selbst wenn die Frau Stowasser einen Stoß versetzt haben sollte, würde sie das nie zugeben. Und warum diese Frau dann erst im Jahr 2011 den Gatten Stowasser meucheln sollte, war ja mehr als an den Haaren herbeigezogen. Allmählich stimmte Irmi ihrem Bruder zu: Diese ganzen Rosserer hatte doch alle schwer einen an der Reitkappe.

»Ist das Pferd von Frau Ruf noch da? Und Frau Ruf auch?«

»Ja, ja, des Pferdl steht da oben bei den andern Ponys, der Rapp mit der braunen Mähne. Die Sonja is im Urlaub, die kimmt am Dienstag wieder.«

»Und wo sind die Pferde von Frau Stowasser hingekommen?«

»Die hat der Kilian abholen lassen. Hob i doch schon g'sagt. Ham mir's dann? I müsst zum Stammtisch.«

Nein, davon durfte man den Mann natürlich nicht abhalten. Und so schlurfte er von dannen, sogar die Gummistiefel schienen ihm zu groß zu sein. Konnte man am Fuß auch abnehmen?

»So, das war also der Herr Gangkofer«, sagte Irmi nach einer Weile und ging wortlos bergwärts. Andrea folgte ihr. Sie stoppte an dem Paddock, auf dem sieben Ponys dösten, Ponys in allen Größen und Farbstellungen. Bjalla war kräftig, sah hinter ihren langen Haaren fast nicht hinaus und drehte ihnen den wohlgerundeten Hintern zu.

»Süß!«, sagte Andrea.

»Lass das mal nicht deinen Vater hören, dass du so ein Pony süß findest.« Irmi hatte bei einem anderen Fall auch schon mal mit Isländern zu tun gehabt und sich mit der Frage konfrontiert gesehen, ob sich ein guter Oberländer Bauer nicht schämen musste wegen dieser Zwerge.

»Keine Sorge, und du wirst es ihm auch nicht erzählen, oder?«, meinte Andrea lachend.

»Nein, mein Bedarf an Pferdeszene ist für Jahre gedeckt.«

»Was machen wir jetzt mit dieser Sonja Ruf?«, fragte Andrea.

»Warten, bis sie wieder aus dem Urlaub da ist. Am Montag werde ich mit Kathi den Hundegger besuchen, der hätte wenigstens greifbare Gründe für einen Mord an Stowasser!«

»Ein totes Pferd ist aber schon schlimm«, sagte Andrea mit Inbrunst.

»Aber würdest du deswegen zwei Menschen umbringen?«

Andrea schüttelte den Kopf.

»Und außerdem hätte Sonja Ruf dem Stowasser eher Bokashi ins Maul gestopft, wie soll die denn an Mambagift kommen?«

»Das wissen wir beim Hundegger aber auch nicht«, bemerkte Andrea.

»Nein, meine Liebe, aber vielleicht hat der ja auch solche Tiere im Terrarium. Wer mit dem Mountainbike freiwillig Holperpfade in aberwitziger Geschwindigkeit bergab brettert, frisst auch kleine Kinder und hält Schlangen. Jawohl!« Irmi lachte.

Andrea verzog den Mund. »Na, ich weiß nicht.«

»Das war ein Witz, Andrea, nur ein Witz! Lass uns heimfahren.«

Auf dem gewölbten Rumpelweg, der Richtung Bad Bayersoien führte, kam ihnen ein Auto entgegen. Irmi wich aus, doch dann erkannte sie die Fahrerin und hielt an. Ließ das Fenster herunter.

Doris Blume grinste sie an.

»Immer im Dienst? Auch samstags?«, begrüßte Irmi die Tierärztin.

»Nicht immer, aber immer öfter. Ich bin gerade mal wieder damit befasst, einem Landwirt klarzumachen, dass auch Ziegen Luft benötigen und dass sie nicht auf Kiemenatmung umstellen können. Die sind in einem dunklen feuchten Stall eingepfercht, dessen Luftvolumen nicht mal für einen Molch ausreicht. Manchmal möcht man grad …« Sie ließ offen, was sie wollte.

»Oh, ich hatte auch ein Erlebnis der besonderen Art.«

Irmi berichtete vom Bokashifutter und der Frau mit dem indianischen Namen und dem joggenden Gaul. »Und ich habe gelernt, dass Pferde keine so unnützen Viecher sind, wie mein Bruder das immer behauptet. Immerhin kann man jede Menge Geld damit machen. Da verschmerzt man es auch, wenn die Reiter respektive Reiterinnen durch fremde Wiesen reiten und Feldwege blockieren, während der Landwirt im dräuenden Gewitter heimwärts eilt. Auch hier zitiere ich meinen Bruder!«

Sie lachte. »Ja, die Begeisterung der Landwirte für Freizeitreiter hält sich in Grenzen, es sei denn, es sind die eigenen Kinder oder Enkel. Denen kauft man auch mal ein Pony. Ansonsten darf es sich maximal um Süddeutsche handeln, alle anderen Rassen gehören nicht ins Oberland.«

»Ich glaube, mein Bruder würde nicht mal Süddeutsche Kaltblüter gelten lassen. Er sagt, der Onkel und ein paar andere Altvordere hätten mit den Biestern nur Ärger gehabt und seien froh gewesen, als schließlich der Lockruf von Fendt, Schlüter und Kramer erschallte.«

»Das mag sein, aber es gab auch genug Bauern, die ihre Pferde geliebt haben. Und die sture Knochen gewesen sind, indem sie am Pferd festgehalten haben, obwohl es Traktoren gab. Ohne diese Sturschädel gäbe es heute keine Kaltblutrassen mehr, und das wäre ja auch ein Verlust an Kulturgut.«

»Wobei ich meinem Bruder schon ein bisschen zustimmen muss: So eine Frau Adsila, allein unter Mustangs, die Bokashi füttert und im Walleröckchen auf ihrem Gaul herumjoggt, das ist schon eine gewisse Herausforderung!«

»Wissen Sie, Frau Mangold, Frauen neigen dazu, ihre

Seelenprozesse übers Pferd abzuhandeln. Die Pferde werden völlig verhätschelt und vermenschlicht, und am Ende helfen die ganzen Futterzusätze und Müslis nur einem: nämlich dem Hersteller. Und die ganzen Kurse helfen dem Pferdeguru.«

»Der Name Hempfling fiel auch«, sagte Irmi.

»O ja, eine sehr dubiose Figur! Eine Bekannte von mir aus dem Studium verteidigt ihn wie eine Löwenmutter ihr Junges. Dabei hat seine Gruppierung ganz eindeutig Sektenmerkmale. Es gibt einen Meister, der im Besitz der einen Wahrheit ist. Kritik verträgt er nicht, er grenzt sich mit seiner Gruppe von der restlichen Welt ab. Eine Philosophie mit pseudoreligiösen Zügen, und er selbst nennt sich Schamane – na, wenn das mal nicht nach Sekte klingt?«

»Frau Blume, ich sag Ihnen mal eins: Ich bin heute in unendliche Weiten vorgestoßen, da ist Raumschiff Enterprise ein Waisenraumkreuzer dagegen! Und mir langt's! Ich gehe jetzt Kühe melken. Gottlob gibt es bislang keine Kuhflüsterer!«

Doris Blume lachte schallend, verabschiedete sich und schoss mit quietschenden Reifen davon. Irmi setzte Andrea an ihrem Auto ab und fuhr kopfschüttelnd nach Hause.

Dort half sie im Kuhstall, sank aufs Hausbankerl und machte sich ein Bier auf. Die beiden Kater rauften gerade miteinander, wobei der Kleine den Großen spielerisch in die Ohren biss. Als der Jungspund dann aber Kater heimtückisch in die Schwanzspitze biss, fuhr dieser herum, fauchte und spuckte Feuer wie ein Drache. Der Kleine plumpste zur Seite und wedelte mit der Pfote. Friede,

Bruder, schien er zu sagen. Kurz darauf zogen sie Bauch an Bauch in Richtung Futternapf und fraßen einvernehmlich.

Lasst uns wie die Katzen sein, dachte Irmi, dann wäre die Welt in Ordnung, aber ich wäre arbeitslos …

10

Irmi hatte den Sonntag damit verbracht, Dachsenprügel zu entasten und zu stapeln. Der Montag begann mit einer kleinen Lagebesprechung im Büro. Kathi hatte Irmi vom Mittelalterfest ein Trinkhorn mitgebracht und war erstaunlich gut gelaunt. Wahrscheinlich hatte sie irgendeinen Barbaren oder Ritter oder sonst wen vernascht. Solche Eskapaden belebten Kathi immer ungemein. Seit sie ihren Veganer-Freund Sven abgeschossen hatte, war sie wieder zu einem eher promisken Lebensstil übergegangen.

Kathi hatte auch schon die Zeitungen vom Wochenende gesehen, Andrea hatte sich einen Mitschnitt der Sendung in Radio Oberland besorgt. Irmi hörte ihre eigene Stimme und fand, dass sie schauerlich klang. Aber das dachte wahrscheinlich jeder, der sich im Radio hörte. Alles in allem waren die Berichte brauchbar und hatten sich eher des Themas Animal Hoarding angenommen als des dubiosen »Giftunfalls«.

Ehe sie sich mit Kathi Richtung Rosenheim aufmachte, bat sie Andrea, die von Kathi begonnenen Recherchen zu den KS-Mitarbeitern fortzusetzen. Diesmal ließ sie Kathi fahren, deren waghalsige Überholmanöver allerdings lebensbedrohlich waren.

Immer wenn sie sich auf der West-Ost-Achse befand, wünschte sich Irmi diese Queralpenautobahn her, die mal im Gespräch gewesen war. Angesichts dieser zähen

Kilometer von Garmisch nach Miesbach wurde ihr der Naturschutz ziemlich egal. Die Strecke war eine Heimsuchung.

Irgendwann hatten sie schließlich Rosenheim erreicht und fanden den Sitz von BBT gar nicht weit weg vom Zentrum in einem Mischgebiet. Die Firma bestand aus einem einstöckigen Bau mit einem Flachdach und einer größeren Halle. Gerade als sie das Büro im Flachbau betreten wollten, kam eine Frau in den Dreißigern auf sie zu. Sie trug eine weite schwarze Sporthose und war eher ein wenig mollig. Man sah ihr durchaus an, dass sie sportlich war, aber sie entsprach nicht dem Ideal kängurusehniger Sportsfrauen.

»Sie suchen Veit?«, fragte sie und lächelte, wobei sie eine nette kleine Zahnlücke zwischen den Schneidezähnen freigab.

Irmi nickte.

»Ich ruf ihn grad an, er ist auf einer Biketour und müsste eigentlich schon wieder da sein. Wollen Sie grad warten?«, fragte die Frau und wies auf eine Gartenmöbelsitzgruppe unter einem riesigen Sonnenschirm vor dem Büro. Das etwas andere Wartezimmer.

Irmi nickte erneut, und sie setzten sich nach draußen, wo ein lauer Wind in den Fransen des Schirms spielte und so etwas wie Urlaubsfeeling vorgaukelte.

»Witzig«, sagte Kathi.

»Und so ganz anders als KS-Outdoors«, ergänzte Irmi.

Die junge Frau kam zurück, in der einen Hand das Handy, in der anderen ein Nutellabrot. »Er ist jeden Moment da. Wollen Sie was trinken?«

»Nein, danke«, sagte Kathi.

»Okay«, meinte sie lächelnd und verschwand wieder im Gebäude.

Kathi starrte ihr nach. »Nutella! Ich glaub's ja nicht!«

Natürlich, Nutella war böse, ganz, ganz böse in der Sportlerwelt von Lightjoghurt und Zerocola.

»Die Fußballer machen doch auch Werbung für Nutella«, meinte Irmi.

Noch bevor eine Ernährungsdiskussion entbrennen konnte, kamen zwei Männer auf den Hof geradelt. Sie stellten ihre Räder an der Wand der Fabrikhalle ab, dann ging der eine von ihnen Richtung Tor, während der andere auf die beiden Kommissarinnen zukam oder besser: heranklackerte.

Klick, klack, klick, klack. Veit Hundeggers Wadln spannten sich bei jedem Schritt, durch eine weiße Radlerhose zeichneten sich Oberschenkelmuskeln ab. Er wandte sich um und rief dem anderen noch irgendwas zu, was eine nicht unerfreuliche Ansicht seines wohlgeformten Pos mit sich brachte.

Irmi begriff, dass das Klickern von den Radlschuhen stammte. Hießen die nicht Clickis? Dazu trug Hundegger ein enges Top ohne Ärmel, dessen Reißverschluss bis fast zum Nabel offen stand. Er war natürlich braun gebrannt, die Brust war glatt rasiert wie ein Kinderpopo. Die langen braunen Locken hatte er zu einem Pferdeschwanz gebunden. Er sah aus wie das Klischee vom Sportsmann – nur besser. Wahrscheinlich musste er sich keine teuren Models leisten, seine Kollektion konnte er selbst sicher am besten vorführen. Und obwohl Irmi weiße Radlerhosen an einem Mann eigentlich affig fand, musste sie hier zugeben: lecker! Kathi hatte schon Witterung aufgenommen, der Träger ihres Tops war lässig über die Schulter gerutscht, sie stand da mit lasziv eingeknickter Hüfte und sah dem Typen entgegen.

Er aber gab Irmi formvollendet die Hand, lächelte Kathi mehr als charmant zu und sagte: »Entschuldigung, ich musste grad noch ein neues Bike testen. Mach ich ab und zu für ein Mountainbike-Magazin. Was kann ich für die Damen tun? Sie sind von der Polizei, nicht wahr?«

Da war Irmi nun doch platt. »Sieht man das?«

»Sehen Sie, ich glaube nicht, dass Sie Einkäuferinnen für ein Sportgeschäft sind, zumal ich meine Kunden eigentlich kenne.«

Na, der war lustig. Sie war wohl zu alt und zu fett für die Kategorie Sportgeschäft, dachte Irmi. Aber Kathi würde er den Sport doch wohl zutrauen. Und als könne er hellsehen, sagte er mit einem Lächeln: »Sie beide sind so erfrischend labelfrei, Leute aus Sportgeschäften haben immer Markenklamotten an.«

»Und wer nicht vom Sportladen ist, der ist automatisch von der Polizei?«, konterte Kathi frech.

»Nein, aber ehrlich gesagt habe ich mit Ihnen gerechnet. Also nicht mit Ihnen persönlich, das ist ja eine charmante Überraschung, nein, aber ich habe der Zeitung entnommen, dass Kilian Stowasser tot ist. Das ging in der Branche natürlich auch rum wie ein Lauffeuer. Und da ich natürlich weiß, dass man in der Branche meine kritischen Anmerkungen gegenüber Stowasser kennt, hab ich mit Besuch gerechnet.«

»Sie sind die Polizei ja auch durchaus gewohnt, oder? In den Akten findet man einiges über Sie.« Kathi hatte den Träger ihres Tops wieder in Position gebracht.

Er blieb gelassen. »Auch das war mir klar, dass Sie das anführen würden. Ja, leider, da sind mir mal die Pferde durchgegangen. Schlechter Zug, aber das ist nun wirklich Vergangenheit.«

»Die Drogen auch?«

Nun verlor er doch etwas von seiner Lässigkeit und seiner Geduld. »Ja, die auch, damals war ich achtzehn, und wäre nicht meine Mutter gestorben und bei uns alles drunter und drüber gegangen, wäre manches vielleicht anders gelaufen.«

»Och, mir kommen die Tränen«, bemerkte Kathi spitz.

»Nicht nötig«, konterte er, doch Irmi spürte, dass er nicht mehr allzu lange die Contenance bewahren würde, und Kathi schoss natürlich mal wieder übers Ziel hinaus.

»Herr Hundegger, lassen wir die Vergangenheit getrost mal aus dem Spiel, und konzentrieren wir uns lieber mal auf das unmittelbar Zurückliegende. Sie waren für diesen Unternehmerpreis der Favorit, und dann hat Stowasser ihn gekriegt. Sie waren ganz schön ungehalten und haben das auch öffentlich kundgetan.«

Noch immer standen sie mitten im Hof. »Wollen wir uns nicht mal irgendwo hinsetzen, wo nicht das halbe Inntal mithört?«, schlug er vor.

Irmi nickte, und sie folgten seinem Klickklack und seinem göttlichen Hintern bis in einen Showroom, in dem es lodenbespannte Sessel und Hocker gab, farbige Kissen und einen bunten Kronleuchter, der in spannungsreichem Kontrast zu den Chromregalen und der eher puristischen Kollektion stand.

»Cool«, entfuhr es Kathi.

Er nahm das wohl als Friedensangebot, bot Bionade an und lächelte wieder. »Ich war immer der Meinung, dass man als Radfahrer ja nicht unbedingt aussehen muss wie ein Papagei oder eine Stopfleber.«

Irmi musste lachen. »Aber die Farbe Weiß für eine Radlhose ist ja auch nicht gerade klassisch, oder?«

»Es gibt einen Mitbewerber in einem recht hohen Preissegment, der gerne mal weiße Hosen macht, und den ärgern wir ein bisschen. Es gibt dafür eben eine Zielgruppe.«

»Sie ärgern gerne mal Leute, oder?« Kathi war sauer, dass er ihren Flirtversuchen bislang widerstanden hatte.

Er ignorierte sie einfach, was für Kathi die viel größere Frechheit war. »Wir produzieren Bikewear in reduzierten Designs, auch mal in weiteren Schnitten, nicht jeder und jede hat einen Body, den man unbedingt in engste Fasern quetschen sollte.«

Na, er selbst hatte da ja keine Probleme. Irmi musste aber zugeben, dass ihr persönlich ein polanges Shirt, das anmutig über den Hüftring fiel, auch lieber gewesen wäre – vorausgesetzt, sie würde Rad fahren …

»Wir haben es geschafft, zu einer Marke zu werden, auch weil wir ganz klar sagen, dass wir eine bayerische Firma sind. Die komplette Produktion findet hier statt.«

»Und für Bayern steht der Loden?«, fragte Irmi, die hoffte, dass Kathi sich zusammenreißen würde.

»Meine Frau Babsi ist unsere Designerin, sie hat auch den Showroom eingerichtet.«

Eine Frau, na klar, solche Sahneschnittchen hatten immer eine Frau, dachte Irmi.

»Sie haben sie vorher doch kurz kennengelernt.«

Irmi blickte etwas irritiert.

»Am Empfang, Sie erinnern sich? Babsi hat mich gleich angerufen«, sagte er.

Ach, die nette Frau, die weder magersüchtig noch geschminkt gewesen war. Die mit dem Nutellabrot! Wenn die einen Veit Hundegger halten konnte, wollte man ja fast ans Gute glauben. Eventuell gab es hübsche Männer auch für Mädels jenseits von XS. Hatte nicht auch Pierce Brosnan eine Frau ohne Modelmaße?

»Sie haben jedenfalls Erfolg damit, Herr Hundegger, und Sie hätten einen Preis doch verdient.«

»Sicher, und zwar mehr als Stowasser, denke ich.«

An mangelndem Selbstbewusstsein litt er nicht, dachte Irmi. »Die Branche hatte damit gerechnet, dass Sie den Preis bekommen, oder?«

»Ja, und ich hab mich da mitreißen lassen am End. Ich war mir nämlich gar nicht sicher. Kilian ist CSU-Mitglied, ich nicht. Kilian hat in einem pompösen und wirklich cleveren Schachzug seine illegalen Machenschaften in etwas Positives geführt. Er hat den reuigen Sünder gegeben. Ich bin ein vorbestrafter langhaariger Mountainbiker, der immer nur gesagt hat: Der Kas is bissn. Ich meine: Vorbei ist vorbei, lassen wir die Vergangeheit doch ruhen, oder, Frau Kommissar?« Er lächelte bezaubernd und fuhr fort: »Ich golfe nicht mit Ministerpräsidenten und Landräten. Biken wollen die fetten Säcke mit mir leider nicht. Ich trinke höchst selten Bier, Schnaps schon gar nicht, ab und zu mal einen guten italienischen Rotwein. Wie wollen Sie in Bayerns besseren Kreisen bestehen, ohne Bier zu trinken? Denken Sie an Stoiber!«

»Koks als Alternative?«, fragte Irmi.

Nun war er wirklich überrascht. »Ich? Du lieber Himmel! Ich bin viel an der frischen Luft, da bin ich auch so wach genug. Was ich übrigens als Jugendlicher vertickt habe, war Gras. Selbst angebaut hinter der Fabrikhalle von meinem Vater. Drum sind sie mir auch draufgekommen.«

Dass Stowasser gekokst hatte, wusste er wohl wirklich nicht. Warum auch? Dass er ein Sauerstoff- und Sportjunkie war, glaubte ihm Irmi allerdings wirklich. »Sie waren aber trotzdem sauer?«

»Natürlich war ich sauer.«

»So sauer, dass Sie einen ganz schönen Disput mit ihm auf dem Golfplatz gehabt haben?«

»Sie sind ja gut informiert!«

»Information ist das halbe Leben«, meinte Irmi und bedachte ihn mit einem scharfen Blick.

Er seufzte. »Frau Mangold, ich gebe ja zu, dass ich etwas impulsiv bin. Ich sage den Leuten schnell mal die Meinung, aber ich bin nicht nachtragend. Nach der Verleihung ist Kilian wie ein aufgeblasener Gockel herumgelaufen und hat mir gegenüber triumphiert, dass meine ›Radlhoserl‹ halt nie eine Chance gegen seine Schlafsäcke gehabt hätten. Da hab ich ihn etwas geschubst.«

Etwas geschubst, nette Formulierung. Aber vielleicht tat er ja auch noch anderes als schubsen. »Wussten Sie, dass er Reptilien gehalten hat?«, fragte Irmi unvermittelt.

»Ja, schon.«

»Ach, das wussten Sie?«, mischte sich Kathi wieder ein.

»Das wussten viele. Es gab ja immer mal Unternehmertreffen und so. Da hat er damit geprahlt, was er wieder an neuen abstrusen Tieren hätte.«

»Hat er denn nie dazu eingeladen, die Tiere mal zu besichtigen?«

»Nein, zumindest mich nicht. Aber mir kam er auch vor wie diese Superreichen, die einen Kunstdieb beauftragen, ein Kunstwerk von Weltruhm zu klauen, und die es dann im Keller in den Tresorraum stecken. Dann gehen sie täglich runter und schauen sich dieses Ding an. Wenn Sie mich fragen, hat mit diesem Stowasser Kilian irgendwas nicht gestimmt. Aber ich war da ziemlich allein mit meiner Meinung.«

»Ich fand das auch«, kam es von der Tür. Frau Hundegger war gekommen. »Entschuldigen Sie, dass ich mich einmische. Ich hab eigentlich mal Psychologie studiert, und manchmal geht es mit mir durch. Ich hatte immer das Gefühl, dass Kilian extrem unter Druck steht. Er hat den jovialen bayerischen Gaudiburschen-Unternehmer nur gespielt. Auch dieses Reptiliengedöns erscheint mir unnormal. Da wertet jemand sein Ego auf, indem er mit der Gefahr spielt. Hat ihn wirklich so ein Tier gebissen, wie es in der Zeitung steht?«

»Das versuchen wir herauszufinden.« Irmi wusste, dass das lahm klang, und sie wusste auch, dass ihre Anwesenheit bei den Hundeggers wohl nur den Rückschluss zuließ, dass mit dem Todesfall etwas nicht stimmen konnte.

»Sie sagten eben, dass viele von den Reptilien gewusst haben?«, versuchte Irmi abzulenken.

»Ja, wahrscheinlich so ziemlich alle, die an den bayerischen Unternehmerstammtischen saßen«, sagte Babsi Hundegger mit einem Lächeln, das wieder diese hinreißende Zahnlücke zum Vorschein brachte.

»Hat er auch von Krün erzählt?«, wollte Kathi wissen.

»Krün?« Veit Hundegger runzelte die Stirn. »Nein. Er hat doch auf dem Fabrikgelände in Eschenlohe gewohnt, oder?«

Entweder, er konnte sehr gut schauspielern, oder aber er wusste wirklich nichts. Da aber Veit Hundegger sicher kein Spezl von Kilian Stowasser gewesen war, hatte dieser den Biker wohl tatsächlich nicht zu sich eingeladen. »Gab es denn so eine Art harten Kern bei diesen Stammtischen? Gute Freunde von Stowasser?«, hakte Irmi nach.

Babsi Hundegger nickte. »Ich hab die Liste von der letzten Sitzung in Kloster Reutberg. Da stehen alle Teilnehmer drauf. Ich mach Ihnen Kreuzchen bei denen hin, die gute boarische Freinderl vom Kilian gewesen sind. Ich hol eben die Liste.« Sie verschwand.

»Stimmt es denn nun, dass Stowasser betrügt?«, fragte Irmi unvermittelt. »Das haben Sie doch behauptet.«

»Nein, ich habe in ein paar Interviews nur mal gesagt, dass ich daran zweifle, ob er wirklich ausschließen kann, keine Daunen aus Lebendrupf zu bekommen. Das ist etwas anderes.«

»Hatten Sie mal Kontakt zu einer Tierschutzorganisation namens FUF?«

»Nein, ich weiß aber, dass ihn da mal jemand am Wickel gehabt hatte. Im Prinzip muss er denen ja danken. Erst durch diese Reuige-Sünder-Nummer ist er wirklich bekannt geworden«, sagte Veit Hundegger.

Inzwischen war Nutella-Babsi zurückgekommen und übergab Irmi die Liste.

»Danke. Wo waren Sie beide denn am letzten Dienstag?«

»Ach, das ist ja doch wie im Fernsehen«, meinte Babsi

Hundegger lachend. »Ich war bei meinen Eltern in Traunstein.«

»Und ich war biken«, sagte Veit.

»Allein?«

»Ja.«

»Wie lange?«

»Ich bin in Rottach-Egern am Tegernsee los, übern Riederstein rüber zum Schliersee, rauf zum Spitzing und über die Valepp wieder nach Rottach.«

Das klang in jedem Fall nach einigem Auf und Ab. »Sie waren also den ganzen Tag unterwegs?«

»Ein paar Stunden jedenfalls.«

»Sind Sie irgendwo eingekehrt, hat Sie jemand gesehen?«

»Nein, ich kehr nicht ein. Ich will biken, nicht trinken.«

»Hätte ich meinem Mann ein Alibi geben sollen?«, fragte Babsi, immer noch lächelnd.

»Nein, falsche Alibis fliegen gerne mal auf«, sagte Irmi und dachte im Stillen, dass die beiden das Ganze vielleicht etwas ernster nehmen sollten. Und sie war auf der Hut. Die zahnluckerte Psychologin war sicher nicht zu unterschätzen.

Irmi und Kathi verabschiedeten sich.

»Und?«, fragte Irmi, als sie wieder im Auto saßen.

»Geiler Arsch!«, sagte Kathi.

»Zweifellos, und sonst?«

»Na, ich weiß nicht. Der Typ ist unbeherrscht. Er hat Stowasser nicht gemocht. Und er hat das mit den Reptilien gewusst. Der war mal internationaler Radsportler, der hat Freunde auf der ganzen Welt. Vielleicht hat da einer Zugang zu Mambagift, oder! Und er hat kein Alibi. Der kann ja viel erzählen, wo er überall rumgebikt ist.«

Das stimmte, nur mussten sie einen Anhaltspunkt finden, dass er Kontakt zu Stowasser gehabt hatte.

Irgendwie verfransten sie sich in Rosenheim und landeten schließlich bei einem türkischen Restaurant. Das sah zwar nicht sonderlich spektakulär aus, aber das Essen war herrlich, der Service reizend, und einmal mehr dachte Irmi, dass es eigentlich immer die Ausländer waren, bei denen man echte Gastfreundschaft erfuhr. In den bayerischen Wirtschaften hatte man oftmals das Gefühl, man müsse sich entschuldigen für die Bestellung, die die Bedienung und den Koch aus der Lethargie riss.

Nach einer schier endlosen Rückfahrt waren sie um vier wieder in Garmisch.

Irmi beauftragte Andrea, Fotos von Veit Hundegger und seiner Frau von der Firmen-Homepage auszudrucken. Dann erteilte sie Sepp und Sailer den Auftrag, den Nachbarn in Krün und den Mitarbeitern bei KS-Outdoors die Bilder zu zeigen. Währenddessen sollten Andrea und Kathi doch mal intensiver die Lebensfäden der engeren Mitarbeiter entwirren. Sie konnte sich einfach nicht vorstellen, dass niemand von Krün gewusst haben sollte, und sie konnte sich auch nicht vorstellen, wie ein Betrug mit falschen Daunenpartien ohne das Wissen vom Produktionschef oder von jemand anderem in der Führungsebene hätte stattfinden können.

Da Kathi heute so aufgeräumt war, ging sie das Wagnis ein, sie und Andrea vor einen Karren zu spannen. Wenn nicht heute, wann dann?

Irmi saß vor einem Berg Akten und blätterte lustlos. Puh, nun hatte sie also Listen all jener »boarischen Freinderl«, wie Babsi Hundegger gesagt hatte, die eventuell mal eingeladen worden waren, Stowassers Reptiliensammlung zu begutachten. Sie googelte all jene, die ein Kreuzchen bekommen hatten: ein Verleger, ein Sockenproduzent, ein Metallbetrieb, eine Molkerei, das waren die besten Freunde von Stowasser. Die musste sie wohl unter die Lupe nehmen. Und wenn da einer darunter war, der auch dem Hobby mit den wechselwarmen Tierchen frönte? Wie sollte sie das in Erfahrung bringen?

Irmi griff zum Telefon und rief in Oberammergau an. Der AB sprang an, wenig später rief der Schlangenmann aber zurück.

»Frau Mangold, hallo. Ich musste nur eben ein paar Mäuse und Ratten an meine Freunde verteilen.«

»Sehen Sie, das allein wäre für mich schon ein Grund, warum ich mir so was nie zulegen würde!«

»Ja, damit geht es doch schon los. Die wenigsten prüfen sich vorher ernsthaft: Mag ich meinem Reptil lebende Ratten zum Fraß vorwerfen, oder halte ich es mit gefrorenen Mäusen? Leider reagieren Schlangen auf Bewegung und Wärme. Will heißen: Ich muss meine Frost-Maus erst mal anwärmen und vor der Schlange hin und her bewegen, damit sie zubeißt. Mag nicht jeder!«

»Nö, danke. Müsste ich auch nicht haben.« Irmi lachte.

Er lachte. »Sehen Sie, darum sind Kaninchen und Meerschweinchen viel beliebter, das sind nette Vegetarier. Wer würde sich schon vor einer Gurke oder einer Karotte grausen? Die kann man auch überall kaufen.«

Irmi dachte mit Entsetzen an die armen Kaninchen auf Stowassers Grundstück zurück. Putzig und stumm waren sie gewesen. Stumm waren die Schlangen auch, konnten aber zubeißen, wie die Mamba. Wenn sie es denn getan hatte. Und irgendwas sagte Irmi nach wie vor, dass Stowassers Tod kein Unfall gewesen war.

»Wie kann ich Ihnen helfen?«, fragte der Schlangenmann und riss sie aus ihren Gedanken.

»Auf welchem Weg kann ich herausfinden, ob jemand Reptilien hält?«, sagte Irmi.

»Ihn fragen?«, schlug der Schlangenmann vor.

»Na ja …« Wie sollte sie ihr Problem jetzt formulieren?

»Ach so, Sie meinen, das würde zu schnell schlafende Hunde beziehungsweise dösende Kriechtiere wecken?«

»Ja, so ähnlich.«

Es blieb eine Weile stumm am anderen Ende, dann sagte der Schlangenexperte: »Es gibt natürlich Vereine der Reptilienfreunde, und es gibt Internetforen, aber da tritt keiner mit Klarnamen auf. Es gibt Reptilienschauen, auf denen immer die gleichen Leute auftauchen. So groß ist die Szene nicht.«

»Ja, aber wie soll ich da als Laie Eingang finden?«

»Schwierig ohne Insiderwissen«, meinte er. »Sie wollen wahrscheinlich keine Namen nennen?«

Irmi zögerte wieder. »Und was, wenn ich es täte?«

»Ich bin verschwiegen wie ein Pharaonengrab. Sie wollen ja nur wissen, wer sich für Reptilien interessiert, oder?« Er lachte leise.

Korrekt war das nicht, das war Irmi auch klar, aber sie vertraute dem Mann. Er würde nicht durch die Lande ziehen und herausposaunen: Der Herr X ist verdächtig, und die Frau Y hat die Polizei auch auf dem Kieker. Bestimmt nicht.

Langsam nannte sie ihm vier Namen honoriger bayerischer Unternehmer. Sie zögerte ein bisschen und gab dann auch noch die von Gangkofer, Magerer und Sonja Ruf durch. Man konnte ja nie wissen. Und den von Hundegger. Sich lässig geben war das eine, aber wie sah es im Inneren aus? Der Schlangenmann versprach, sich »dezent umzuhören« und zurückzurufen.

So wirklich wohl war Irmi dabei nicht, aber sie steckten fest. Da lobte man sich doch eine klare Schusswunde, Kaliber klar, Schusskanal klar, Waffe klar. Musste nur noch die Person gefunden werden, die den Schuss abgegeben hatte.

Waren Giftmörder nicht eigentlich immer Frauen?, überlegte Irmi und wandte sich wieder ihrem Schreibtisch zu. Da lag auch die Liste der FUF-Mitglieder und heischte nach Aufmerksamkeit. Irmi überflog die Namen. Und blieb an einem hängen. Sonja Ruf. Sonja Ruf? Das war doch jene Frau, deren Isländer eingeschläfert worden war. Die war auch Mitglied bei FUF?

»Andrea!«, brüllte Irmi über den Gang. »Andrea!«

Die Mitarbeiterin kam angeschossen und sah Irmi so entsetzt an, als hätte sie erwartet, die Chefin hätte sich soeben die Hand abgehackt oder Schlimmeres!

»Sorry, ich war etwas laut. Sag mal, Andrea, wie hat die Frau geheißen, die das dritte Pferd hat einschläfern lassen? Diesen Isländer?«

»Sonja Ruf. Warte mal!«

Andrea sauste hinaus und kam schnell mit ihrem Notizbuch wieder. »Sonja Ruf, genau. Sleipnir hieß das Pferd, das eingeschläfert wurde, und Sonja Ruf kommt morgen aus dem Urlaub zurück. Warum?«

»Sonja Ruf ist Mitglied bei FUF. Damit hat sie gleich einen doppelten Grund, Stowasser zu hassen. Seit Jahren kämpft sie gegen ihn als Tierquäler und steckt zusammen mit den anderen Mitgliedern einen Misserfolg nach dem anderen ein. Und dann ist der auch noch schuld daran, dass ihr Pferd sich diesen Virus einfängt. Wie viel kann ein Mensch ertragen?«

»Tierfreunde wenig!«, kam es von Kathi, die in der Tür stand, weil sie wohl auch hatte sehen wollen, warum Irmi wie am Spieß gebrüllt hatte. »Tierschützer verlieren sehr gern mal den Bezug zur Realität. Ich hab grad ein wenig gegoogelt wegen unserem Trenkle, und da ist auch was sehr Interessantes rausgekommen. FUF-Mitglieder haben vor vier Jahren mal Stowassers Gänse rausgelassen und Parolen auf seine Fabrikhalle gesprüht. Trenkle hat sich davon distanziert, er hat behauptet, die Vorstandsschaft habe nichts davon gewusst, und er könne nun mal nicht alle Mitglieder an die Leine legen. Er hat gemeint, jede seriöse Tierschutzorganisation lehne gewaltbereite Tierschützer ab, weil sie dem Anliegen einen Bärendienst erwiesen. Es ist echt der Hammer, wie es da abgeht: In England gibt es eine Gruppe namens Shac, die Kunden und Zulieferer von Europas größtem Tierlabor, Huntingdon Life Sciences, anscheinend mit Graffiti und Brandbomben terrorisiert hat. Extreme Gruppierungen, wie etwa Sea Shepherd, rammen auf hoher See illegal operierende Walfänger. Die haben bisher zehn Schiffe versenkt. In Florida haben Frauen vor einem McDonald's demonstriert, rot bemalt und in roten Bikinis, um zu zeigen, wie Hühner zu Tode verbrüht werden. Eine Aktion der PETA, die immer sehr spektakulär agiert und schon die NASA dazu gebracht hat, ein fast zwei Millionen Dollar teures Experiment abzublasen, weil dabei Affen einer schädlichen Strahlungsdosis ausgesetzt worden wären. Auf Druck von PETA wurde eine Lehrerin in Florida kaltgestellt, weil sie eine Schülerin zwingen wollte, einen toten Frosch zu sezieren.«

»Na, ich möchte auch keinen Frosch zerschneiden. Das ist ja greißlich«, sagte Andrea.

»Ja, ist greißlich. Ich wollte damit nur sagen, dass diese Tierschützer öfter Amok laufen, als man denkt.« Vermutlich hatte Kathi am Wochenende nicht nur einen Ritter oder Spielmann vernascht, sondern war allumfassender erfolgreich gewesen – so gut gelaunt, wie sie immer noch war. Irmi nahm sich vor, Kathi öfter ins Mittelalter zu versenden, wenn sie davon so milde wurde. Sie hatte sogar einmal Andrea recht gegeben!

»Ist der Name Sonja Ruf bei dieser Aktion mal gefallen?«, erkundigte sich Irmi.

»Müsste ich noch mal nachforschen. Mach ich gern«, meinte Kathi und verließ den Raum.

»Also, ich fass noch mal zusammen«, sagte Irmi. »Sonja Ruf hatte über Jahre Kontakt zu Stowasser und hat immer verloren. So was zermürbt. Und dann verliert sie auch noch das Pferd. So etwas kann einen Menschen zerstören, zumindest innerlich zerfressen.«

»Aber Mambagift? Ich weiß nicht!«, meinte Andrea.

»Ja, aber die Frau wird für mich immer interessanter, und ich möchte sie keinesfalls aus den Augen verlieren. Jetzt machen wir aber Schluss für heute.«

So ganz Schluss war allerdings nicht. Irmi saß noch lange über dem Papierkram. Bis sie heimkam, war es nach acht, und sie schaffte es gerade noch zum »Letzten Bullen«. Sie hätte das natürlich nie zugegeben, aber das musste sie einfach sehen. Die Idee, einen Beamten einfach mal zwanzig Jahre ins Koma zu versetzen und im 21. Jahrhundert wieder aufwachen zu lassen, war einfach hinreißend. Ein Macho, der sich in einer veränderten Welt nicht mehr zurechtfand. Der sich die Welt so geradebog, dass seine Ansichten aus den Achtzigern wieder passten. Manchmal ging es ihr wie der Filmfigur Mick Brisgau: Sie verstand diese Welt auch nicht mehr – dabei hatte sie nicht mal im Koma gelegen. Außerdem hätte sie gerne solche Sprüche wie Brisgau parat gehabt. »Hör ich da Ironie? Ironie ist die kleine Schwester des gebrochenen Herzens.« Wie wahr, Herr Brisgau!

11

Als sie am nächsten Tag ins Büro kam, war Kathi überraschenderweise schon da. Sie kam hereingepoltert, wie immer doppelt so laut, wie ihre zierliche Figur das vermuten ließe, und wedelte mit ein paar Papieren.

»Was ist das?«, fragte Irmi.

»Ja, lies halt, oder!«

Irmi las, nur war das eigentlich nichts, was man flüssig lesen konnte. Es waren Zahlen, genauer Kontoauszüge. Sie sah Kathi fragend an.

»Du hast uns doch gebeten, die näheren Mitarbeiter von Stowasser mal näher zu durchleuchten, oder? Ich hatte ja den Produktionsleiter in Verdacht, aber dessen Leben ist langweilig wie ein Regentag. Netter Ingenieur, nette Frau, zwei nette Kinder, die Frau so begütert, dass er sicher kein Schmiergeld annimmt. Er singt im Kirchenchor, das hat mich ja etwas alarmiert. Die Bigotten sind immer die Schlimmsten, oder?«

Irmi musste lachen.

»Jedenfalls konnte ich an dem einfach gar nix Kriminelles finden. Dann die Schnapsdrossel. Die weiß sicher vom Beschiss ihres Schwagers. Die ist aber auch nicht in Geldnöten. Die muss den Schwager auch nicht beerben. Hat genug eigene Knete. Schon blöd für uns – weder der Bruder noch die Schwägerin wollen das Geld. Die beiden Schwestern Rosenthal haben genug geerbt, Anlagen, Aktienpakete, Immobilien in Karlsruhe …«

»Stopp!«, rief Irmi. »Wenn das so ist, warum hat Stowasser dann überhaupt getürkt und getrickst? Dann hätte er doch sorglos seine netten Schlafsäcke in niederen Stückzahlen produzieren können. Hätte sich brüsten können mit Ökologie und Tierschutz, warum dann der Betrug?« Irmi machte eine kurze Pause. »Von dem wir bislang allerdings nicht mal wissen, ob er überhaupt stattgefunden hat.«

»Irmi, Frau Hauptkommissarin Irmgard Mangold, wo lebst du? In Bayern? Wo die Männerwelt noch in Ordnung ist, oder? Zeig mir den Mann, der problemlos damit leben kann, dass die Frau mehr Kohle hat als er selbst? Den zeig mir, dann lass ich den ausstopfen und führ ihn im Museum vor, oder! Der Mann musste sich doch was beweisen, sich und der Welt. Dass er ein ganzer Kerl ist. Dass er expandiert. Dass er Unternehmer des Jahres werden kann. Auch ohne seine Frau! Dass er sich gefährliche Tiere untertan macht, das ist doch pathologisch.«

Irmi sah Kathi aufmerksam an. Natürlich hatte die Kollegin recht mit dieser Einschätzung. In den letzten hundertfünfzig Jahren hatten sich die Entwicklungen überschlagen, die Welt war unübersichtlicher denn je. Die wahren Werte existierten als seltsame Kurven an den Börsen. Werte, die gar nicht real waren. Wie sollte so ein kleines Affenhirn das verarbeiten können? Die Welt hatte sich verändert, doch der Mensch war nicht mitgekommen. Männer hatten keine Säbelzahntiger mehr zu jagen und Frauen keine Feuer mehr zu bewachen. Frauen steuerten Jumbojets, und Männer wickelten Babys, aber die Jetpilotinnen nahmen den Windelwickler doch nicht ernst! Er war ihnen einfach nicht sexy genug. Irmi musste einräumen, dass auch sie selbst dieser schizophrenen Weiberwelt angehörte: Klar wollte frau den soften Mann, der Kinder liebte, die Spülmaschine einräumte und Wäsche waschen konnte, ohne dass eine dunkle Socke die gesamte Weißwäsche verschleierte. Aber gleichzeitig sollte er mächtig sein, erfolgreich, strahlend, klug, auch humorvoll, immer souverän. Männer im dritten Jahrtausend waren arme Schweine. Und natürlich hatte Kathi recht: Stowasser musste aus dem Schatten seiner Frau heraustreten, im Werdenfels noch viel mehr als in einer Großstadt!

Irmi seufzte. »Ja, alles richtig, ich hab dich unterbrochen.«

»Also, lassen wir die Rosenthal mal kurz weg – beziehungsweise Geld als Motiv. Ob die ihren Schwager nicht doch gehasst hat, vielleicht auch, weil sie denkt, er hat ihre Schwester auf dem Gewissen, das müssen wir natürlich noch prüfen. Aber da sind noch weitere Leutchen, alle ziemlich langweilig. Designabteilung, nichts Spezielles. Die Buchhalterin nur Teilzeit, keine Unregelmäßigkeiten. Bis auf den da!« Kathi wies auf die Auszüge. »Das sind Kontoauszüge des Lagerleiters Fritz Lohmüller.«

Irmi starrte die Blätter an. »Eine Bank in Jungholz?«

Kathi nickte eifrig. »Ganz genau, Jungholz in meiner schönen Heimat Tirol. Eine deutsche und eine österreichische Postleitzahl! Mit einem Hausberg, auf dessen Gipfel vier Grenzlinien zusammentreffen von je zwei deutschen und zwei österreichischen Gemeinden: Bad Hindelang, Pfronten, Jungholz und Schattwald im Tannheimer Tal. In Jungholz ist alles etwas speziell, und Banken gibt's eben auch und jede Menge Anreize für schwarzes und auch weißes Geld!«

»Woher hast du die Auszüge?« Irmi schwante nichts Gutes.

»Irmi, so genau willst du das nicht wissen. Meine alte Schulfreundin Bine lebt unterm Sorgschrofen und arbeitet in der Bank und ist eben eine alte Freundin, na, du weißt schon.«

»Puh!« Irmi rollte mit den Augen und studierte die Auszüge. Monatlich waren da zweitausend Euro Zusatzrente eingezahlt worden, und zwar von einer Lotteriegesellschaft in Wien.

»Na gut, ist ja logisch, dass die Lotterie auf ein österreichisches Konto überweist. Da sparen die sich die Gebühren.«

»Dachte ich zuerst auch, hab dann aber der Lotteriegesellschaft auf den Zahn gefühlt oder besser Andrea. Die ist da echt gut. Sie hat entdeckt, dass diese Gesellschaft gar nicht existiert und das Geld von KS-Outdoors kommt. Cool, oder?«

Noch cooler fand Irmi, dass Kathi tatsächlich Andreas Mitarbeit gelobt hatte. »Du willst also sagen, dass dieser Lagerleiter Geld bekommen hat, das nicht sein Gehalt ist?«

»Genau, sein Gehalt bekommt er wie jeder bei KS über die Buchhaltungsabteilung angewiesen. Das geht ganz ordentlich auf die Raiba nach Grainau, wo unser Herr Lohmüller wohnt. Zahlt übrigens nicht schlecht, der Schlafsackmo!«

»Lohmüller bezog also Schweigegeld?«

»Das würde ich ihn fragen wollen«, meinte Kathi.

»Ich auch! Aber denken wir mal weiter: Warum sollte er denn dann seine Geldquelle Stowasser töten?«

»Vielleicht hat er Stowasser erpresst? Und Stowasser wollte nicht mehr zahlen? Oder er wollte mehr. Das kommt bei Erpressern oft vor. Die kriegen den Hals nicht voll. Werden unvorsichtig. Streit? Unfall? Handgemenge?«

»Da sind wir aber wieder am Punkt mit dem Mambagift!«

»Also, wenn der Lohmüller bei dem Daunenbeschiss dabei war, dann kannte der gute Mann auch das Anwesen in Krün, über das die Daunen angeliefert wurden. Dann wusste der über die Vorliebe für eklige Kriechtiere Bescheid und hatte sicher auch eine gute Idee, wie er seinen Boss umbringen könnte.«

Auch das war typisch für Kathi. Schnell zu begeistern und zu entflammen, schnell war sie aber auch wieder auf einer neuen Fährte und steuerte ohne Wehmut neue Ufer an. Das galt bei Kathi für ihre Männer, ja, eigentlich für ihr ganzes Leben. In solchen Momenten war Irmi fast ein wenig neidisch auf die jüngere Kollegin. Ihr Leben kam ihr leichter vor als das jener Menschen, die grübelten und über ihr Tun reflektierten. Kathi war eben Kathi.

»Dann lassen wir uns die Sonderzahlung doch mal erläutern«, meinte Irmi. »Auf ins Lager der Firma KS-Outdoors!«

Das Wetter hatte heute gerade mal beschlossen, sich tropisch zu geben. Die Luftfeuchtigkeit war so hoch, dass Irmi der Schweiß runterlief, ohne dass sie irgendetwas Anstrengendes getan hätte. Sie schwitzte unter ihren dichten Haaren und formte einen Dutt, den sie mit einer Spange locker feststeckte. Manchmal zog sie doch eine Auswanderung nach Nordnorwegen oder Island in Betracht – wenn es da im Winter nur nicht so dunkel wäre.

Sie ließen das Eingangsgebäude links liegen und fuhren direkt zum Zentrallager. Das Tor stand offen, Regale wuchsen bis zum Dach hinauf, ein Gabelstapler bog gerade um die Ecke. Da sie nicht aus dem Weg gingen, musste der Mann wohl oder übel anhalten. Er war knapp davor, eine Schimpftirade loszulassen, doch dann erkannte er die Kommissarinnen und grüßte mit einer laschen Handbewegung.

»Herr Lohmüller, dürften wir grad mit Ihnen reden? Nur ganz kurz.« Irmi hatte ihr Sonntagslächeln aufgesetzt.

Lohmüller nickte, sein Gesichtsausdruck war alles andere als intelligent. In der Halle gab es ein kleines Glaskabuff, in das Lohmüller die beiden führte. Sie nahmen an einem Schreibtisch mit Computer und Drucker Platz.

Irmi lächelte, Kathi sah ins Nichts.

»So, so, das ist also Ihr Refugium«, sagte Irmi nach einer Weile.

Lohmüller glotzte und schwieg.

»Deutlich mehr Platz als in Krün im Keller«, meinte Irmi und sprach in Richtung des Druckers.

Lohmüller sagte nichts, doch Irmi hatte ein Zucken in seinem Gesicht bemerkt und auch, dass er angefangen hatte, mit seinen Fingern zu spielen.

Kathi fiel ein: »So eine schöne Arbeit, so eigenverantwortlich und auch noch so gut bezahlt.«

»Was wollen Sie eigentlich?«, stieß Lohmüller aus.

»So eine schöne Arbeit, so eigenverantwortlich und auch noch so gut bezahlt«, wiederholte Kathi und fuhr fort: »Und dann kriegt er auch noch zweitausend Euro jeden Monat aus der Lotterie, oder? So ein Glück hat er, der Herr Lohmüller!«

»Was geht Sie das an? Woher wissen Sie das überhaupt?«

Kathi drohte ihm spielerisch mit dem Finger. »Lieber Herr Lohmüller, wir sind die Polizei, und wir wissen alles.« Sie lächelte ihn süffisant an, doch auf einmal wurde ihr hübsches Gesicht hart. »Und weil wir alles wissen, wissen wir auch, dass die Lotteriegesellschaft in Wien gar nicht existiert. Stattdessen geht das Geld von einem Privatkonto von Kilian Stowasser ab, und zwar direktement nach Jungholz!«

Aus Herrn Lohmüller entwich ein merkwürdiges Geräusch.

»Herr Lohmüller, wofür gab es das Geld?« Kathis Stimme war schneidend.

Lohmüller schwieg eisern.

»Dann sag ich es ihnen«, fiel Irmi ein. »Sie wussten, dass Ihr Chef illegal Daunen über Tschechien bezog, Sie haben da mitgemacht, und als kleine Gratifikation gab es zweitausend Euro extra. War das so?«

Lohmüller schien wirklich mit akutester Stummheit geschlagen zu sein.

»Herr Lohmüller, das Gespräch mit Ihnen ist etwas einseitiger Natur. Wissen Sie, ich kann Sie jetzt auch mit auf die Polizeiinspektion Garmisch-Partenkirchen nehmen. Außerdem kann ich mir einen Durchsuchungsbeschluss ausstellen lassen, und wie Ihre Frau dann so ein Polizeiaufgebot hinnimmt, das lass ich mal dahingestellt. Oder weiß die liebe Gattin Bescheid?«

Lohmüllers Gesicht rötete sich. Der Schweiß stand ihm auf der Stirn, obgleich es in der Halle recht kühl war.

»Ich könnte mir natürlich auch vorstellen, dass Sie den

Herrn Stowasser erpresst haben, der hatte aber irgendwann mal keine Lust mehr oder wollte Ihnen das alles anhängen, und da haben Sie ihn getötet. Gell, Herr Lohmüller, das könnte ich auch denken!« Irmi sah ihn durchdringend an.

Nun ging doch ein Ruck durch den Mann. »Ich ermord doch keinen!«

»So, und warum sollten wir das nun ausgerechnet glauben?«, fragte Irmi.

Die Antwort blieb aus.

Irmi wandte sich an Kathi. »Ich hab den Eindruck, der Herr Lohmüller versteht mich nicht. Red ich chinesisch? Serbokroatisch? Hat er nicht verstanden, dass wir ihn dann wohl mitnehmen müssen, diesen Stockfisch?«

»Jetzt tun S' doch nicht so!« Auf einmal schrie der Mann. Eine Ader zuckte an seiner Schläfe.

»Dann kriegen Sie mal die Zähne auseinander!«, konterte Kathi. »Warum das Geld? Warum ist Stowasser tot?«

»Aber das weiß ich doch nicht!«

Irmi schüttelte mitleidig den Kopf. »Also gut, das hat ja keinen Wert, Herr Lohmüller. Sie begleiten uns jetzt nach Garmisch. Da geben Sie uns dann eine DNA-Probe, und die vergleichen wir mit den Spuren aus Krün. Und ich bin mir fast sicher, dass sie übereinstimmen werden. Das dauert etwas länger, führt aber zum Ziel. In U-Haft kann es ja auch recht gemütlich sein. Stattdessen könnten Sie uns aber gleich sagen, was da oben los war. Das spart uns Zeit und könnte eventuell zu Ihren Gunsten ausgelegt werden.«

Lohmüller gab schon wieder so ein seltsames Geräusch von sich. Dann stieß er aus: »Ja, es stimmt, da kamen Daunenpartien aus Tschechien. Ich sei doch sein Vertrauensmann, hat der Chef immer gesagt, der Einzige, auf den er sich verlassen könne in der Firma. Die Welt will doch betrogen werden! Wen interessiert es denn wirklich, was in so einem verdammten Schlafsack drin ist? Die Leut wollen doch auch gar nicht so genau wissen, was sie fressen. Und schließlich sind das Produkte von einer Superqualität. Es geht doch um die Firma. Um die Jobs. Drum hab ich mit dem Kleinbus die Sachen immer geholt. Und ins Lager gegeben.«

Ein klarer Fall von Gehirnwäsche. Da hatte Stowasser ganze Arbeit geleistet und sich diesen armen leichtgläubigen Wicht zum Handlanger gemacht. Der reine Daunen-Stowasser wurde Irmi postum immer unsympathischer. Aber irgendwann musste der willige Geselle ja wohl doch unwillig geworden sein.

»Weiter im Text!« Irmi konnte durchaus auch gefährlich klingen.

»Ja, nichts weiter. Ich wusste, dass der ganze Scheiß mit dem Testlabor ein Schmarrn ist, wen interessieren denn auch ein paar blöde Gäns.«

»Und dafür gab's zweitausend Euro monatlich?«, erkundigte sich Irmi. Stowasser war ein Fuchs gewesen, das hätte der nie einfach so bezahlt.

»Nein, er hat mir nur ab und zu mal was für die gute Mitarbeit gegeben. Mal einen Schlafsack für meine Tochter, mal eine Weste für meine Frau. Irgendwann hat der Kilian halt gemeint, dass ich ja auch mit drinhäng.« Die Ader zuckte stärker. »Da gab's auf einmal nichts mehr. Das war nicht nett vom Chef, ich hab ihm schließlich immer geholfen.«

Nein, das war gar nicht nett gewesen. Und für den leichtgläubigen Auserwählten seines Chefs war das wohl ein herber Schlag gewesen. Und auf einmal war aus dem glühenden Anhänger ein Zweifler geworden. Und Irmis vage Ahnung, dass einer wie Stowasser eventuell in der Lage gewesen wäre, das Ganze so zu drehen, dass am Ende der Mitarbeiter den Schwarzen Peter in der Hand gehalten hätte, war eben gar nicht so abwegig gewesen.

»Und dann? Weiter, Sie Koryphäe!«

»Hä?«

»Weiter!«

»Ja mei, irgendwann hab ich mal entdeckt, dass mit den Daunenlieferungen auch noch Schlangen und Kokain mitgekommen sind.« Nun klang er trotzig.

»Und dann haben Sie den Chef erpresst?«

»Mei, erpresst … Was heißt schon erpresst?«

»Ja, wie würden Sie das denn nennen?«, rief Kathi empört.

Er zuckte regelrecht zusammen. »Mei, die Tochter will auf die Uni. Nach Minga. Das kostet. Und er hat ja auch was bekommen für sein Geld«, meinte Lohmüller dann.

Offenbar hatte Stowasser den eigentlich gutmütigen Trottel wohl doch einmal zu viel verärgert.

»Und hat er bezahlt?«, fragte Irmi.

»Das wissen S' doch!«

»Und warum haben Sie ihn dann ermordet?«, wollte Kathi wissen.

»Ich doch nicht!«

»Ich doch nicht!«, äffte Kathi ihn nach.

»Ich war das nicht. Ich bekam jeden Monat mein Geld und der Chef mein Schweigen. Das hätt von mir aus ewig so weitergehen können.«

»Tja, Herr Lohmüller, nix ist fix. Nichts ist ewig auf dieser schnelllebigen Welt«, erklärte Irmi ironisch. »Hat er nicht einfach doch mal den Spieß umgedreht und Ihnen den ganzen Schlamassel anhängen wollen, Herr Lohmüller?«

Lohmüller wand sich. »Ja mei…«

»Ja mei, Herr Lohmüller. Ich sag Ihnen mal, wie es war: Der gute Kilian Stowasser hat im ersten Moment zugestimmt, der ganze Ärger passte auch nicht in die Zeit, als er Unternehmer des Jahres werden wollte. Da hätte er noch einen Skandal nicht vertragen. Aber als sich alle Wogen geglättet hatten, war es dem Herrn Stowasser ein arger Dorn im Auge, dass er jeden Monat zweitausend Euro in den Wind schießt. Und er hat Ihnen gedroht, dass Sie am Ende als der Drogendealer dastehen. War das nicht so?«

»Ja m…« Das »ei« blieb ihm im Hals stecken wie ein dickes Gänseei.

»Richtig, oder nicht?«, beharrte Irmi.

»Ja m… Mensch, er hat gesagt, dass man bei mir schnell mal ein Päckchen Koks findet oder bei meiner Tochter. Man weiß ja, dass Studenten gerne mal Drogen nehmen. Die Sau!« Das kam tief aus seiner verwundeten Seele.

»Herr Lohmüller, Sie merken schon, dass Sie uns da gerade ein perfektes Motiv liefern. Jeder Vater würde seine Tochter schützen.« Sie sah ihn mitfühlend an. »Wie heißt das Madel denn?«

»Martina.«

»Die Martina. Und was studiert sie?«

»Medizin.«

»Medizin. Respekt! Ja, das dauert. Harter Weg.«

»Ich hab den Kilian nicht umgebracht. Ich wollt oiwei

mit ihm reden. Ich wollt ihm sagen, dass wir des mit dene zweitausend Euro vergessen. Aber dann san Sie in die Firma kemma, und jeder hat g'wusst, dass der Kilian tot ist.« Er hatte sich so lange um Hochdeutsch bemüht, aber nun war er einfach zu angespannt.

»Wann waren Sie denn zum letzten Mal in Krün?«, fragte Irmi.

»Am Samstag letzter Woch. Da san wieder Daunen aus der Tschechei kemma.«

»Und die haben Sie dann wieder ins Lager eingeschleust?«

»Ja.«

»Hat das nie jemand bemerkt, der Produktionsleiter zum Beispiel?«

»Der Rüdiger. Mei, des is doch a rechter Trottel Inschinör. Akademiker halt.«

Kathi gluckste, und Irmi sah sie strafend an. Ja, so ein gepflegter Akademikerhass zur rechten Zeit kam häufig vor. Der Satz hätte auch von ihrem Bruder stammen können und dessen Stammtisch.

»Es wusste also außer Ihnen und dem Chef keiner Bescheid?«

»Ob die Rosenthal, die oide Fregatte, des g'wusst hot, keine Ahnung. Die hot mit unsereins ned g'redt. Aber sonscht ham der Chef und i zammg'haltn.«

Bis der Chef ihn verraten hatte. Und angedroht hatte, die Tochter mit hineinzuziehen. Das Motiv war einfach zu schön. Irmi überlegte kurz.

»Sie wussten von den Schlangen und dem ganzen Getier, haben Sie gesagt, oder?«

»Ja, so was Deppertes! Wer mog scho so a Zeug?«

»Und Sie wussten von den verheerenden Zuständen bei den anderen Tieren. Allein deshalb haben Sie sich schon strafbar gemacht! Sie hätten das melden müssen.«

Lohmüller hatte sich wieder gefasst und artikulierte sich nun wieder hochdeutsch. Wahrscheinlich dachte er, dass er dann seriöser wirkte. »Als die Frau Stowasser noch gelebt hat, ging's der Bagage gut. Die Pferde waren anfangs auch noch gar nicht in Krün, sondern irgendwo bei Böbing. Die Pferde kamen erst, wie die Frau Stowasser gestorben ist. Außer Viechern hat die doch nichts interessiert. Und als sie tot war, hat sich der Kilian gekümmert. Und die Frau Rosenthal ab und zu. Aber dann wurde das denen allen zu viel. Und die Tiere haben sich halt auch vermehrt. So ist die Natur.«

»Wagen Sie es nicht, noch ein einziges Mal das Wort Natur für diese Zustände zu verwenden!«, brüllte Irmi auf einmal, obwohl sie bis gerade eben noch die Ruhige gegeben hatte.

Er starrte sie an. »Ja mei…«

Und wenn er noch ein einziges Mal »ja mei« sagt, bringe ich ihn um, dachte Irmi.

»Wo waren Sie am Dienstag letzter Woche?«

»Hier, im Lager.«

»Hat Sie wer gesehen?«

»Ja, m…ehrere. Der Rüdiger. Die Frau Faschinger. So ein Schulpraktikant.«

»Und wer war außer Ihnen immer mal wieder in Krün?«

»Die Frau Rosenthal war manchmal dort. Und ein Spezl vom Chef. Der hat auch solche Viecher. Das war überhaupt der Einzige, den er da reingelassen hat. Sonst hat er ja getan, als wär das ein Hochsicherheitstrakt.«

Irmi warf Kathi einen Blick zu. Das deckte sich mit der Einschätzung von Hundegger, der Stowasser mit einem Kunstsammler verglichen hatte, der den gestohlenen Meister nur allein in seiner Kellerkathedrale anbeten will.

»Und wer ist der Spezl?«

»Der Sockenstrobl.«

»Bitte, wer?«

»Ferdinand Strobl, Sockenfabrikant. Hat mit dem Kilian Golf gespielt. Und der Kilian hat ihm ab und zu Viecher mit bestellt.«

Wie das klang! Ach, da bestell ich ein paar Mambas im Versandhandel mit, so wie Unterhosen – oder eben Socken. Irmi überlegte kurz.

»Herr Lohmüller, wie kam Herr Stowasser denn auf die Anlage?«

»Das Tor war elektrisch, es ging ja gleich wieder zu. Das zweite auch. Man musste echt Gas geben, um durchzuschießen. Wir sind dann immer durch den Stadl und durch eine Kellerklappe. Da kommen ein paar Gänge und Keller. Vom Keller konnte er rauf zu den Viechern, aber so wahr mir Gott helfe, ich war da nie drin!«

Ob Gott ihm helfen würde, das war mehr als fraglich. Und wieder stellte sich die Frage, warum das Tor offen gestanden hatte. Irmi sah ihn weiter strafend an. »Wer hatte denn einen Türöffner?«

»Also, ich nicht, das hat immer der Chef gemacht.«

»Kein zweiter Öffner?«

»Vielleicht hat seine Frau einen gehabt. Das weiß ich aber nicht.«

Irmi schüttelte den Kopf. »Warum haben Sie uns das alles nicht gleich erzählt, als wir in der Firma waren?«

»Ja, was hätten Sie denn dann denkt?«

»Und was denken wir wohl jetzt?«

»Aber i war's ned!«

»Herr Lohmüller, Sie kommen nachher zu uns und geben das alles zu Protokoll. Außerdem brauchen wir Ihre Fingerabdrücke und eine Speichelprobe. Verstanden?«

Er nickte und flüsterte fast: »I war's ned.«

»Glaubst du ihm?«, fragte Kathi, nachdem sie wieder im Auto saßen.

»Ich weiß nicht – oder um mit Herrn Lohmüller zu sprechen: Ja mei … Bauernschlau genug für eine Erpressung ist der. Ein stolzer Vater ist er auch. Aber ob er mit Mambagift hantieren kann? Keine Ahnung. So ganz nehme ich ihm das nicht ab, dass er nie bei den Reptilien oben war. Du?«

Kathi schüttelte den Kopf. »Was allerdings zu stimmen scheint, ist, dass die Viecher der Heilige Gral für Stowasser waren. Sein Bernsteinzimmer. Da hatte Hundegger wohl recht.«

»Um so verblüffender, dass der Sockenstrobl anscheinend in die heiligen Hallen eindringen durfte.«

»Die werden schon irgendeine nette bayerische Leich gemeinsam im Keller haben«, mutmaßte Kathi mit einem Grinsen.

»Anzunehmen. Sag mal, wo sitzt eigentlich dieser Sockenfabrikant?«

»Das werden wir gleich wissen«, sagte Kathi, die so elegant eingeparkt hatte, dass Irmi die Tür fast nicht mehr öffnen konnte und sich herausquetschen musste wie eine Mettwurst aus der Pelle.

In ihrem Büro fand Irmi einen Zettel vor, dass sie den

Schlangenmann anrufen solle. Sie bat Kathi, den Sockenstrobl ausfindig zu machen, und griff zum Hörer.

»Frau Mangold, schön, von Ihnen zu hören«, sagte der Reptilienexperte am anderen Ende der Leitung.

»Dito, gibt es was Neues?«

»Ich habe mich ein bisschen umgetan in der Szene, wenn man das so nennen will.«

»Ja, und Sie sagen mir jetzt, wer mein Mörder ist?« Irmi gab sich Mühe, witzig zu klingen.

»Das wahrscheinlich nicht, aber ich kann Ihnen zumindest sagen, dass einer Ihrer Unternehmergesellen hochaktiv ist, was Schlangen betrifft. Ferdinand Strobl sitzt in Mühldorf am Inn und ist in diversen Foren als Bavariansnake zugange.« Er stockte und schickte ein »sehr kreativ« hinterher.

»Bavariansnake …« Irmi zog das Wort in die Länge.

»Ja, die bayerische Schlange kauft und verkauft, er bewegt sich genau in den Kreisen, die ich für sehr dubios, tierverachtend und gefährlich halte.«

»Interessanterweise sind wir auch auf den Mann gestoßen, aber sagen Sie mal, der Name Lohmüller ist Ihnen aber nicht untergekommen, oder?«

»Nein, keiner von den anderen, ich habe allerdings noch etwas … Ach, keine Ahnung, ob das wichtig ist.«

»In meinem Job ist alles wichtig!«

»Es gibt doch hier diese Tierschutzorganisation, FUF heißt die.«

»Ja, ich weiß, Sonja Ruf ist da Mitglied. Deren Namen hatte ich Ihnen ja auch genannt.«

»Von Frau Ruf weiß ich nur, dass sie eine sehr engagierte Tierschützerin ist und die Pressearbeit für die Organisation macht. Sie macht auch die Website und verteilt Handzettel. Ich hab auch mal was von ihr ausgelegt. Mir geht es allerdings um den Vorsitzenden.«

»Max Trenkle?«

»Ja, genau. Über den bin ich gestolpert. Wussten Sie, dass er mal Tierpfleger gewesen ist?«

»Nein, ich hatte nur mal gehört, dass er recht wechselvolle Karrieren eingeschlagen hat.«

»Eine davon war Tierpfleger.« Der Schlangenmann klang zögerlich.

»Aha, und wo denn? Im Zoo?«

»Nein, er hat bei einer Reptilienauffangstation in Rheinberg gearbeitet, in Nordrhein-Westfalen liegt das, und nach den Infos meiner Leute hatte er auch schon in Australien und Afrika mit Schlangen zu tun. Die Einrichtung in Rheinberg ist eine Art Äquivalent zu der in München. Da agieren Leute, die wirklich alles über Reptilien wissen.«

Trenkle wusste also alles über die niedlichen Kriechtiere? Er kannte sich aus mit Giftspritzen aller Art? Er hatte in einer Reptilienauffangstation gearbeitet und in Ländern, wo hochgiftige Tierchen leben? Irmis Gedanken drehten sich im Kreis. Immer schneller drehten sie sich, bis sie schließlich sagte: »Ich danke Ihnen, das ist ohne Zweifel ziemlich überraschend für mich.«

»Nichts zu danken. Ach, Frau Mangold, seien Sie bitte vorsichtig. Wenn es jemandem gelungen ist, mit Mambagift zu hantieren, ist das eine brandgefährliche Person. Und keine, die im Affekt handelt. Das heißt doch so bei Ihnen, oder?«

Ja, so hieß das, wenn man dem Nachbarn oder Postboten oder Schwager einen Kerzenständer überzog, während der mit der Gattin im Bett lag. Der vorliegende Fall hingegen war komplizierter.

»Danke für Ihre Fürsorge, aber ich lebe immer ein bisschen gefährlich«, meinte Irmi.

Sobald sie aufgelegt hatte, wurde ihr flau und schwummrig. So ein Gefühl, das sich einstellt, wenn man nichts gegessen hat. Sie hatte nichts gegessen, aber da war noch etwas anderes, was ihren Körper ins Wanken brachte.

Sie berief kurzerhand ihre Leute ein und berichtete. Am Ende waren sie sich alle sicher, dass Gespräche mit Trenkle, Strobl und Sonja Ruf anstanden. Andrea hatte darauf bestanden, weil sie immer noch der Meinung war, dass der Tod eines Pferdes ein Mordmotiv sei. Kathi hatte sie nur verächtlich angesehen, ansonsten aber die Klappe gehalten. Beachtlich, dachte Irmi. Dennoch war der Sockenstrobl Irmis erste Wahl.

Irgendetwas hielt sie davon ab, sich sofort auf Trenkle zu stürzen. Erschwerend kam hinzu, dass Max Trenkle an keines seiner Telefone ging. Irmi bat Sailer, mal bei Trenkle zu Hause vorbeizufahren.

Blieb der Strobl aus Mühldorf. Der Ausflug nach Rosenheim war ja schon eine Expedition gewesen, aber Mühldorf? Sie wollte in jedem Fall vorher die Kollegen dort informieren, Insiderwissen aus der Innstadt war in jedem Fall hilfreich.

Lohmüller tauchte brav auf, gab seine Geschichte erneut zu Protokoll, widersprach sich nicht, sondern blieb bei seiner Version, die man glauben konnte oder auch nicht. Irmi ließ ihn gehen, aber sie hatte nicht vor, ihm weitere Konfrontationen mit der Polizei zu ersparen. Ganz im Gegenteil, sie hatte die Geschichte an die Abteilung für

Wirtschaftskriminalität weitergegeben, denn eines war mittlerweile klar wie Kloßbrühe: Stowasser hatte mit seinen feinen Daunen betrogen und getrickst. Doch darum würden sich jetzt andere kümmern.

Dass in dem Fall auch die Brünhilde aus dem Hause Rosenthal wieder unter Beschuss geraten würde, tat ihr wenig leid. Für den Mord hatte die Schnapsdrossel ja leider ein Alibi. Aber für den Rest war sie mit Sicherheit mitverantwortlich.

Wieder war ein Tag zu Ende gegangen. Wieder hatte sie haarsträubende Sachen gehört, wieder hatten sie tiefe Einblicke ins Wesen des Menschen erhalten. Wieder wussten sie im Prinzip so wenig wie zuvor. Als Kathi gute Nacht wünschte, grüßte Irmi nur kurz zurück und schickte noch ein »dann machen wir halt morgen einen Ausflug nach Mühldorf am Inn« hinterher.

Es war nun eine ganze Woche vergangen seit dem Mord, der vielleicht auch ein Unfall gewesen war. Oder dem Unfall, der ihr so komisch vorkam, dass sie auch gegenüber der Staatsanwaltschaft und dem Chef darauf bestanden hatte, das Ganze nicht ad acta zu legen. Allmählich aber sollte sie Ergebnisse präsentieren.

Zu Hause hatte Bernhard Besuch von zwei Feuerwehrkollegen. Irmi setzte sich dazu und folgte den Gesprächen mit halbem Ohr. Aber die Probleme, inwiefern die Feuerwehren unterbesetzt waren, die Arbeitgeber uneinsichtig und die Jugend zu lasch, lenkten sie immerhin ab. Der kleine Kater war gekommen und sprang ihr auf den Schoß. Dann legte er sich allen Ernstes hin und begann zu schnurren. Diesen Tag musste sie mit Rotstift festhalten. Der Springinsfeld konnte allen Ernstes still halten!

Gut, nicht allzu lange. Nach zwanzig Minuten schoss er hoch, natürlich unter intensivem Einsatz seiner Krallen, und jagte einer Fliege hinterher. Mit dem Dunkelwerden ging Irmi ins Bett und schlief genau bis zur Dämmerung. Es war wie immer die morgendliche Zehen-Jagd-Zeit.

12

Bei ihrem Ausflug gerieten sie schon vor München ins Stocken, weil der Luise-Kiesselbach-Platz untertunnelt werden sollte und München wahrscheinlich wie jedes Jahr im Sommer bei einem heimlichen europäischen Wettbewerb mitmachte: Welche Stadt hat die meisten nervigen Baustellen? Diesmal würde München gewinnen, da war sich Irmi sicher.

Der Verkehr staute sich schon lange vor dem Ring, doch schließlich erreichten sie die Passauer Autobahn und kamen eine Weile lang ganz gut voran. Bis die Autobahn endete und in die B12 überging. Lkw reihte sich an Lkw, Überholen war definitiv unmöglich, und mit fünfzig Stundenkilometern konnte man sich gut vorstellen, wie es weiland zu Zeiten der Postkutsche gewesen sein musste. Wahrscheinlich war die aber schneller gewesen.

An einer überdimensionalen Tankstelle im Nirgendwo aßen sie Debreziner, die es fertigbrachten, fettig und geschmacklos zugleich zu sein. Dafür war das Brot von vorgestern und der Senf ranzig. Irmi war erst etwas versöhnt, als sie auf dem Stadtplatz von Mühldorf einfuhr. Eine hübsche Stadt war das. Und dass der Kollege Sepp Walch erst mal eine Einladung zum Lunch im Alten Wasserschlössl aussprach, stimmte sie ebenfalls versöhnlich.

Sie saßen auf der Terrasse, aßen vorzüglich, geradezu wie Urlaub. Der Kollege stammte ursprünglich aus Lenggries und sah sich wohl in der Pflicht, den Werdenfelser

Berggewächsen die Schönheit seiner neuen Heimat nahezubringen. Auf dem Weg zum Sockenstrobl erfuhren sie, dass der Mühldorfer Maibaum rot-weiß geringelt war statt blau-weiß.

»Nicht, dass die Mühldorfer farbenblind wären, nein, das sind die Farben Salzburgs, denn Mühldorf am Inn war salzburgerisch, umgeben von den feindlichen Bayern. Im Nagelschmiedturm saßen dann eben auch die Schmiede, weil das kräftige Burschen waren, die sich im Verteidigungsfall durchsetzen konnten. Und dumm waren sie nicht, diese Mühldorfer. Sie verstanden es sehr gut, den Salzburger Bischof zu erpressen, nach dem Motto: Wir kriegen Privilegien, dafür halten wir den Kopf gegen die Bayern hin. Und so wurde Mühldorf eine große Handelsstadt«, erzählte der Mann fast ohne Punkt und Komma.

Sollte die Polizei ihn nicht mehr benötigen, würde er sicher im Tourismusbüro unterkommen, dachte Irmi.

»Die Häuser haben alle die typischen Grabendächer, wobei das dritte Geschoss stets blind ist«, fuhr er fort. »Was elegant aussieht, hat einen handfesten Grund. Ohne überspringende Vordächer kam man im Falle einer Feuersbrunst leichter aufs Dach. Der Nachteil: Es gab keinen trockenen Stauraum, weswegen der Inn-Salzach-Stil stattdessen auf Arkadengänge setzte. Drum haben wir hier eine überdachte Fußgängerzone, wo man immer flanieren kann. Wenn's bei euch in den Bergen schüttet, bleibt ihr mal besser zu Hause, wir gehen shoppen.«

Nun, Irmi befürchtete, dass Flanieren und Shoppen auch in Zukunft nicht zu ihren Lieblingsbeschäftigungen zählen würde. Weder in Garmisch noch in Mühldorf.

Die Sockenfabrik lag direkt am Inn, und es war ein Factory Outlet angegliedert, der auch Marken anderer Hersteller feilbot. Ob die Preise wirklich so günstig waren, vermochte Irmi nicht zu sagen. Kathi hingegen zog Hotpants von irgendeinem Jeans-Label, das Irmi gar nichts sagte, vom Bügel und musste sie unbedingt anprobieren. Als sie wieder herauskam mit ihrer makellosen Figur und den makellosen Beinen, sog der Kollege hörbar Luft ein. Wenig später hatte Kathi wieder ihre normale Jeans in einer etwas sittlicheren Länge an. Ihre Haare waren nun zum Pferdeschwanz gebunden. Kathi machte jetzt ganz eindeutig auf seriöse Polizistin.

Sie wurden in einen lieblos eingerichteten Raum geführt, wo es Mineralwasser und Kaffee gab. Irmi schaute sich um. In den aufgestellten Vitrinen lagerten Socken. Nun ja, Socken waren vielleicht nicht so sexy, aber Irmi war sich sicher, dass Babsi Hundegger auch aus einer Socke das »sexiest product alive« gemacht hätte, erst recht, wenn der Gatte es getragen hätte. Fraglich allerdings, ob die Damen dem Veit Hundegger auf die Füße gesehen hätten.

Sepp Walch stellte dem Sockenfabrikanten die beiden Kommissarinnen vor: »Meine Kolleginnen Frau Mangold und Frau Reindl aus Garmisch. Ferdl, die Damen hätten ein Anliegen.«

Herr Strobl schickte ein polterndes »Grüß Gott« zurück und wirkte etwas genervt. Wahrscheinlich hatte er Besseres vor.

»Wie geht's den Schlangen, Herr Strobl?«, fragte Irmi.

Strobl, der gerade an seinem Mineralwasser genippt hatte, verschluckte sich.

»Haben Sie auch Pfeilgiftfrösche? Skorpione? Oder eine Coloradoschildkröte?«

Strobl war mit Sicherheit ein Mann, der von Haus aus schwitzte. Er war stark übergewichtig, und was er da vor sich hertrug, war schon kein Hendlfriedhof mehr, sondern wirkte eher so, als hätte eine Elefantenkuh massiv übertragen. Er trug Trachtenhemd und Janker und eine Leinenhose, alles war mit Sicherheit extra für dieses Mammut angefertigt worden. Strobl war jetzt schon ungut rot im Gesicht und wischte sich ein paar Schweißperlen von der Stirn.

»Was soll das? Sind Sie vom Zoo?«

»Lieber Herr Strobl, wir könnten statt vom Zoo vom Zoll sein und Sie wegen illegaler Einfuhr von geschützten Tieren belangen, das machen später sicher noch andere. Nein, wir sind von der Mordkommission und wollen Ihnen erst mal herzliches Beileid zum Tod Ihres Freundes Kilian Stowasser aussprechen.«

Der Sockenfabrikant war sicher niemand, der leicht ins Wanken geriet, aber Irmi hatte ihn wirklich auf dem falschen Fuß erwischt. Ein Fuß, der übrigens viel zu klein war für die Wuchtbrumme. Die Trachtensocken, die er trug, stammten sicher aus Eigenproduktion.

»Was wollen Sie von mir?«

»Erstens: Erzählen Sie uns etwas von den tschechischen Tierchen, die Sie über Stowasser bezogen haben. Zweitens: Wo sind Ihre Viecher, wir würden sie gerne sehen. Drittens: Haben Sie eine Mamba? Viertens: Warum haben Sie Ihren Spezl umgebracht?«

Irmis Rede zeigte Wirkung. Der Lenggrieser Sepp stieß einen merkwürdigen Laut aus, Ferdl Strobl haute sein Glas so auf den Tisch, dass das Wasser überschwappte und eine Sockenbroschüre überflutete.

»Muss ich mir das bieten lassen?«

»Herr Strobl, wir warten gern auf Ihren Anwalt, sollten Sie diesen konsultieren wollen«, sagte Irmi.

Strobl hatte sich gefasst. Er erhob sich und brüllte zur Tür, dass seine Sekretärin bittschön den Rechtsverdreher anrufen solle. Dann sagte er nur: »Kommen S' mit!«

Kathi wollte schon aufbegehren, aber Irmi schüttelte unmerklich den Kopf. Strobl ging zu den Aufzügen, von denen einer augenscheinlich nur mit Schlüssel funktionierte. Sie fuhren in die Tiefe und gelangten in einen Keller. Ohne den Kollegen wäre es Irmi unwohl geworden, aber so folgten sie alle dem Mammut, dessen Schritte im Gang dröhnten. Er tippte schnell ein paar Zahlen in ein Türsystem, und Sesam öffnete sich.

Gleißendes Licht umfing sie. Warm war es auch. Sie fanden sich inmitten tropischer Landschaften wieder, in Wüsten und Halbwüsten – alles hinter Glasscheiben. Das waren Terrarien, die eine Reise durch die Klimazonen der Erde ermöglichten.

»Wahnsinn«, sagte Sepp Walch.

»Imposant«, meinte Irmi nach einer Weile.

»Also, Ladys, ich red ungern zu viel. Das hier ist mein Hobby. Den Tieren geht's hier besser als in jeder professionellen Anlage im Reptilienzoo. Ich überschreite alle Empfehlungen, was den Platzbedarf betrifft, um Längen. Die haben hier ein Leben wie Gott in Frankreich. Meine Fütterung ist auf dem aktuellen Stand, die Tiere leben alle artgerecht mit den erforderlichen Temperaturschwankungen, mit Wärmeplätzen, mit Verstecken, absolut naturnah, allerdings ohne den Stress, ihre Nahrung jagen zu müssen. Da können Sie mit Sicherheit den internationalen Herpetologen-Kongress einladen, und der wird Ihnen sagen, dass meine Viecher perfekt untergebracht sind.«

»Die bei Stowasser waren das aber nicht«, bemerkte Irmi spitz.

»Ich hab dem Kilian immer gesagt, dass er die Gitterkäfige endlich mal gegen Terrarien tauschen soll. Er hatte da auch schon einen Plan. Hat er mir gezeigt. Aber wissen Sie, da herrscht auch viel Fehlinformation. Die meisten unserer Freunde hier sind Lauerjäger und haben auch in der Natur ein sehr kleines Revier. Für ein wechselwarmes Tier ist es fatal, sich zu weit von seinem kühlen Unterschlupf zu entfernen, zudem erhöht zu viel Bewegung die Gefahr, selbst zur Beute zu werden. Wer sich an die Empfehlungen hält, ermöglicht Schlangen und Echsen ein großzügiges Platzangebot. So hat ein zwei Meter langes Krokodil vierzig Quadratmeter zu Verfügung, ein deutsches Kind sollte ein Zimmer von zwölf Quadratmetern besitzen, ein Stallhase hat gar keine Rechte, und einem Huhn muss ein DIN-A4-Blatt reichen ... Da hat man als Schlange ein weitaus besseres Los gezogen. Und wie gesagt: Kilian wollte einiges verbessern.« Er atmete schwer. »War eben alles etwas hektisch in seinem Leben. Erst stirbt die Frau, dann dieser Zinnober wegen der Daunen. Schließlich die Wahl zum Unternehmer des Jahres. Der Kilian war keinen Deut besser oder schlechter als jeder andere.«

»Jeder andere von euch honorigen bayerischen bauernschlauen Unternehmern«, provozierte Kathi ihn.

»Junge Frau, mit Schmusekurs und Samthandschuhen erhalten Sie keine Arbeitsplätze in Deutschland. Sie bezahlt der Staat, egal, ob Sie Ihre Mörder fangen oder nicht.

Ich muss meine fünfunddreißig Leute jeden Monat aus meinem Geldtopf zahlen.«

»Und wie Sie den füllen, ist egal?«, mischte sich Irmi ein.

»Egal, was heißt schon egal? Mit Romantisiererei und Gesellschaftsutopien kommen wir nicht weiter, und ein paar Viecher sind da im Lauf der Welt recht unerheblich.«

»Drum haben Sie immer wieder Tiere über ihn bezogen?«

»Ja, weil ich sie anders nicht bekommen hätte. Und weil es denen bei mir besser ergangen ist als beim Kilian.«

»Sie haben schwere Vergehen gegen das Tierschutzgesetz einfach toleriert oder übersehen, Herr Strobl.«

Er sah sie an, wie er wahrscheinlich seine Enkelin angesehen hätte, die den Tod einer überfahrenen Schnecke bemängelt. »Frau Kommissar, jetzt lassen wir doch endlich das Pathos sein. Wir haben wichtigere Probleme auf der Welt. Menschen verhungern zu Abertausenden. Immer dieses Geheule der Tierschützer. Was ist denn schon groß passiert?«

»Kilian Stowasser ist tot!«

»Ja, aber das werden Sie mir nicht anhängen, Frau Kommissar!«

»Besitzen Sie eine Schwarze Mamba?«, fragte Kathi.

»Ja, eine Schwarze und eine Grüne. Da!«

Er stampfte wieder los und blieb an einem himmelhohen Terrarium stehen. Irmi entdeckte die Tiere erst nach intensivem Suchen. Sie hatten sich um je einen Ast geringelt und sahen selber aus wie einer. Von oben fahren sie auf dich herab – das hatte Irmi immer im Ohr.

»Hatte Stowasser eigentlich eine Mamba? Sie müssten

das doch wissen, vermutlich waren Sie der Einzige, der sein Reptilienversteck betreten durfte.« Irmi wusste natürlich, dass es auf Stowassers Anwesen eine Schwarze Mamba gegeben haben musste, schließlich hatten sie die Schlangenhaut gefunden, aber sie wollte es gern von Strobl selbst hören.

»Ja, die Käthe. War zwei Meter siebzig lang!«

Sepp Walch grunzte. Irmi atmete tief durch. Käthe hieß das Viech? Das hatte was!

»Herr Strobl, wann haben Sie die gute Käthe denn zuletzt gesehen?«

»Vor vierzehn Tagen. Da war ich auf dem Gelände. Hab mir ein paar Skorpione mitgenommen.«

Vor vierzehn Tagen. Das war gerade mal eine Woche vor dem Tod von Kilian Stowasser gewesen. Dann war das verdammte Viech womöglich doch noch da? Hatte vielleicht einfach nur zugebissen? Und sie jagten immer noch den Phantommörder?

»Wo war das Tier damals?«

»Wo schon, im Käfig. Also, Ladys. Da Sie mich ja wahrscheinlich wegen Zollvergehen und Verstößen gegen das Artenschutzabkommen am Arsch haben, hab ich meinen Anwalt angefordert. Darüber leg ich gern Rechenschaft ab, mit dem Tod von Kilian hab ich aber nichts zu tun.«

»Wo waren Sie Dienstag letzter Woche?«

Er überlegte kurz. Dann sagte er unwillig: »Sie scheinen ganz pfiffig zu sein, aber Sie erfahren es eh. Ich war im Hotel Post in Garmisch am Marienplatz beim Frühstücken.«

»Wie bitte?«

»Jeden letzten Mittwoch im Monat spielen wir in Burgrain Golf. Am Tag davor übernachte ich immer in der Post. Das hat Tradition.«

»Sie waren an dem Tag, an dem Kilian Stowasser zu Tode kam, in Garmisch?«

»Ja, war ich. Jetzt machen Sie doch nicht so ein Bohei darum. Ich bin zum Golfplatz gefahren, Kilian war nicht da, er hat sich auch weder bei mir noch bei den beiden anderen Freunden aus unserer Golfrunde abgemeldet. So einfach ist das. Ich gebe Ihnen gern die Kontaktdaten der Herren, mit denen ich golfen war.«

»Ihnen ist schon klar, was ich mir jetzt denke?«, fragte Irmi.

»Dass ich zwischen meinem Auftritt am Frühstücksbüfett im Hotel und dem ersten Abschlag nach Krün gefahren bin? Das müssten Sie aber beweisen, und das können Sie nicht, weil ich es nicht getan habe. So, meine Damen, lieber Sepp, dann packen wir's mal. Mein Anwalt dürfte da sein. Wir kauen das gerne mit ihm nochmals durch. Aber bitte nicht länger als bis fünfzehn Uhr, da habe ich einen Termin mit dem Bürgermeister und dem Tourismuschef, übrigens auch ein Oberbayer.«

Seine erste Unsicherheit war komplett gewichen. Er war wieder der Macher im XXL-Gewand. Sein Anwalt hingegen war ein kleines dünnes Männchen, das allerdings verbal eine messerscharfe Klinge führte. Ferdl Strobl blieb bei seiner Geschichte. Und dass er vor zwei Wochen auch noch mal in Garmisch gewesen war, begründete er damit, dass sie außerturnusmäßig zweimal hintereinander Golf gespielt hätten. Weil die Golferei nämlich den gesamten August ausfalle und erst wieder Mitte September beginne.

»Herr Strobl, da Sie ja öfter das Vergnügen hatten, in

Krün eingeladen zu sein, dürfte es Ihnen nicht entgangen sein, dass Ihr Freund Kilian Stowasser zusammen mit Ihrem Schlangengetier auch Daunenpartien aus Tschechien eingeführt hat.«

»Ja, und?«

»Ja, und? KS-Outdoors hatte die Keiner-ist-reiner-Weste angelegt. Stowasser wurde zum Unternehmer des Jahres gekürt wegen seiner Produktion, die auf Daunen aus Lebendrupf verzichtet. Wegen seiner Auditierungsprozesse. Wegen seines vorbildlichen Tierschutzgedankens. Da ist es Ihnen egal, dass er illegal Daunen eingeschleust hatte?«

Bevor der Sockenstrobl noch etwas sagen konnte, grätschte der Anwalt mit schneidender Stimme dazwischen: »Mein Mandant hat Daunen gesehen, Federn, meine lieben Damen. Woher die stammen, konnte er kaum wissen. Er war an den Reptilien interessiert, und dafür werden wir uns auch verantworten.«

Irmi war klar, dass sie hier nicht weiterkommen würde. Es blieb ihr, ein gefährlich klingendes »Wir überprüfen Ihre Aussagen, Herr Strobl« auszustoßen und sich zu verabschieden. Der Kollege Walch brachte sie noch bis zum Auto.

»Komische G'schicht«, meinte er. »Strobl ist eigentlich ein Pfundskerl.« Er lachte. »Alte Familie, wissen Sie, Mühldorf vereint die Eleganz der Salzburger und die Urwüchsigkeit der Bayern.«

»Hm, da hat die Salzburger Eleganz vor Herrn Strobl aber haltgemacht«, grinste Kathi.

»Aber die Urwüchsigkeit, die hat er im Übermaß!« Man versprach, sich gegenseitig auf dem Laufenden zu halten.

Und Walch verabschiedete sich besonders bei Kathi mit dem Spruch: »Und viel Spaß mit der kurzen Hos!«

Hinterher war es an Irmi, über das Thema Flirten zu lästern.

Kathi wehrte sich aufs Heftigste. »Hör mal, der ist uralt.«

»Keine vierzig, würd ich sagen, gut erhalten, humorvoll, und sein Hintern ist auch nicht zu verachten.«

»Irmi, echt!«, sagte Kathi in einem Ton, den eine Tochter angeschlagen hätte, die ihre Mutter echt peinlich findet.

Sie waren guter Laune, trotz der Erfolglosigkeit des Unternehmens. In Partenkirchen fielen sie erst mal beim Inder ein. So hübsch dieses Mühldorf auch gewesen war, Irmi spürte, wie sehr sie diese grauen Brocken vor der Nase brauchte. Wie sehr Alpspitze und Zugspitze zu ihrem inneren Landschaftsbild gehörten. Ohne Berge waren die Bilder einfach kahl. Da fehlte was in der oberen Hälfte.

Als sie heim nach Schwaigen fuhr, spielte die Antenne mal wieder Achtzigerjahre-Musik. Das war das letzte Jahrzehnt gewesen, in dem etwas geblieben war. Schon wieder fiel ihr der »Letzte Bulle« ein. Das war ja allmählich schon bedenklich. Fehlte nur noch, dass sie sich ein Poster von Henning Baum alias Mick Brisgau aufhängte. Sie musste grinsen.

Doch ihr fielen kaum irgendwelche Songs aus den Neunzigerjahren oder aus dem ersten Jahrzehnt des neuen Jahrtausends ein, die so viel Nachhall hatten. »Sing Halleluja«, das war in den Neunzigern gewesen, glaubte sie sich zu erinnern. Von wem war das noch gewesen? Irgendwas mit einem Doktor. Und Roxette hatte es gegeben, aber die beiden Schweden hatten auch schon in den Achtzigern begonnen. Robbie Williams – ja, der würde vielleicht ein Star bleiben und die Zeiten überdauern.

Aber würden in zwanzig Jahren die Lieder all jener Damen, die alle irgendwie gleich klangen, noch irgendjemanden interessieren? Würde man in zwanzig Jahren Lady Gaga hören wollen? Oder sich die sogenannten Kabarettisten anschauen? Irmi waren die zu laut, zu proletenhaft, so wirklich lachen konnte sie darüber selten. Vielleicht war sie auch zu alt, sie war nun mal die Generation Loriot – und über den würde man sich auch in hundert Jahren noch amüsieren. Aber Gott sei Dank konnte und musste man nicht in die Zukunft sehen.

Es war so eine schnelle kurzlebige Welt geworden. Keiner konnte sein Auto mehr selber reparieren. Automechaniker waren längst Mechatroniker an einer spacigen Analysestation geworden. Ein Bügeleisen warf man weg, den Toaster auch, wenn sie ihren Geist aufgaben. Ihr Vater hatte noch alles repariert, oft ebenso beherzt wie fahrlässig. Für ihn selber und all jene, die diese Geräte mit offen liegenden Kabeln später benutzt hatten. Den Toaster hatte sie heute noch und bisher überlebt.

Irmi machte sich eine Tomatensuppe warm und aß eine Breze dazu, die auch schon bessere Zeiten gesehen hatte. Währenddessen beobachtete sie den kleinen Kater, der sich von irgendwoher eine von Bernhards Socken geklaut hatte und diese nun hingebungsvoll hochwarf. Irmi hoffte für den Kater, dass es eine frische Socke war. Obwohl, Katzen haben ja eine andere Geruchswahrnehmung …

13

Kathi rief am nächsten Morgen auf dem Handy an und berichtete, dass das Soferl die ganze Nacht gespuckt hätte und ihre Mutter auch. Und dass sie die beiden jetzt zum Arzt fahren müsse.

»Geht schon klar, dabei haben die beiden die Debreziner gar nicht gegessen«, bemerkte Irmi und wünschte gute Besserung.

Anschließend informierte Irmi ihre Leute über die Exkursion nach Mühldorf. Andrea war auch wieder sehr rührig gewesen, hatte Max Trenkle aber immer noch nicht erreichen können.

»Sollen wir den zur Fahndung ausschreiben?«, schlug sie vor.

»Na, ich weiß nicht. Mit welcher Begründung? Dass er mal mit Schlangen gearbeitet hat? Er wird ja nicht nach Australien geflogen sein?«

»Das weiß man nie«, sagte Andrea so dramatisch, dass Irmi lachen musste.

»Fahrt noch mal bei ihm vorbei«, beschloss sie. »Kontaktiert auch mal die zweite Vorsitzende und fragt sie, wo er stecken könnte. Ansonsten müsst ihr die Aussagen von Lohmüller und Strobl überprüfen. Fahrt ins Hotel Post und versucht herauszufinden, wie lange er gefrühstückt hat. Wann er am Golfplatz eingetroffen ist. Ich muss wissen, ob er nach Krün hätte fahren können. Dann bin ich mal kurz weg.«

Sie war ganz froh, dass Kathi nicht da war. Denn Kathi hätte den geplanten Besuch bei Sonja Ruf sicher nicht gutgeheißen. Bloß wegen so ’nem Gaul, hätte Kathi gesagt. Irmi wusste auch nicht so recht, warum es sie zu Sonja Ruf drängte, aber sie steckten fest, und etwas zu tun, war allemal besser als Schreibtischarbeit, aus der die Polizeitätigkeit nun mal schwerpunktmäßig bestand.

Spät hatte der Sommer beschlossen, jetzt mal so richtig zuzuschlagen. Es war neun Uhr, und draußen waren schon siebenundzwanzig Grad. Irmi trug eine leichte weite Hose und ein Leinenhemd. Draußen liefen Frauen in ebensolchen Hotpants herum, wie Kathi sie erworben hatte. Oder in Pumphosen, die selbst aus spindeldürren Mädels kleine Moppelchen machten. Genau wie diese seltsamen Oberteile, die an der Taille einen dicken Bund hatten und sich absolut figurungünstig bauschten. Männer trugen immer noch Socken in Sandalen, auch das musste Irmi feststellen. Und sie hasste Sommer, weil er einem kaschierende Kleidungsstücke wie lange Fleecepullover untersagte.

Sonja Ruf wohnte quasi hinter dem Rathaus. Eine schöne Lage war das: mitten in der Stadt und doch so ruhig. Irmi läutete, der Türsummer brummte. Sie stieg in den ersten Stock hinauf, wo ihr eine Frau die Tür öffnete, die Irmi auf Ende dreißig, Anfang vierzig schätzte. Sie war ein wenig farblos, Marke Mauerblümchen. Zwar hatte sie eine gute Figur, aber sie präsentierte sich einfach gänzlich reizlos. Langweilige Jeans – weder eng noch weit. Verwaschenes T-Shirt mit einem WWF-Logo, eindeutig zu weit. Dünne, lange Haare in Mausbraun, zum Pferdeschwanz gebunden. Blassblaue Augen unter blonden Wimpern. Die ganze Frau war irgendwie blass, und der

Urlaub hatte sie mit Sicherheit in kein Land geführt, in dem man Farbe bekommen hätte. Sie wäre die perfekte Kandidatin für eine dieser Vorher-nachher-Shows gewesen.

»Sonja Ruf?«

Die blasse Frau nickte.

Irmi zeigte ihre Marke. »Darf ich reinkommen?«

Sonja Ruf nickte wieder und ging vor, Irmi folgte ihr. Rechts führte eine Tür in eine kleine Küche, geradeaus lag das Wohnzimmer. Die Tür zum Balkon stand offen, er war mit einem grünen Netz verhängt. Draußen lagerten auf einer Bank, die mit Wolldecken belegt war, drei Katzen. Die eine war einäugig, die zweite dreibeinig, und die dritte hatte nur noch einen Stummelschwanz. Ein Dreigestirn von Versehrten, und Irmi wusste gar nicht, warum sie dieser Anblick so schlagartig in eine düstere Stimmung versetzte. Ihr Magen schmerzte, und sie verspürte Übelkeit, dabei hatten die Tiere ja Glück gehabt.

»Solche will keiner. Sind fast nicht vermittelbar, da hab ich sie behalten.«

»Schön für die Tiere«, sagte Irmi etwas lahm.

»Ich habe noch zwei weitere, die flüchten aber, sobald jemand an der Tür ist. Sie lagen in einem Sack. Ihre Mama und die anderen Geschwister waren schon tot. Sie lagen unter den Leichen ihrer Familienangehörigen.«

Warum sagte die Frau solche Sätze mit einer solchen emotionslosen Stimme? Wie viel unterdrückte Verzweiflung musste sie in sich tragen! Irmi war sehr realistisch. Sie selbst hätte nicht für eine Tierschutzorganisation arbeiten können. Immer wieder miterleben zu müssen, wie Menschen Verbrechen an Tieren begingen. Immer wieder diese

Verachtung gegenüber der Schöpfung und den Mitgeschöpfen zu erfahren. Ungerechtigkeit und Gewalt gegen Schwächere machten Irmi wütend und lähmten sie auch.

Immerhin hatte sie einen Beruf gewählt, der die Welt zwar nicht besser machte, aber ein paar Opfern zumindest die Möglichkeit einer Aufarbeitung gab. Im Lauf der Jahre hatte sie genug tote Menschen gesehen, genug Opfer von Gewaltverbrechen, deshalb war es nicht einzusehen, warum sie fünf Sätze über eine Katzenfamilie so erschütterten. Außerdem war sie eine vergleichsweise stabile Person. Wenn sie an die Chefin des Garmischer Tierheims dachte oder an Doris Blume, dann waren das Frauen, die in sich ruhten, und selbst die brachte ihre Arbeit sicher immer wieder an ihre Grenzen. Aber diesen Frauen traute Irmi Regenerationskräfte zu, Sonja Ruf hingegen nicht! Sie schien sich mit ihrer Tierschutzarbeit viel zu viel zuzumuten. Und Irmi befürchtete, dass das bei vielen Tierschützern der Fall war. Tief verwundete Seelen, die sich mit ihrem Ehrenamt noch mehr quälten.

»Frau Ruf, Sie wissen, dass Kilian Stowasser tot ist?«

»Wer wüsste das nicht?«

»Und? Gefühle des Triumphs?«

»Sterben müssen wir alle.«

»Zweifellos.« Irmi suchte den Blick von Sonja Ruf, doch die sah weg. Irmi hatte eines in ihrer Arbeit als Kommissarin gelernt: Schweigen. Schweigen wirkte auf die meisten Menschen erdrückend und versetzte sie in Unruhe. So auch Sonja Ruf.

»Sie wissen doch, dass ich Stowasser nicht mochte. Niemand bei FUF mochte ihn.«

Irmi schwieg weiter.

»Er war eine Sau. Nach außen der engagierte Unternehmer, hinter den Kulissen der bayerischen Wohlanständigkeit ein Betrüger. Einer, der Produkte aus quälerischer Tierhaltung verwendet und sich auch noch brüstet, ein Vorbild zu sein. Das ist ja noch schlimmer. Wenn ich nur aus Unwissen handle, wenn ich einfach nur lasch bin, ist das zwar auch verwerflich, aber der hat doch gewusst, was er tat.«

Sonja Ruf sprach immer noch leise und beherrscht. Sie kontrollierte ihren Hass. Sie redete wie eine Maschine. Wie ein Roboter. Diese Frau war ganz offensichtlich seelisch krank. Irmi fragte sich, wann und wo diese Beherrschung zusammenbrechen würde. Oder sie war längst gebrochen, und Stowasser hatte von ihr endlich seine Strafe bekommen?

»Dann hat die Gerechtigkeit ja nun doch noch gesiegt, nicht wahr, Frau Ruf?«

»Wenn Sie so wollen.«

»Ach, wissen Sie, ich will das eigentlich nicht. Ich halte nichts von Selbstjustiz, in dubio pro reo.«

Sonja Ruf stieß einen angewiderten Laut aus.

»Sie konnten nie beweisen, dass er wissentlich die Daunen manipuliert hat, Frau Ruf!«

»Nein, konnten wir nicht. Aber auch das wissen Sie doch.«

»Das muss frustrierend sein.«

»Tierschutz ist immer frustrierend.«

Auch das hatte Irmi nun schon aus den unterschiedlichsten Ecken gehört.

»Und dann auch noch ein Pferd zu verlieren, und das wegen der Familie Stowasser …« Irmi ließ den Satz einfach so stehen.

Sonja Ruf schwieg, aber über ihr Gesicht huschte ein Schatten.

»Wir waren am Kirnberg«, fuhr Irmi fort. »Sehr hübsch, Ihre kleine Isländerstute. Nur schade, dass sie ihren Freund Sleipnir verloren hat.«

»Ja, schade. Schade um jedes Pferd, das eingeschläfert werden musste! Schade, dass Menschen so infam und ignorant sind.« Nun war Sonja Ruf doch lauter geworden.

»Frau Ruf, ich würde jeden und jede verfluchen, wenn durch irgendjemandes Hand einer meiner beiden Kater zu Schaden käme«, sagte Irmi und betrachtete die Frau, die so wächsern war.

»Ich habe jede Menge Leute verflucht, aber niemanden ermordet. Denn das nehmen Sie doch an, oder. Deshalb sind Sie doch hier?«

»Frau Ruf, ich muss einfach die Leute unter die Lupe nehmen, die Grund gehabt haben, Stowasser zu hassen. Ich brauche Infos zu seinen Lebensumständen.«

»Die waren grandios!« Sonja Ruf klang so bitter, dass Irmi fast zurückschreckte. »Ich würde Ihnen empfehlen, sich mal anderswo umzuhören als bei FUF. Nach außen war man in der guten Gesellschaft gut Freund, doch hintenrum haben die kein gutes Haar an ihm gelassen. Wir waren immer viel zu kleine Lichtlein, um gegen Stowasser anzustinken. Er war uns immer einen Schritt voraus oder zwei.«

»Waren Sie mal in Krün?«

Irmi glaubte ein Zucken in ihrem Gesicht festzustellen, kaum merklich, aber doch vorhanden, den Bruchteil einer Sekunde Angst.

»In Krün hat er sich seine Daunen anliefern lassen, das

nehmen wir zumindest an. Er hat da ein Grundstück. Max war dort, und ich war mal mit dabei. Eine Journalistin auch, aber das Ganze ist ein Hochsicherheitstrakt. Drin war nie einer.«

»Max Trenkle?«

Ein Lächeln flog über ihr Gesicht, und sie war auf einmal viel hübscher.

»Ja, Max Trenkle, unser Vorsitzender.«

Unser Vorsitzender! So wie sie das sagte, klang das wie: O Captain, my Captain. Wie: Mein Gott und Vater. Irmi runzelte die Stirn und feuerte urplötzlich: »Waren Sie bei einem Anschlag gegen Stowasser dabei?«

»Anschlag, ich bitte Sie! Und ja, das war blöd und unüberlegt. Das hat uns Max auch klargemacht. Dass wir damit nur das Gegenteil erreichen und uns alle Sympathien verscherzen. Und wenn wir schon kein Geld haben, müssen wir wenigstens in der Bevölkerung Rückhalt bekommen. Da ist es einmal mit mir durchgegangen.«

Das klang irgendwie auswendig gelernt. Durchgegangen? Einmal? Und wenn es noch mal mit Frau Ruf durchgegangen war? Oder gar zweimal – beim Treppensturz und später in Krün?

Sie war aufgestanden. »Ich hatte mir eben Tee gemacht. Ich hole ihn. Sie können solange das hier lesen. Ich arbeite mit Worten, nicht mit Gewalt.«

Sie schob Irmi ein paar Blätter hin. Die nahm sich eines davon und begann zu lesen:

Heureka wurde von ihrer Finderin so getauft, weil sie das Glück gehabt hatte, gerade noch rechtzeitig gefunden worden zu sein. Ihr Bruder Paul wurde von einer zweiten Finderin Paul getauft, weil ein Kater einfach Paul heißen muss. Heureka und Paul kamen im Juli zur Welt. Ihre Mutter war scheu, abgemagert und ständig auf der Flucht vor den Menschen, in deren Scheune sie für die Geburt Zuflucht gesucht hatte. Und sie war verwurmt und übersät von Flöhen. Sechs Wochen lang verbarg ihre Mutter sie, und als sie dann zum ersten Mal ins Freie tapsten, kamen die jungen Tiere in einer lieblosen Umgebung an. Ständig mussten sie vor fliegenden Schuhen, vor Holzscheiten, vor Schreien flüchten. Ihre Mutter hatte keine Milch mehr und war sehr schwach. Zwei Wochen später starb sie. Heureka und Paul erwischten ab und zu von Fliegen übersäte Milch und das stinkende Futter der Nachbarskatze, die so etwas selber nie mehr gefressen hätte.

Paul und Heureka hätten gerne mit den Schmetterlingen oder den lustigen Blättern in der Luft gespielt. Aber sie konnten nur dahocken, weil das Atmen so schwerfiel. Auch das Wegrennen, und so nahmen die Finderinnen, ohne voneinander zu wissen, die beiden mit. So trennten sich die Wege von Paul und Heureka. Die Kätzin kam sofort zur Tierärztin, die sie in Quarantäne gab. Das war kein klassischer Katzenschnupfen, das war eine undefinierbare seltsame Krankheit. Paul kam ins Tierheim. Nach zehn Tagen holte die Finderin Heureka aus der Quarantäne ab. Die Kleine schnurrte zu laut, ein unangemessenes Schnurren, Todesschnurren, wie die Tierärztin das nannte. Sie erlebte einen halben Tag in Sicherheit und Hoffnung, dann wurde ihre Atmung so schlecht, dass sie eingeschläfert werden musste. Paul hatte das Tierheim erst gar nicht mehr verlassen. Auch er wurde eingeschläfert.

Nun treffen sich die Wege der beiden wieder. Heureka und Paul hatten nur kurz einen Namen und haben nur kurz gelebt: eine kurze Zeit in Angst, Panik und Krankheit.

Die eine Finderin besuchte den Hof und bot ihre Hilfe beim Einfangen wilder Katzen an. Verwies auf die Möglichkeit, dass der Tierschutz die Kosten übernähme. Sie erhielt als Antwort: »Die verrecken immer so schnell, da ist es besser, wenn neue nachkommen. Da wird nichts kastriert.« Ihre Argumente, dass die Tiere nur »verreckten«, weil sie krank waren, verhallten ungehört.

Währenddessen huschten wieder ein paar Katzen vorbei, neue Pauls und Heurekas an einem ganz normalen Herbsttag auf einem oberbayerischen Bauernhof …

Irmi schluckte. Sie wusste, dass die Geschichte von Heureka und Paul leider der Wahrheit entsprach. Sie stand beispielhaft für das Elend Tausender Namenloser. Sie wusste auch, dass sich die Berufskollegen ihres Bruders da nicht gerade mit Ruhm bekleckerten. Sie hatte sich auch ganz schön vor ihm aufbauen müssen, um eine Kastration von Kater und dem kleinen Wildfang durchzusetzen. Auch sie hasste diese Machosprüche, dass man dem Kater seinen Spaß lassen müsse. Männer reagierten beim Thema Kastration immer so panisch und irrational.

Andererseits hasste sie diese Generalverdammung aller Bauern. Es gab genug, die sich aufopferungsvoll um alle Tiere am Hof kümmerten. Sie ja auch. Irmi las weiter.

An dem wilden Leben in Freiheit ist gar nichts romantisch! Diese Tiere leben in ständigem Hunger und bedroht von Krankheiten. Durch die Raufereien ziehen sich wilde Kater schwere Verletzungen zu. Und natürlich müsste man jemanden zur Verantwortung ziehen. Das sind ja alles verwilderte Hauskatzen von verantwortungslosen Besitzern. Das sind keine wilden Löwen, die plötzlich aus Afrika zugewandert sind! Eine wilde Katze überlebt im Durchschnitt maximal zwei Jahre, eine gepflegte Hauskatze achtzehn Jahre. Rund 8,2 Millionen Stubentiger leben nach Schätzungen des Tierschutzbunds bundesweit in privaten Haushalten. Hinzu kommen rund zwei Millionen wilde Katzen – und es werden Tag für Tag mehr. Allein FUF fängt im Jahr 150 bis 200 Katzen ein und sterilisiert sie. Das sind im Jahr Kosten von 25 000 Euro. Wir stehen absolut an der Wand – finanziell und personell.

Nach dem Einsatz in Krün zweifelte Irmi keine Sekunde mehr daran, dass die finanzielle und personelle Situation katastrophal war. Trenkle wartete auf die nette Oma, die FUF ihr Hab und Gut vererbte. Was sollte er sonst tun?

Mittlerweile war Sonja Ruf mit zwei Teetassen zurückgekommen.

»Und das haben alles Sie geschrieben?«, sagte Irmi. »Sehr eindrucksvoll!«

»Danke, ja, ich mach die Pressearbeit und versuche aufzuklären. Das geht nur ein wenig plakativ und polemisch. Wir haben dieses Jahr tatsächlich mehr Bauern als je zuvor dafür gewinnen können, die Katzen auf ihrem Hof kastrieren zu lassen. Natürlich auf unsere Kosten. Wer Abertausende an Subventionen einstreicht, hat natürlich keine fünfzig Euro für eine Katze übrig.«

Eigentlich hätte Irmi nun doch eingreifen müssen, einen etwas differenzierteren Blick auf die Subventionspolitik fordern müssen – sie, die Bauerstochter. Aber sie war hier, um endlich Licht in den Fall Stowasser zu bringen, und irgendetwas sagte ihr, dass sie hier richtig war.

Sonja Ruf fuhr fort: »Ich kenne eine Biobäuerin in Franken, auf deren drei Hektar großem Getreidefeld ein Feldhamster entdeckt wurde. Der ist vom Aussterben bedroht. Wenn sie nun bis in den November hinein ein bisschen Getreide stehen lässt, dann bekommt sie fünfzehnhundert Euro pro Hektar für den Hamsterschutz. Macht bei drei Hektar viertausendfünfhundert Euro. Sie lacht sich darüber halb tot und sagt immer: Den letzten Urlaub hat mal wieder der Hamster bezahlt.«

»Aber das müsste Ihnen als Tierschützerin doch gefallen!«

»Schön für den Hamster, aber warum muss da so viel Geld fließen?«

»Weil der Hamster sonst ausgehamstert hätte?«, sagte Irmi und versuchte ein Lächeln, das ihr misslang. Diese Frau entzog ihrem Gegenüber die Energie. Ihre Schwingungen waren so negativ, dass Irmi sich müde fühlte, obwohl sie durchaus beschwingt und ausgeschlafen aufgestanden war.

»Nichts ist mehr verhältnismäßig«, sagte Sonja Ruf. Irmi registrierte ein leichtes Zittern ihrer Hand, die die Teetasse hielt.

»Und deshalb hassen Sie auch Stowasser?«

»Ich hasse ihn nicht. Ich halte ihn für verachtenswert.«

»Und seine Frau? War es nicht unerträglich, dass ausgerechnet diese Frau dann auch noch Pferde in Ihren Stall stellt?«

»So was entscheidet immer noch der Stallbesitzer.« Sonja Ruf hatte sich wieder auf diesen Roboterton verlegt.

»Frau Stowasser war schuld am Tod Ihres Pferdes!«

»Schuld – Sie sind doch Gesetzeshüterin? Reden Sie von der Vorwerfbarkeit einer Straftat? Ist das ihre Schuld? Oder reden wir von Sünde im religiösen Sinn? Oder geht es um ethische Fragen? Wie schuldfähig war Frau Stowasser?«

»Mit Verlaub, Frau Ruf, ich bin nicht gekommen, um eine moraltheoretische Diskussion über Schuld mit Ihnen anzufangen. Was zweifellos zwar interessant wäre, aber ich hab's gerne etwas konkreter. Also: Frau Stowasser brachte ihre neuen Pferde in Ihren Stall. Wie hat sich das angefühlt?«

»Liliana war so eine, die es gut meinte. Sie war leichtgläubig. Sie hat in einer Parallelwelt gelebt. Sie hatte immer Geld im Überfluss und einen Mann, der im Zweifelsfall noch ein paar Tausender ins Spiel geworfen hätte. Sie hat diese Pferde doch auch geliebt. Und dass sie andere Tiere gefährdet hat, das hat sie ja nicht gewusst. Ihre Pferde mussten auch gehen. Sie hat dann auf dem Markt in Miesbach neue geholt und vorm Schlachter gerettet. «

Irmi war wieder irritiert, doch sie setzte auf Schweigen. Das wirkte.

Sonja Ruf fuhr fort: »Wenn schon Schuld, dann liegt die bei dieser ganzen Pferdeschieber-Mafia. Bei den Leuten, die solche Tiere ins Land bringen. Bei den skrupellosen Pferdehändlern.«

»Frau Stowasser stand schon vor den rumänischen Pferden im Fokus des Veterinäramts im Ostallgäu, wegen ihrer schlechten Pferdehaltung. Wussten Sie das?«

»Nein, das wusste ich nicht. Ihr Stall am Kirnberg war vielleicht etwas vernachlässigt, aber den Pferden ging es gut. Wie soll ich sagen: Liliana war nicht ganz aus dieser Welt. Musste sie auch nicht, sie war nie in der Situation, dass man Miete bezahlen muss. Dass man am Monatsende nicht mal mehr ein Brot kaufen kann. Dass man Ärger mit Telefongesellschaften oder Versicherungen hat. Das wurde alles von ihr abgehalten. Ich bezweifle sogar, dass sie wusste, wie man ihr Auto betankt.«

»Als sie die Treppe hinuntergestürzt ist, waren auch Sie vor Ort!«

»Ja, ich wurde dazu auch mehrfach von Ihren Kollegen aus Weilheim befragt. Ich war gerade auf der Toilette, als es ganz furchtbar rumpelte. Als ich herauskam, lag sie unten an der Treppe. Ich bin hinuntergerannt, doch sie bewegte sich nicht mehr. Als ich geschrien habe, kam die Mutter vom Anton und hat den Notarzt gerufen. Und Kilian Stowasser. Der war schneller da als der Notarzt.«

»Sie betonen das so seltsam?«

»Als ich auf dem Klo saß, schaute ich zum Fenster hinaus. Es war ja schon dunkel. Ich hatte den Eindruck, dass hinter den Bäumen ein großer Jeep stand. Erst später fiel mir ein, dass die Form, dieses Eckige, eigentlich ausgesehen hatte wie Stowassers Hummer. Aber wie gesagt, es war dunkel.«

Irmi starrte die Frau an. Sie kippte fast ihren Tee aus. »Aber das haben Sie nie zu Protokoll gegeben?«

»Das drang erst später in mein Bewusstsein. Und dann,

was denken Sie? Wer hätte mir denn Glauben geschenkt? Die hätten doch alle gedacht, ich würde auf perfide und gar blasphemische Weise Kilian Stowasser zu Unrecht beschuldigen. Max hat mir auch abgeraten.«

»Max Trenkle wusste davon?«

»Ja, ich musste doch mit jemandem reden. Ich war aufgewühlt.«

Immer wieder Max Trenkle! Alles lief bei ihm zusammen. Trenkle war ein Schlangenflüsterer gewesen. Auf der Achse Rheinberg-Australien-Südafrika. Was denn, wenn Trenkle Stowasser erpresst hatte? Damit, dass der seine Frau die Treppe hinuntergestürzt hatte? Aber Stowasser konnte sie nicht mehr fragen. Der war in die ewigen Schlangen-Jagdgründe eingegangen. Oder noch anders: Die Marketing-Brünhilde hatte auch gewusst, dass ihr Schwager beim Tod der Schwester vor Ort gewesen war. Hatte sie die Schwester gerächt?

Jeder fütterte sie hier mit winzigen Bröckchen. Es schwirrten so viele Puzzlestückchen herum, aber die Teilchen fanden alle keine passende Aussparung. Sie musste endlich eine Ecke zusammenfügen, damit sie sich allmählich in die Mitte des Puzzles vorarbeiten konnte. Und welches Bild würde da entstehen? Das Gesicht von Max Trenkle? Das von Isabella Rosenthal?

»Und wo waren Sie noch mal?«

»Auf der Toilette, hab ich doch gesagt. Und die liegt oben an der Treppe. Drum hab ich das Gepolter doch auch nur gehört!«

Irmi betrachtete die Frau, deren Blässe eher noch zunahm. »Frau Stowasser war an dem Tag ziemlich betrunken. Hat sie öfter getrunken?«

»Bier im Stall, mal einen Schnaps. Prosecco. Auf mich hat sie eigentlich recht nüchtern gewirkt an dem Abend.«

Ja, das war ein Kennzeichen von Alkoholikern, man merkte lange nichts. »Waren Sie betrunken?«

»Was soll das eigentlich? Nein, ich war nicht betrunken. Ich hatte mein Auto dabei. Ich hab ein Glas Prosecco getrunken, sonst nur Wasser.«

Irmi nickte und sah zum Balkon hinaus. »Frau Ruf, Sie waren in Urlaub?«

»Ja, ich war auf einem Treffen europäischer Tierschutzorganisationen in Berlin.«

»Von wann bis wann?«

»Nur übers Wochenende bis zum Dienstag.«

»Und wo waren Sie Dienstag vor einer Woche?«

»Ist da Stowasser gestorben?«, fragte Sonja Ruf, doch irgendwie hatte Irmi das Gefühl, dass die Frage zu schnell kam. Außerdem hatte das auch in der Zeitung gestanden.

»Wenn Sie dabei gewesen sind, wissen Sie es ja«, sagte Irmi.

»Warum sollte ich dabei gewesen sein? Ich hab Ihnen schon mal gesagt, dass ich ihn verachtet habe, aber ich bin keine Mörderin!«

»Sagen Sie mir trotzdem, wo Sie an besagtem Dienstag waren?«

»Hier, ich habe an meinen PR-Materialien gearbeitet.« Sie stockte kurz. »Und als Zeugen kann ich meine Katzen benennen.«

»Frau Ruf, Sie verbringen viel Zeit mit Ihrer Tierschutzarbeit.«

»Wollen Sie damit sagen, dass ich gefälligst was Gescheites arbeiten sollte?«

»Ich habe keinerlei Hintergedanken damit verbunden«, behauptete Irmi.

»Ich bin Chemielaborantin bei Roche in Penzberg. Ich bin noch krankgeschrieben. Vor zwei Monaten hatte ich eine schwere Operation. So einfach ist das. Ich bin keine Liliana Stowasser, die immer ins watteweiche Bettchen gefallen ist.«

Chemielaborantin! Die kannte sich doch sicher auch mit Gift aus. Irmis Blick schweifte durch das Zimmer. Die Naturholzregale waren voller Tierbücher. Einige Fächer waren leer, und es lagen Kissen darin. Irmi nahm mal an, dass sie den Katzen als Aussichtsplätze dienten. Im obersten Regal standen eine Pappschachtel, die mit den Raffael-Engeln bedruckt war, und ein kleiner Kaktus. Mein kleiner grüner Kaktus ... Irgendwie passte der zu Sonja Ruf. Irmi konnte sich nur schwerlich vorstellen, dass jemand dieser Frau opulente rote Rosen vorbeibrachte. Oder Sonnenblumen – die noch weniger.

Die stummelschwänzige Katze war hereingekommen. Sie strich um Irmis Beine und sprang auf ihren Schoß. Dann begann sie zu schnurren, was eher dem Gurren einer Taube glich. Normalerweise hätte Irmi damit gerechnet, dass Sonja Ruf nun etwas sagen würde wie: Das macht sie sonst nie. Da dürfen Sie sich was drauf einbilden. Katzenbesitzer sagten immer solche Sachen. Aber Sonja Ruf schwieg und nippte an ihrem Tee.

»Frau Ruf, Sie sind eine kluge Frau. Sie haben Stowasser lange Zeit ver...«

»Wollten Sie verfolgt sagen?«

»Eher ... verdammt. Ich habe manchmal akute Wortfindungsstörungen.«

Es war das zweite Mal, dass über Sonja Rufs Gesicht ein Lächeln huschte. Warum kam Irmi nur auf die Idee, dass dieser Frau niemand rote Rosen schenkte? Ihr schenkte doch auch keiner Rosen, egal welcher Farbe. Nun ja, ganz stimmte das nicht. Sie hatte von *ihm* immer mal wieder Rosen bekommen, gelbe und orange, weil *er* immer gesagt hatte, dass Irmi keine »Rote« sei.

Manchmal liebte sie ihn wie verrückt. So sehr, dass es wehtat. Und wünschte sich, einfach nach Hause kommen zu können, wo *er* auf sie wartete. Mit oder ohne Rosen. Wo sie einfach nur auf dem Hausbankerl sitzen würden und in die Nebelschwaden sehen, die aus dem Moor aufstiegen. Rehe beobachten und schweigen. Aber das war doch Pilcher-Romantik, oder nicht? Die Realität ihrer liierten Freundinnen sah anders aus. Lissis Alfred würde nie nutzlos herumsitzen oder gar Rehe betrachten. Sie alle hatten ihren Alltag, und der war höchst selten romantisch. Und wenn Irmi dann wirklich in letzter Konsequenz durchdachte, ob sie wirklich mit *ihm* hätte zusammenleben wollen, war sie sich nie sicher, was sie ankreuzen würde: Ja, nein, weiß nicht?

Irmi schüttelte diese Gedanken ab. »Sie kennen Stowasser. Wer war denn Ihrer Meinung nach derjenige, der ihn am meisten gehasst hat? Seine Kollegen? Unternehmer, die auch gern den Preis gehabt hätten? Sie haben das alles doch sicher mitverfolgt?«

Sonja Ruf schüttelte den Kopf. »Eine Krähe hackt der anderen kein Auge aus. Irgendwie stecken diese Groß- und Kleinkapitalisten doch alle unter einer Decke. Sie sollten nicht nach demjenigen fragen, sondern nach derjenigen.«

Irmi fühlte Adrenalin einströmen. Würde nun doch der Name Isabella Rosenthal fallen?

»Diese Journalistin hat ihn gehasst!«

»Tina Bruckmann?«

»Ja, genau die.«

»Warum denn?«

»Sie wollte ihm das Handwerk legen. Nicht weil sie darauf hofft, dass ihr dann der Spiegel ein Angebot macht. Nein, es ging ihr wirklich um Ehrlichkeit und Aufklärung. Und Kilian Stowasser hat sie überall unmöglich gemacht. Sie darf ja nur noch Umfragen machen und harmlose Geschichten. Keine Wirtschaft, keine Politik. Sie war auch mal mit Max vor Ort in Krün. Sie hatte viele Fotos. Auf ein paar konnte man den Fahrer gut erkennen. Wenn jemand weiß, wann diese Lkw kommen, dann sie.«

War das eines der eckigen Puzzlestücke, die sie so dringend suchte? Aber wie hätte Tina Bruckmann an Mambagift gelangen sollen? Über Max Trenkle?

»Kannten sich Max Trenkle und Tina Bruckmann denn gut?«, fragte Irmi vorsichtig.

»Wir hatten alle ein gemeinsames Anliegen.« Da war wieder diese Roboterstimme.

Irmi versuchte, Sonja Ruf weiter aus der Reserve zu locken. »Man hört, Max Trenkle würde gerne flirten, und Tina Bruckmann ist sehr attraktiv.«

»Wenn Sie das finden!«

Sie war nicht so cool, wie sie tat. »Frau Ruf, wenn Sie irgendetwas wissen, dann sagen Sie mir das jetzt bitte!«

»Da gibt es nichts zu erzählen!«

Die Katze hatte die Augen geöffnet und hüpfte elegant von Irmis Schoß, wo sie jede Menge Haare hinterließ.

»Ich hab kürzlich mal den Satz gelesen: Eine Wohnung ohne Katzenhaare ist wie eine Küche ohne Herd.«

»Nett«, sagte Sonja Ruf. »Muss ich mir merken.«

Irmi hätte sie am liebsten geschüttelt. Hätte sie angebrüllt: Mensch, red doch mit mir. Rede mit der Welt. Verschanz dich nicht hier in deiner Wohnung, und versteck dich nicht hinter deiner Tierschutzarbeit. Stattdessen sagte sie in ruhigem Tonfall: »Frau Ruf, noch eine letzte Frage: Wir versuchen seit einigen Tagen vergeblich, Max Trenkle zu erreichen. Wissen Sie, wo er sich aufhält?«

»Nein. Er meldet sich nicht täglich bei mir ab.«

Auch das kam zu schnell, dachte Irmi. »Es hätte ja sein können, dass Sie über eine geplante Reise oder Ähnliches informiert sind.«

»Nicht, dass ich wüsste.«

Irmi verabschiedete sich und ging die Stufen im kühlen Treppenhaus hinunter. Als sie wieder auf der Straße stand, schlug ihr eine Wand aus Saunaluft entgegen.

Sie blinzelte. Was sollte sie von alledem halten? Sie blendete Lohmüller und Strobl mal aus, den knackigen Hundegger auch. Sie betrachtete das Dreigestirn Sonja Ruf, Tina Bruckmann und Max Trenkle. Wie hingen diese drei zusammen? Was, wenn sie alle gemeinsame Sache gemacht hatten? Sie wusste nicht genau, warum, aber sie ging gleich um die Ecke in den Laden »Blumen Rosl« und kaufte eine Sonnenblume im Töpfchen. Die reizende Auszubildende hatte augenscheinlich Spaß an ihrem Job und schaffte es, die negative Aura einer Sonja Ruf zu vertreiben.

Als Irmi ihr Handy wieder einschaltete, fand sie einen Anruf des Schlangenmanns vor und rief zurück.

»Frau Mangold, ich wollte Sie nicht stören, aber Bavariansnake hat mich doch etwas umgetrieben. Ich weiß ja nicht, ob Sie …«

»Ob ich Ihnen was erzählen darf?«

»Ja, genau.«

»Nun, ich kann Ihnen auf jeden Fall sagen, dass es den Tieren bei der Bayerischen Schlange, die figürlich sehr wenig von der Gestalt dieser eleganten stromlinienförmigen Tiere hat, nicht nur gut, sondern exzellent geht.« Irmi berichtete von der Anlage beim Sockenstrobl. »Natürlich hält er Tiere, die unter Artenschutz stehen. Da wird noch einiges auf ihn zukommen.«

Irmi überlegte kurz, aber was hatte sie zu verlieren? Sie hatte den Schlangenmann sowieso schon viel zu weit in die Sache hineingezogen. »Er hat die Schwarze Mamba ein paar Tage, bevor Stowasser gestorben ist, noch gesehen«, berichtete sie.

Der Schlangenmann pfiff durch die Zähne. »Dann spricht aber vieles dafür, dass sie noch da ist.« Besorgnis lag in seiner Stimme.

»Das befürchte ich eben auch.«

»Soll ich noch mal suchen? Ich meine, die letzten Tage war es ja ruhiger da oben, oder? Vielleicht finde ich sie doch noch. Besser, als wenn ein Anwohner über sie stolpert. Vor ein paar Jahren hatte in Peißenberg ein Mann am Gartenteich eine Mamba entdeckt. Panik brach aus, es gab einen Polizeieinsatz und einen Anruf bei mir. Ich konnte den Mambajäger beruhigen und ihm durch einfühlsames Zureden dann einiges über die Optik und das Verhalten des Tiers am Gartenteich entlocken. Dann gab es zum Glück Entwarnung: Die Mamba entpuppte sich als Ringelnatter, und die gehören durchaus auch nach Peißenberg! Was aber, wenn es andersrum läuft? Jemand entdeckt Stowassers Mamba und hält sie für eine Natter … Nicht auszudenken!«

»Stimmt, wenn Käthe am Gartenteich der Anwohner aufkreuzt, schaut es schlecht aus«, warf Irmi ein.

»Wie?«

»Die Mamba heißt oder hieß Käthe.«

»Du meine Güte, ja, das ist mal wieder typisch. Die meisten Halter verstehen das Wesen dieser Tiere nicht. Das sind keine Käthes. Schlangen erkennen ihren Besitzer gar nicht, Echsen reagieren zwar auf die Stimme und das Bewegungsmuster desjenigen, der sie füttert, aber sie begrüßen Herrchen deswegen trotzdem nicht schwanzwedelnd. Wenn ich so einem Leguan über den Kopf streiche, schließt der die Augen. Süß, der kleine Genießer, mag man denken. Aber das Tier blendet das einfach aus. Von Freude oder wohligem Genuss ist es weit entfernt. Ich könnte Ihnen Geschichten erzählen. Da wird mir ein Grüner Leguan gebracht, weil er gebissen hat. Aber das Tier hat mir so nett zugenickt, erzählt das Opfer. Das bedeutet aber beim Leguan: Verpiss dich. Das Tier hat ganz angemessen reagiert. Seine Drohgebärde wurde einfach ignoriert.«

»Sie sagen, Schlangen erkennen die Bewegungsmuster. Wann würde so eine Käthe denn zubeißen?«

»Sie können im Prinzip schon in so ein Terrarium reinfassen, wenn das dem Ritual entspricht. Aber wenn es Lärm gibt, Baumaßnahmen, Vibrationen, wüstes Rumgebrülle, kann es schon sein, dass so ein Tier aggressiv wird. Auf Ungewohntes reagieren diese Tiere schon mal mit Abwehrbissen. Vorstellbar wäre auch, dass das Tier Futtergeruch wittert, also Duftstoffe mit der Zunge aufnimmt, dann würde es auch zustoßen.«

»Gut, aber das weiß der Profi doch, oder?«

Er schien zu überlegen. »Schon, Frau Mangold, aber es könnte ja mal sein, dass einer eine Jacke oder eine Schürze oder Latzhose oder was weiß ich zum Beispiel neben den toten Küken aufgehängt hatte. Oder jemand hat diese Schürze achtlos auf die Futtertiere geworfen, dann würde das Kleidungsstück den Geruch doch annehmen. Und dann zieht es jemand unwissentlich an, die Schlange nimmt Futtergeruch wahr und stößt zu.«

Er schwieg, Irmi auch. Das war eine ungeheuerliche Idee. Einen Biss zu provozieren. Ginge das? Das wäre ja der perfekte Mord! Und wer würde so was bewerkstelligen können? Max Trenkle? Aber wie hätte der so nahe an Stowasser herankommen sollen? Wie hätte der auf das Anwesen gelangen können? Es gab viel zu viele Ungereimtheiten.

»Ich würde gern noch einmal nach Käthe suchen«, sagte der Schlangenmann nach einer Weile, während der sie beide geschwiegen und sich nicht getraut hatten, den ungeheuerlichen Gedanken zu formulieren.

»Das wäre sicherlich sinnvoll. Darf ich später noch mal anrufen?«, fragte Irmi.

»Sicher.«

Irmis Hand hielt weiterhin das Telefon umklammert. Es war, als könne sie nicht auflegen. Der Schlangenmann räusperte sich und sagte dann sehr leise: »Angenommen, jemand hat wirklich Kleidung präpariert und damit einen Biss provoziert …«

»Aber das ist doch mehr als unwahrscheinlich, oder?« Irmis Stimme klang flehentlich.

»Aber eben nicht ganz auszuschließen.« Nun flüsterte er fast.

Irmi verabschiedete sich und legte schließlich auf. Ihr Herz klopfte wie rasend. Als wolle es sich selbst überholen.

Auch wenn die Idee auf den ersten Blick abstrus war, rief sie trotzdem den Hasen an und bat ihn, die Kleidung von Stowasser auf Spuren von tierischem Blut zu untersuchen. Von Küken oder Mäusen. Irmi konnte sich den Gesichtsausdruck des Kollegen vorstellen, als er ihre Bitte kommentierte mit einem: »Was Ihnen immer einfällt!« Dass Irmi dann auch noch »und bitte schneller als der Schall« hinterherschickte, empfand er als Beleidigung höchsten Grades, und Irmi überlegte jetzt schon, wie sie den Hasen später wieder milde stimmen konnte.

Irmi sah auf die Uhr. Es war kurz vor zwei, als sie im Büro war. Sie stellte die Sonnenblume auf den Tisch von Andrea, die Irmi überrascht und erfreut ansah.

Andrea konnte mit der Nachricht aufwarten, von der Irmi insgeheim gehofft hatte, dass sie sie nicht erhalten würde: Strobl hatte das Hotel so spät verlassen, dass er niemals nach Krün hätte fahren können. Das wussten die Mitarbeiter des Hotels so genau, weil der gute Sockenstrobl den Mädchen an der Rezeption noch Socken aus seinem Sortiment verpasst hatte. Er hatte sie ihnen eigenhändig angepasst, wahrscheinlich, um ihnen unter die Dirndlröcke zu spechten. Am Golfplatz hatte er noch mit dem Greenkeeper geplaudert, der konnte sich auch noch gut erinnern, wann das gewesen war, weil er auf die Uhr gesehen hatte. Der Herr der Greens hatte ebenfalls Socken bekommen – war schon ein echter Gönner, der Strobl. Dabei war es im Falle des Greenkeepers wohl kaum um die tieferen Einsichten und die schlanken Fesseln gegangen …

Irmi seufzte. Strobl wäre so ein schöner Mörder gewesen. Er hätte das Wissen gehabt und Zugang zu Stowassers Bernsteinzimmer. Und er hatte eine DNA-Probe abgegeben, die mit den Spuren in Krün übereinstimmte. Klar, er hatte ja auch nie geleugnet, dort gewesen zu sein! Verdammt und zugenäht!

Irmi verzog sich in ihr Büro, um nachzudenken. Das Ergebnis war so einfach wie kompliziert: Es musste Bewegung in die Sache kommen, sie musste ein paar Leute aus der Reserve locken. Sie musste einfach ein bisschen unkonventionell werden.

Das Wort unkonventionell hatte einen so positiven Klang. Unkonventionelle Menschen waren frei und unbeugsam, hatten Neider. Unkonventionelles Denken hatte die Welt bewegt. Sie war Beamtin, eigentlich war so etwas für sie nicht vorgesehen, und was da allmählich in ihrem Kopf reifte, hätte sie bei jedem anderen als unbedacht verurteilt.

Als sie zum Telefon griff und Tina Bruckmann anrief, war es schon zu spät. Die Räuberpistole ging ihr leicht von den Lippen. Es war auch alles ganz einfach. Sie dankte Tina Bruckmann für den sachlichen Artikel und sagte ihr noch einmal, wie sehr sie Bruckmanns seriösen Stil schätze. Und dass sie ihr nun quasi als Dank doch eine kleine Information zukommen lassen wolle.

»Wissen Sie, Frau Bruckmann, mir wäre wirklich sehr daran gelegen, dass die Erstveröffentlichung einen seriösen Anstrich hat. Sie können Ihre Geschichte ja sicher auch dem Bayernteil zur Verfügung stellen, dann wissen die

Leser hier in Südbayern zumindest die Wahrheit, bevor die Boulevardmagazine sich drauf stürzen.«

»Ich versteh Sie also richtig, Frau Mangold? Sie haben morgen im Lauf des Vormittags ein Gespräch mit jenem Tschechen, der Stowasser beliefert hat. In Krün. Und der Mann hat Ihnen aufschlussreiche Neuigkeiten versprochen?«

»Ja, genau. Ich arbeite mit den Kollegen in Tschechien zusammen, und in dem Moment, wo ich die komplette Geschichte kenne, würde ich Sie kontaktieren und Ihnen exklusiv Bericht erstatten. Sie müssten mir allerdings einen Platz in der Samstagsausgabe frei halten.«

»Rechnen Sie damit, etwas über den Daunenbetrug zu erfahren und über den Mord?«

»Ja«, sagte Irmi ganz schlicht. Damit hatte sie sich nicht festgelegt, ob es um die Daunen oder den Mord gehen würde.

Der Köder war ausgelegt, Irmi war in Schwung und wählte gleich anschließend Sonja Rufs Nummer.

»Frau Ruf, entschuldigen Sie, dass ich Sie noch mal überfalle, aber manchmal überschlagen sich die Ereignisse.«

»So«, sagte Ruf nur.

»Ja, ich will ganz offen zu Ihnen sein. Ich brauche Sie morgen gegen Mittag für eine Art Gegenüberstellung. Wir stehen im Begriff, jenen Tschechen zu verhaften, der Stowasser beliefert hat. Da wir Ihren Vorsitzenden nicht erreichen konnten, können Sie den Mann doch sicher identifizieren. Sie waren ja auch in Krün dabei und haben den Mann gesehen. Ohne Zeugen kann er sich damit herausreden, dass er nur das eine Mal … Sie verstehen. Aber wenn wir ihm nachweisen können, dass er öfter in Krün war, dass also alle zwei Wochen immer derselbe Fahrer vor Ort war, dann haben wir ihn. Außerdem suchen wir dann gleich noch Stowassers Handy. Es muss noch in Krün sein, und ich gehe davon aus, das diese tschechische Nummer mehrfach auf den Anruflisten auftaucht.«

Sonja Ruf sagte einige Sekunden nichts. Dann fragte sie leise: »Und den Mann nehmen Sie wo fest?«

»Na, ich hoffe doch morgen Mittag in Krün«, sagte Irmi lachend. »Oh, das behalten Sie besser für sich! Kann ich auf Sie bauen?«

»Ja, sicher! Erwarten Sie denn Aufschluss über den Tod von Kilian Stowasser?«

»Natürlich, aber mehr kann ich Ihnen wirklich nicht sagen.« Irmi gab sich aufgeräumt. »Wir stehen vor dem Durchbruch, und für Sie muss es doch auch eine Genugtuung sein, wenn die Öffentlichkeit erfährt, dass Stowasser wirklich betrogen hat.«

Irmi legte auf und hörte hinter sich ein Geräusch. Sie fuhr herum. Im Türrahmen zwischen ihren beiden Büros stand Kathi. Anders, als man es von ihr gewöhnt war, flüsterte sie fast. Es war klar, dass sie alleräußerste Beherrschung aufbot.

»Wie alt bist du, Irmi?«

»Du weißt doch, wie alt ich bin.«

»Ja, das weiß ich. Aber ich wusste nicht, dass man mit knapp über fünfzig schon unter Altersdemenz leidet. Bist du über Nacht wahnsinnig geworden, oder was?«

»Wie lange stehst du da schon?«

»Lange genug, um deine zwei seltsamen Geschichten zu hören. Was treibst du da?«

»Setz dich. Warte mal kurz, ich schenk dir ein Wasser ein …«

»Ich will kein Wasser eingeschenkt haben, höchstens reinen Wein. Was tust du hier?« Jetzt war sie wieder auf dem Kathi-Level, und man konnte sie sicher auch noch unten auf der Straße hören.

Irmi schloss beide Türen und begann zu erzählen. Vom Gespräch mit Sonja Ruf. Wie komisch diese Frau ihr vorgekommen war. Dass sie indirekt Tina Bruckmann beschuldigt hatte. Dass Käthe vielleicht doch noch da war. Dass man eventuell so einen Biss provozieren konnte.

»Du hast sie nicht mehr alle! Das ist keine Demenz, das ist der galoppierende Wahnsinn! Was bezweckst du damit?«

»Kathi, lass uns doch einfach mal sehen, ob eine der beiden Frauen morgen in Krün auftaucht. Wenn eine von ihnen etwas mit dem Tod von Stowasser zu tun hat, dann kommt sie. Dann will sie verhindern, dass der vermeintliche Tscheche aussagt. Dann konfrontieren wir die Dame mal mit der Wahrheit, und ich bin überzeugt, dass wir dann ein Geständnis oder zumindest eine Erklärung bekommen. Sonja Ruf ist sehr dünnhäutig, die bricht zusammen, und Tina Bruckmann ist zu intelligent, um nicht rechtzeitig aufzugeben. Wir wissen, dass eine dritte weibliche DNA am Tatort gefunden wurde, so abwegig ist meine Idee ja nun nicht!«

Kathi saß da und schüttelte den Kopf. Immer wieder. Ihr brünettes Haar flog nur so.

»Was soll denn schon groß passieren?«, fragte Irmi. »Wir wollen doch nur wissen, wer sich besonders interessiert. Vielleicht kommt ja auch Trenkle. Vielleicht informiert eine der beiden den guten Max, den wir nicht erreichen können. Wie auch immer, es kommt Bewegung ins Spiel.«

»Bewegung? Irmi, du bist mehr als irr, oder! Was, wenn Mister oder Misses Unbekannt dir eine Giftspritze in den Wanst jagt?«

»Danke!«

»Wie jetzt danke?«

»Für den Wanst, den du natürlich nicht hast.«

»Irmi, mir ist es völlig egal, ob das ein Wanst oder eine Wampe ist oder ein Waschbrett. Und wenn dir jemand eine Spritze in den völlig fettfreien Knöchel oder in die Schläfe haut, auch gut. Das ist doch gefährlich, was du da vorhast, oder! Außerdem sagst du dauernd: Lass uns mal sehen. Wer ist ›uns‹?«

»Ach, komm, Kathi, seit wann bist du denn so ein Hasenfuß? Ich dachte, du bist dabei. Wahrscheinlich kommt gar niemand, und wir sind so schlau wie vorher. Und lange werden wir sowieso keine Rechtfertigungsgründe mehr finden, dass wir immer noch an einem Fall herumtüfteln, bei dem wir nicht mal wissen, ob es Mord war. Bevor die Staatsanwaltschaft uns abzieht, will ich das noch versuchen. Aber du musst natürlich nicht mitkommen.«

Kathi starrte Irmi an. »Ja klar, noch besser. Ohne Zeugin nützt dir die ganze Aktion doch gar nichts. Gut, ich komme mit – und sei es nur als Schutz!«

14

Sie waren schon um sieben Uhr morgens in Krün. Nebel stieg aus den Feldern, kein Wunder, nach all der Feuchtigkeit von oben, irgendwann konnte der Boden nichts mehr aufnehmen. Sie hatten den Wagen weiter unten in einer Seitenstraße stehen gelassen, und Kathi maulte über den strammen Fußmarsch von gut zehn Minuten.

Die Tore zum Anwesen waren geschlossen. Nach der Befreiung der Tiere hatten sie mit dem Türöffner aus Kilian Stowassers Herrenhandtäschchen die Tore zugemacht und damals schon festgestellt, dass man verdammt auf die Tube drücken musste, um durch beide Tore zu kommen, bevor diese rasend schnell wieder zugingen. Als Irmi mit dem Schlangenmann dort gewesen war, hatten sie ihre Autos jedes Mal zu Höchstleistungen getrieben, und als sie nun den Türöffner drückte, mussten sie und Kathi richtiggehend sprinten, um durch beide Tore zu kommen.

Sie betraten den Stadl, der die Geheimtreppe in die Katakomben barg. Vom Obergeschoss des Stadls, in dem grablig riechendes Heu lagerte, hatte man einen wunderbaren Weitblick übers Gelände. »So ein Zeug haben die den Pferden zum Fressen gegeben«, murmelte Irmi.

»Und wie stellst du dir das nun vor?«, fragte Kathi. »Wenn draußen wirklich Ruf, Bruckmann oder Trenkle vorfahren, was machen wir dann?«

»Erst mal abwarten und beobachten.«

»Grandioser Plan! Mensch, Irmi!«

»Jetzt wart doch mal«, sagte Irmi und reichte Kathi einen Becher Kaffee aus der Thermoskanne.

»Wir sind doch nicht auf einem Jagdausflug und warten am Ansitz. So ein Schwachsinn!«, maulte Kathi, trank den Kaffee dann aber doch.

Während Kathi weiter irgendwelche Tiraden abließ, blickte Irmi über das Gelände. Da waren diese vier Hügel unter den Planen gewesen, da hinten in dem Flachbau die beiden Hunde Mama und Schoko. Die Bilder der Erinnerung waren grausam. Sie sprangen einen einfach ohne Vorwarnung an. Sie musste sich unbedingt mal nach den beiden erkundigen. Das würde sie tun, sobald diese Geschichte hier endlich abgeschlossen war.

»Da«, stieß Kathi plötzlich aus.

Tina Bruckmann kam die schmale Straße herauf. Sie ging dicht an der Hecke entlang und sah sich immer wieder um. Um den Hals hatte sie eine Kamera mit einem großen Teleobjektiv hängen. Sie huschte am Wendehammer mit dem elenden Birkenstängel vorbei und nach links, hinein in einen kleinen Hain aus Haselnusssträuchern.

»Hast du dir eigentlich überlegt, dass diese Bruckmann ja auch bloß deshalb hierhergekommen sein könnte, weil sie eine coole Story wittert?«, fragte Kathi und flüsterte auf einmal.

»Ja, natürlich. Und wenn, dann ist es ja auch gut«, sagte Irmi lahm.

»Auch gut«, äffte Kathi sie nach. »Auch gut und völlig sinnlos. Und deshalb bin ich um halb sechs aufgestanden und frier mir hier den Arsch ab?«

»Da ist ja nicht viel zum Abfrieren«, konterte Irmi grinsend und beobachtete das Gebüsch, in dem Tina Bruckmann verschwunden war.

Bevor Kathi noch etwas sagen konnte, hörten sie ein Motorengeräusch. Ein Polo kam die Straße hoch und hielt vor dem Tor. Jemand stieg aus. Sonja Ruf, ohne Zweifel. Irmi und Kathi konnten beobachten, wie sie den alten Schuppen außerhalb der Mauer aufstieß, der seit ihrem letzten Besuch noch windschiefer wirkte, und den Wagen dann rückwärts dort hineinsetzte.

»Das hat die doch schon öfter gemacht«, flüsterte Kathi. »Das wirkt ja, wie wenn sie da ständig parken tät, oder?«

Sonja Ruf stellte sich vor das Tor, die Handbewegung war kaum wahrnehmbar, doch das Tor ging auf wie von Geisterhand.

»Scheiße!«, entfuhr es Irmi.

»Die hat einen Türöffner!«, rief Kathi und schlug die Hand vor den Mund.

Doch Sonja Ruf schien sie nicht gehört zu haben, denn ein lautes Röhren zerschnitt die Stille weit mehr als Kathis Ruf. Ein Lkw älterer Bauart schepperte heran, fuhr auf das sich bereits wieder schließende zweite Tor zu. Es ging wieder auf und blieb halboffen stehen. Das erste Tor verharrte ebenfalls in der halb geöffneten Position.

Die Reifen des Lkws ließen die Kiesel nach hinten wegspritzen, bis der Wagen mitten auf dem Vorplatz stand. Sonja Ruf war herumgefahren und starrte den Lkw an.

»Wo kommt der denn auf einmal her?«, wisperte Kathi.

»Die Lkw sind doch immer samstags gekommen, heute ist aber Freitag. Vielleicht hatte Stowasser ihn einen Tag früher bestellt? Der Fahrer weiß vermutlich gar nicht, dass Stowasser tot ist. Verdammt!«

Irmi verspürte Angst. Schlagartig. Die ganze Sache hier entglitt ihr. Das war völlig anders geplant gewesen. Sie starrten hinunter. Der Mann war aus dem Führerhaus gesprungen.

»Warum Tür so schlecht offen? Wo ist Kilian? Wenig Zeit. Tiere mussen schnell runter, muss schnell weg.«

Es war offensichtlich, dass weder Sonja Ruf noch der Mann mit dieser Situation gerechnet hatten. Sonja Ruf zitterte leicht. Sie war weiß wie eine Wand.

»Was haben Sie dabei?«, stieß sie aus.

»Wo Kilian?« Der Mann wirkte unsicher.

»Kilian hat keine Zeit. Ich nehme die Ware in Empfang«, sagte Sonja Ruf, die sich offenbar wieder ein bisschen gefasst hatte. »Alles dabei?«

»Sicher, was fragen? Feder, zwei Python und drei Pferde.«

»Sie haben Pferde da auf dem Lkw?« Sonja Rufs Stimme war auf einmal schrill.

Spätestens jetzt merkte der Mann, dass hier etwas nicht stimmte. Er schickte sich an, wieder in den Lkw zu steigen. Da sprang Sonja Ruf plötzlich auf ihn los. Im selben Moment hatte Kathi ihre Dienstwaffe gezogen und stürmte die Treppe hinunter. Irmi stolperte wenige Sekunden später hinterher.

»Stehen bleiben! Ganz ruhig! Beide legen die Hände an den Wagen«, rief Kathi im Rennen über den Platz.

Urplötzlich aber sprang Sonja Ruf auf den Mann zu und steckte ihm irgendetwas in den Kragen. »Verrecken sollst du, Tierquäler!« Ihr Blick flackerte. »Kommen Sie nicht näher, für Sie hab ich bestimmt auch noch einen Skorpion«, schrie sie Kathi an und steckte die Hand in ihre Jackentasche.

Kathi richtete die Waffe auf Sonja Ruf.

Auch Irmi kam langsam näher. »Frau Ruf, Sie kommen jetzt ganz langsam zu mir. Und Sie sagen mir sofort, was mit dem Mann da los ist.«

Der Mann wand sich und wimmerte, er hatte sich das Hemd vom Leib gerissen und fummelte nun an seinem Unterhemd herum. Plötzlich hielt er etwas Schwarzes in Händen, das er mit einem markerschütternden Schrei wegschleuderte.

Sonja Ruf lachte wie irr. In dem Moment löste sich ein Schuss. Irmi sah Kathi fallen und stürzte zu ihr. Es dauerte wieder ein paar Sekunden, bis sie die Situation erfasste. Kathi war beim Gehen in ein tiefes Loch getreten, das von Stroh bedeckt gewesen war. Sie stöhnte. Die Waffe lag am Boden.

»Ich Knalltüte. Zu blöd zum Gradausgehen. Halt bloß diese Irre auf, Irmi, halt sie auf! Mir geht's gut!«

Auch Sonja Ruf war wegen des Schusses erschrocken und wie eingefroren stehen geblieben. Später dachte sich Irmi, dass sie bestimmt ein tolles Bild abgegeben hatten. Eine sich krümmende Polizistin am Boden, ein wimmernder Mann, eine Eissäule und sie, Irmi Mangold, Bayerns dämlichste Polizistin, ebenfalls mit der Reaktionsgeschwindigkeit einer Schnecke.

Auf einmal begann die Eissäule zu rennen. Kopflos rannte sie, hinein in den Stadl. Und Irmi hinterher.

»Frau Ruf, bleiben Sie stehen!« Es war einer der Momente, in denen sich Irmi verfluchte, mal wieder keine Dienstwaffe dabeizuhaben. Aber was hätte das auch gebracht? Hätte Sonja Ruf angehalten, wenn sie nun in die Luft geschossen hätte? Ein zweiter Schuss ins Nichts?

Obwohl Irmi kurz im Zweifel war, ob sie Kathi allein lassen konnte, stürzte sie hinterher. Die Klappe, die in die Katakomben führte, stand offen. Sonja Ruf schien gute Ortskenntnisse zu haben.

Irmi hatte sich einfach einlullen lassen. Sie hätte der Frau so viel Entschlossenheit nicht zugetraut. Nun wurde ihr schlagartig klar, dass sie sich verschätzt hatte. Sonja Ruf war so tief verletzt, dass sie wie eine Selbstmordattentäterin bereit war, ihr Leben zu lassen. Vielleicht, weil sie nichts mehr zu verlieren hatte.

Irmi kletterte die enge Treppe hinunter und versuchte sich zu orientieren. Es musste einen Lichtschalter geben, es hatte wenig Sinn, orientierungslos durch die Dunkelheit zu rennen. Irmi rief sich zur Ruhe und Besonnenheit auf.

Sonja Ruf saß in der Falle: Die Tür hinauf in den ehemaligen Reptilienraum war zwar unversperrt, aber die Außentür, die von den oberen Räumen hinaus aufs Gelände ging, war verschlossen.

Schließlich entdeckte Irmi den Lichtschalter. Wenig später tauchte das kalte Licht von Neonröhren die Gänge in eine gleißende Helligkeit. Sie hielt kurz inne, horchte auf Geräusche, aber Sonja Ruf hatte einen gewissen Vorsprung.

»Frau Ruf! Sie kommen hier nicht mehr raus! Bitte, reden Sie mit mir! Bitte, kommen Sie, das hat doch keinen Sinn!«

Irmi stieß die erste Tür rechts auf, doch nichts. Beidseitig des Ganges lagen all jene Räume, die sie damals mit dem Schlangenmann inspiziert hatten, überall dort waren noch Regale und Paletten gestapelt. Es war ein Wahnsinn, was sie hier machte. Es gab viel zu viele Dinge, die Sonja Ruf Deckung boten. Auch im Gang standen Kistenstapel.

»Frau Ruf! Sind Sie hier? Das bringt doch nichts!«

Als sie sich langsam dem Kistenstapel näherte, begann der plötzlich wie durch Zauberhände zu schwanken. Er wankte, er trudelte und schien ein Eigenleben zu haben, er bewegte sich wie eine Fichte im Wind, dann fiel er. Geradewegs auf Irmi zu.

Das Geräusch durchschnitt die Stille, Irmi hatte die Hände über den Kopf gerissen und war zur Seite gesprungen. Eine Kiste verletzte ihren Knöchel, ein kurzer schneidender Schmerz nahm ihr kurz den Atem. Immer noch dröhnte ein Erdbeben, hallte nach, bis sie schließlich das ganze Ausmaß erfassen konnte. Sonja Ruf hatte den gewaltigen Stapel umgestoßen, fast der gesamte Boden war mit Kisten bedeckt. Verdammt, sie musste Verstärkung holen, aber ihr Handy hatte hier unten kein Netz.

Und auf einmal erfasste Irmi Wut. Wut auf sich selbst. Wut auch auf Sonja Ruf, der sie immer wieder Gesprächsangebote gemacht hatte und die sie nun in diese Situation gebracht hatte.

»Frau Ruf! Sie verletzen sich und andere. Das bringt doch alles nichts mehr. Reden Sie mit mir!«

Von irgendwoher kam eine Stimme. »Reden, immer reden. Das tun wir Menschen. Wir reden uns um unsere Seele. Wir reden und meinen das Gegenteil. Ich rede nicht mehr, Frau Mangold. Ich handle nur noch.«

»Handeln, was für ein Handeln ist das? Amok zu laufen?«

»Wir sind nicht nur verantwortlich für das, was wir tun, sondern auch für das, was wir nicht tun. Stammt von

Molière. Und ich habe zu lange nichts getan gegen Stowasser und seine Kumpane.«

»Aber das ist nicht Ihr Weg, Frau Ruf! Sie haben eine Gabe. Sie können schreiben. Sie können Menschen berühren. Schreiben Sie, anstatt so zu handeln. Schreiben Sie, anstatt zu reden. Schreiben Sie, aber kommen Sie hier raus!«

»Schreiben ist auch nur das geordnete Reden. Das Zusammenfassen von Gedanken, die einen zu erdrücken drohen. Goethe hat nicht recht, dass das Schreiben eine Art sei, sich das Vergangene vom Hals zu schaffen. Goethe lügt, das Vergangene bleibt, auch wenn es geschrieben ist!«, brüllte Sonja Ruf zurück.

»Frau Ruf, mich interessiert momentan nicht die Vergangenheit. Mich interessiert die Gegenwart. Verschanzen Sie sich nicht ständig hinter den Zitaten irgendwelcher vermeintlich kluger Köpfe. Sie kommen hier nicht raus. Das ist Ihre Gegenwart, und wenn Sie so weitermachen, wird diese Gegenwart heute Ihre ganze Zukunft drehen. In eine Richtung, die Ihnen vielleicht gar nicht gefällt.«

Irmi war über die Kisten gestiegen und schlich den Gang entlang, während sie ihre Idee verfluchte, das Licht angemacht zu haben. Es war so hell. So verräterisch hell. Sie warf Schatten, sie war alles andere als unsichtbar. Und da fiel auch ihr ein Zitat ein: Wenn die Sonne der Kultur niedrig steht, werfen selbst Zwerge lange Schatten. Ihr Vater hatte das gerne verwendet. Momentan fühlte sie sich auch wie ein Zwerg und außerdem ziemlich unterbelichtet.

Wieder ertönte die Stimme von Sonja Ruf: »Zukunft, ha! Von welcher Zukunft reden wir? Die Stowassers dieser

Welt werden immer gewinnen. In der Vergangenheit, in der Gegenwart und in der Zukunft.«

»Und die Sonja Rufs dieser Welt werden immer verlieren, weil sie zu den falschen Mitteln greifen. Weil sie Gefühl und Verstand verwechseln. Beides falsch einsetzen. Und zum falschen Zeitpunkt!«, rief Irmi.

»Das stimmt nicht, ein fühlendes Wesen wird immer auch denken. Aber das Denken darf nie das Gefühl übertrumpfen.«

Ach, Sonja, wie kann ich dir bloß helfen?, dachte Irmi. Am liebsten hätte sie Sonja Ruf in die verwaschenen Augen gesehen und noch einmal versucht, die Mauer zwischen der militanten Tierschützerin und der Welt einzureißen.

Sonja Rufs Stimme näherte sich. Irmi war sich fast sicher, dass sie aus dem Raum kam, in dem Sepp die Kröte gerettet hatte. Sonja Ruf würde wohl kaum davon ausgehen, dass sie durch das Loch flüchten konnte. Sie war zwar schlank, aber um da durchzugelangen, hätte sie schon eine Echse oder Schlange sein müssen.

Endlich war Irmi an der geöffneten Tür dieses Raumes angekommen. Das Licht aus dem Gang erhellte als spitzes Dreieck den Boden und endete just da, wo Sonja Ruf mit dem Rücken zur Wand stand.

»Ich verwehre Ihnen schon wieder eine moraltheoretische Diskussion«, sagte Irmi nun leiser. »Ich weiß, ich bin mehr der profane Typ. Hängt mit meinem Beruf zusammen. Frau Ruf, bitte erzählen Sie mir alles. Kommen Sie bitte mit mir nach draußen!«

Sonja Ruf rührte sich nicht. Sie stand an der Wand wie jemand, der auf seine Exekution wartete. Irmi machte einen Schritt in den Raum hinein und streckte ihr in einer hilflosen Geste die Hand entgegen. Dabei hatte sie den Blick fest auf Sonja Ruf geheftet.

Plötzlich spürte Irmi, dass sie nicht allein waren. Sie blickte zum Boden und zur Decke, und dann öffnete sie ihren Mund. Zu einem tonlosen Schrei.

Da war die Mamba.

Riesig, gewaltig, bedrohlich, züngelnd.

Offenbar glaubte Sonja Ruf einen Moment lang, Irmis Zögern ausnutzen zu können, und rannte los. In diesem Augenblick fuhr die Mamba auf sie herunter. Biss zu, schnellte zurück. Sonja Rufs Gesicht zeigte nichts als Ungläubigkeit, ein paar Sekunden lang. Dann fasste sie sich an die Schulter, die Augen weit aufgerissen.

Sie jagt in der Bewegung etwas Bewegtes. Fünfundzwanzig Stundenkilometer. Zwei Minuten, fünf Minuten – von irgendwoher schossen diese Informationen in Irmis Gedanken. Unendlich langsam ging sie die wenigen Schritte auf Sonja Ruf zu, nahm die Frau am Arm, den Blick immer noch zur Decke gewandt.

In Zeitlupe schob Irmi sie zur Tür, die Strecke war länger als eine Erdumrundung auf Höhe des Äquators. Viel länger! Die Zeit zerrann zu einer Ewigkeit. Gerade hatte Irmi die Tür hinter sich und Sonja Ruf zugezogen, da donnerte von innen die gewaltige Schlange gegen die Tür. Im selben Moment brach Sonja Ruf zusammen, sprachlos und doch nicht fühllos.

Zwei Minuten, fünf Minuten und dann noch fünfzehn Minuten. Zahlen spielten Ringelreihen. Irmi rannte die Gänge entlang, stürzte die Treppe hinauf – geradewegs hinein in eine Riege von Kollegen und den Notarzt.

»Schlangenbiss, Schwarze Mamba. Sie hat nur fünfzehn Minuten«, schrie Irmi den Mann an.

Der Notarzt zögerte keine Sekunde, riss sein Handy heraus, forderte den Hubschrauber an und mit einem zweiten Anruf Serum. »Dendroapsis, macht uns alle Zugänge frei!«, brüllte er ins Telefon.

»Wo?«, rief er Irmi zu.

»Die Treppe runter, den Gang entlang, aber Vorsicht, da liegen jede Menge Kisten. Sie ist im vorletzten Raum auf der linken Seite.«

Der Notarzt rannte los, gefolgt von zwei Sanitätern, die unter ihrer Trage schwankten. Irmi blickte sich um. Kathi kam auf zwei Krücken angehüpft, neben ihr Tina Bruckmann. Beide sahen aus, als hätten sie die Geisterbahn oder die Wilde Maus auf der Wiesn nicht vertragen. So ganz verstand Irmi das alles nicht, auch nicht, warum Kathi ein herzhaftes »Scheiße« ausstieß und auf Irmis Fuß deutete. Erst jetzt registrierte sie, dass sie in einer Blutlache stand, ihr ganzer Bergschuh war geflutet von Blut. Natürlich, die verdammte Kiste.

Die Besatzung des zweiten Rettungswagens war sofort zur Stelle und schob Irmi in den Sanka.

Allmählich kam Irmi weder zu Atem. »Ein Verband wird's schon richten. Schnell! Was ist mit Sonja Ruf?«

In dem Moment schwebte der Heli ein, kippte waghalsig zur Seite, schmierte an den hohen Mauern vorbei, stand auf dem Vorplatz. Staub wirbelte auf, Heu und Stroh, geduckt rannten die Sanitäter mit ihrer Trage zum Hubschrauber. Wie ein Spuk fast hob er auch schon wieder ab. Sie alle blickten in den Himmel, in ein mildes Morgenlicht, das so gar nicht zu dem Tag passen wollte.

Der Notarzt kam auf Irmi zu. »Wir sind in der Zeit. Die Atmung ist stabilisiert. Sie ist auf dem Weg ins Rechts der Isar. Die haben alles, was nötig ist. Die kommt sicher durch. Respekt, Frau Mangold, Ihre Nerven möchte ich haben!«

Irmi war sich nicht sicher, ob sie überhaupt je Nerven gehabt hatte, denn nun zog es ihr die Knie weg, einfach so. Der Notarzt fasste ihren Arm und schob sie auf einen Klappstuhl.

»Und der Mann? Der Tscheche? Was ist mit ihm?«

»Ebenfalls versorgt. Skorpione dieser Gattung sind zwar auch nicht so gesund, aber ich bezweifle, dass er eine letale Dosis abbekommen hat. Das Gift ist ebenfalls ein Neurotoxin, aber ganz so schnell kommt es nicht zur Atemlähmung. Er ist auf dem Landwege unterwegs in die Klinik nach München, die Dame haben wir doch lieber in den Hubschrauber verfrachtet.«

Er klang irgendwie so, als würde er von Robbi, Tobbi und dem Fliewatüüt erzählen. Und er wirkte ungemein beruhigend auf Irmi.

Da saß sie auf ihrem Klappstuhl, umringt von Kathi, Tina Bruckmann, Sepp, Sailer, Andrea und diversen Sanitätern.

»Ja mei, Frau Irmengard, Sie machen aber oiwei Sachn«, kam es von Sailer. Sepp nickte dazu inbrünstig.

Andrea sah nicht nur aus, als wäre sie eben der Geisterbahn entstiegen. So blass, wie sie war, und so schwarz, wie ihre Augenringe aussahen, hätte sie selber dort als Gespenst figurieren können. Das Mädel wirkte völlig verstört. Das rührte Irmi irgendwie, die hatten sich alle richtig Sorgen gemacht.

»Wieso seid ihr alle hier?«, fragte Irmi.

»Tina war so geistesgegenwärtig, sofort die Polizei und die Rettung zu alarmieren«, sagte Kathi.

»Als der Lkw einfuhr und das Tor offen blieb, hatte ich schon Bedenken. Als dann der Schuss fiel, habe ich sofort Alarm geschlagen. Dann bin ich vorsichtig ums Eck gebogen, fand Kathi liegend vor und außerdem den jungen Mann aus Tschechien. Ich war fast ein wenig froh, dass ich mal eine Serie über die Arbeit von Sanitätern und Notärzten gemacht habe, bei der ich auch an einigen Übungen teilnehmen durfte. Für einen Druckverband bei dem jungen Mann hat's gerade noch gereicht, aber bei so einem fetten Knöchel wie dem da«, Tina Bruckmann wies auf Kathis Knöchel, »war ich auch ratlos. Bänderzerrung oder Bänderriss, haben die Sanitäter vermutet. Kathi muss auf jeden Fall zum Röntgen.«

Irmi sah von der einen zur anderen. Das alles kam ihr so surreal vor. »Und ihr kennt euch?«

»Nein, aber in der Stunde des Chaos redet es sich leichter per du«, sagte Kathi mit einem Lächeln zu Tina Bruckmann.

»Was haben Sie hier eigentlich gemacht?«, fragte Irmi.

»Na ja …« Tina Bruckmann druckste etwas herum. »Es ist dann doch mit mir durchgegangen. Ich wollte live dabei sein und ein paar Bilder machen, wenn Sie Stowassers Mörder verhaften. Ich wollte doch gerne wissen, wer die Welt von diesem Typen befreit hat. Unschön von mir, ich weiß.«

»Vor allem, weil ich Sie in Verdacht hatte«, sagte Irmi gedehnt.

»Den Floh hat Ihnen Sonja Ruf ins Ohr gesetzt, oder?«

»Ja, unter anderem.«

»Als ich sie da auf der Trage hab liegen sehen, da wurde mir klar, dass wir sie alle unterschätzt hatten. Sie war so unscheinbar. Man hat sie immer übersehen. Sie war eine von denen, die man auf Festen nicht wahrnimmt, von der man maximal sagt: Ja, die war ganz nett.« Tina Bruckmann sah Irmi an. »Und ich glaube, sie war in Trenkle verliebt und eifersüchtig auf mich, dabei ist Trenkle nun wirklich gar nicht mein Typ. Und viel zu alt!«

Ein Auto war vorgefahren. Sie hörten das Knirschen im Kies. Der Schlangenmann stieg aus.

»Den hab ich alarmiert«, sagte Kathi. »Beim Wort Python wurde es mir etwas unwohl.« Stimmt, der Tscheche hatte von Federn, Pythons und Pferden gesprochen. Aber die würden ja kaum frei herumkriechen, oder? Dennoch war sie heilfroh, dass der Schlangenmann die Rampe des Lkws öffnete. Nach kurzer Zeit kam er wieder.

»Entwarnung, die Viecher sind in zugenagelten Kisten, die Pferde allerdings wirken ziemlich verängstigt. Also bei Pferden, ich weiß nicht …«

Da stellte sich der Mann dem wüstesten Ungetier entgegen und hatte Angst vor Pferden? Für Andrea gab es kein Halten mehr. Sie schob bereits das erste Tier ganz sanft rückwärts die Rampe hinunter, und Irmi war – Kuhbäuerin hin oder her – doch Landwirtin genug, das zitternde Tier an den Flanken abzustützen.

Als sie alle drei unten hatten, übernahm Andrea die Führung. »Bringt sie auf das Paddock, und die brauchen Wasser!« Andrea achtete darauf, dass die Tiere nicht gleich zu viel zu trinken bekamen. Sie hatte längst ihren Vater angerufen, dass er kommen möge.

Inzwischen war auch das Hasenteam eingetroffen und erhielt den Auftrag, den Lkw zu untersuchen. So viel war klar: Der Wagen war vollgestopft mit Daunen, und es gab irgendwelche Frachtpapiere. Irmi war froh, dass es für diesen Teil von Stowassers Doppelleben die Kollegen gab.

Aber sie? Was hatte sie eigentlich vorzuweisen? Eine Sonja Ruf, die hoffentlich dem Tode noch von der Schippe springen würde. Noch immer wusste sie so gut wie nichts, nur dass Sonja Ruf über den Türöffner verfügt hatte und mit Skorpionen hantieren konnte. Der Skorpion hatte bei der Aktion übrigens sein Leben gelassen, er lag auf einem Papier neben dem Notarztwagen.

Mittlerweile hatte der Schlangenmann die beiden Schlangen, die er als Tigerpythons identifiziert hatte, in seinen Wagen umgeladen. Zusammen mit zwei Sanitätern, denn die Kisten mit den meterlangen Schlangen hatten einiges an Gewicht.

»Sie hatte auch einen Türöffner«, ergänzte Kathi. »Warum nur?«

»Das alles werden wir sie fragen, wenn sie stabil ist. Lass bitte auf jeden Fall einen Polizisten vor ihr Zimmer setzen. Jetzt darf nichts mehr schiefgehen«, sagte Irmi und ergänzte innerlich: Und dann will ich endlich die ganze Geschichte hören, Frau Ruf.

»Käthe ist übrigens im Krötenraum. Zumindest war sie da bis gerade eben. Es sei denn, sie ist wieder durch das Loch entkrochen«, meinte Irmi und fühle sich auf einmal sehr, sehr müde.

Tina Bruckmann starrte sie verständnislos an. Wie sollte sie auch wissen, wer Käthe war?

Irmi sah sie entschuldigend an.

»Ich nehme an, Sie sagen mir jetzt gleich, dass Sie am Montag eine PK machen, oder?«

Irmi nickte. »Touché.«

»Und was mach ich jetzt mit der exklusiven Seite, die ich Ihnen freigehalten habe?«, fragte Tina Bruckmann mit einem verschmitzten Lächeln.

»Eventuell könntest du sie ja der Käthe widmen, sofern dieser Kriechtierflüsterer sie herbringt«, meinte Kathi grinsend. »Wenn es geht, bitte ohne den Hinweis auf Sonja Ruf. Und diesmal gelobe *ich*, dass du als Erste alles erfährst.« Sie machte eine Pause. »Und es wäre auch sehr hilfreich, wenn du nicht erwähnst, dass meine Kollegin bei dir angerufen hat. Wir haben uns hier alle zufällig getroffen. Hatten eben alle die gleiche Idee.«

Tina Bruckmann lächelte und nickte fast unmerklich mit dem Kopf. Soeben kamen zwei Pferdehänger vorgefahren, gesteuert von Andreas Vater und ihrem Bruder.

»Wird des jetzt zur Tagesordnung?«, brummte Herr Gässler. »Arme Viecher, wo solln denn die jetzt no hin, Andrea?«

»Auf eine Quarantänestation, ich nehme mal an, das sind rumänische Pferdchen«, mischte sich Irmi ein. »Die muss auf jeden Fall ein Tierarzt checken.«

»Aha«, sagte Gässler. »Und dann?«

»Ist der Tierschutz sicher heilfroh, wenn Sie die drei nehmen würden. Mit etwas mehr Fleisch auf den Rippen sind das sicher hübsche Pferde.«

»Eben, Papa«, sagte Andrea. »Die Tante Annelies braucht für ihre Stellwagenfahrten brave Pferde, und die sind nicht so groß.«

»Des san so Stiegeng'länder«, sagte Gässler und sah zu,

wie die Pferde das von ihm mitgebrachte Heu vertilgten. »So, Burschn, jetzt essts erst amol was guates Boarisches.«

Sie alle standen eine Weile herum und betrachteten die kauenden Pferde, Andrea versuchte ihre Tränen zu verstecken, und Kathi schüttelte unentwegt den Kopf.

Irgendwann kam der Schlangenmann über den Platz, in der Hand einen großen Baumwollsack. »So, Käthes Irrfahrt ist beendet. Eine ganz schön große Käthe ist das.«

»Kann ich ein Foto machen?«, fragte Tina Bruckmann.

»Wenn der den Beutel öffnet, sterbt ihr alle«, rief Kathi.

Sie lachten, aber unter Tränen. Tränen der Angst, Tränen der Wut und Tränen der Erleichterung.

Andrea wurde beauftragt, mit Doris Blume alles Weitere zu klären, die Sanitäter bestanden darauf, Kathi mit ins Klinikum zu nehmen. Irmi hingegen bestand darauf, ihr Auto selber zu fahren und auch bis zu ihrem Wagen zu laufen. Trotz des Knöchelverbands.

Um kurz nach sechs waren sie aufgebrochen, nun war es drei, und nichts war mehr wie zuvor. Und als Irmi all den Menschen hinterherblickte, die dieser Tag so jäh und merkwürdig zusammengeführt hatte, verspürte sie auf einmal Dankbarkeit. Dankbarkeit dafür, nicht allein zu sein, Dankbarkeit, dass mitten in den Wogen des Lebens immer wieder helfende Hände waren, die sich einem entgegenstreckten. Nein, nichts war mehr wie zuvor, und dieser Fall war einer, den sie alle nicht vergessen würden. Der sie zusammengeschweißt hatte. Egal, wie er nun ausgehen würde. Die misshandelten Tiere hatten sie alle aufgerüttelt und vielleicht zu besseren Menschen gemacht, die künftig ein bisschen genauer hinsehen würden.

In Garmisch war die Hauptstraße sehr belebt, ein Pulk

von Rennradlern mit weit weniger attraktiven Rückenansichten als Hundegger fuhren zwischen den Autos herum. Am Rathausplatz war die Ampel ausgefallen, und ein Kollege regelte den Verkehr, was Staus in alle vier Richtungen provozierte. Die Ampel war dem Menschen eben doch überlegen. Junge Mädchen mit H&M-Tüten kreuzten sich mit bundbehosten und karobeblusten Touristen. Es war ein ganz normaler Tag in Garmisch, und Irmi kam sich vor wie ein Fremdkörper.

Als sie zu Hause in Schwaigen vorfuhr, kam der kleine Kater angeschossen und präsentierte stolz eine Eidechse. Der große Kater kam hinterhergeschlendert, mal wieder stolz auf seinen jungen Kumpel. Bernhard rumorte irgendwo herum und stieß dabei ein paar Flüche aus. Alles war wie immer.

Irmi war etwas schwummrig, und eine angefangene Tüte Tortillachips war das Einzige, was sie momentan zu greifen bekam. Und ein lauwarmes Bier. Sie sank auf ihr Hausbankerl, und plötzlich zitterte sie. Himmel, sie wurde alt, sie war ja gar nicht mehr belastungsfähig!

Sie wusste nicht, wann sie zum letzten Mal um sechs ins Bett gegangen und erst nach gut elf Stunden wieder aufgewacht war. Bernhard war schon in der Küche und sprang auf, als sie runtergetapst kam.

»Mensch, Schwester, was machst denn? Geht's dir gut?«

Irmi sah ihren Bruder entgeistert an. Hatte sie was verpasst?

»Der Gässler war am Stammtisch«, erklärte der.

Aha, vom Stammtisch her wehte der Wind der Allwissenheit.

»Unkraut vergeht nicht, Bruderherz. Ich erzähl dir alles, wenn's vorbei ist, aber ich muss das noch zu Ende bringen.«

Bernhard war aufgestanden, drückte ihre Schulter. Er war über die Jahre daran gewöhnt, dass Irmi immer erst dann redete, wenn sie konnte und durfte.

»Mei, a Schlange. Dabei graust's mir so vor den Viechern«, murmelte Bernhard und ging hinaus. Die Zeitung war dank der Austrägerin schon da. Tina Bruckmann hatte geschrieben, dass man auf dem Anwesen, wo der Unternehmer Kilian Stowasser gestorben war, nun auch noch eine Schlange eingefangen hatte. Eine Mamba namens Käthe. Dass diese tatsächlich auch Stowasser gehört habe und viel dafür spreche, dass ihr Gift den Unternehmer getötet habe.

Daneben war ein Foto zu sehen. Tina Bruckmann hatte also doch noch ihr Bild bekommen. Aber war das Käthe? Die Viecher sahen doch alle gleich aus – zumindest in Irmis Augen.

15

Irmi und Kathi fuhren am Samstagmorgen nach München. Kathi hatte einen Tapeverband am Knöchel, die Bänder waren gottlob nur überdehnt. Sie schwiegen beide, was hätten sie auch sagen sollen? Sie waren beide gespannt darauf, was Sonja Ruf zu sagen hatte. Erst einmal konsultierten sie den Arzt, der Sonja Ruf attestierte, dass sie vernehmungsfähig war.

»Körperlich geht das verblüffenderweise sehr schnell mit der Genesung, die meisten Opfer von Schlangenbissen sind aber psychisch in Mitleidenschaft gezogen. Angstattacken, Panik oder Lethargie – Frau Ruf sollte in jedem Fall psychologisch betreut werden. Falls Sie noch Fragen haben sollten, lassen Sie mich anpiepsen.« Er ging, doch seinem angewiderten Gesichtsausdruck und seinem entschlossenen Gang war anzumerken, dass er die Polizei für das Letzte hielt. Vielleicht waren sie das ja auch?

Der Kollege vor der Tür grüßte freundlich und wirkte eher desinteressiert. Sonja Ruf lag in einem Einzelzimmer und starrte an die Decke. War sie vorher schon blass gewesen, wirkte sie jetzt geradezu wächsern. Die beiden Kommissarinnen kamen näher. Irmi zog für Kathi einen Stuhl heran, sie selbst blieb am Bettende stehen.

Nichts. Lichtlein zuckten auf Monitoren, vom Gang hörte man entferntes Klappern. Hier aber herrschte Grabesstille.

Es vergingen mehrere Minuten, bis Sonja Ruf sagte:

»Das hätten Sie sich sparen können, Frau Mangold. Sie waren es doch, die mir eine schlechte Zukunft vorhergesagt hat. Es wäre besser gewesen, wenn Sie mich hätten liegen lassen.«

»Das sollen aber zwanzig Minuten sein, die sehr lang werden können, nicht wahr, Frau Ruf?«

»Ja, aber das hätte ich in Kauf genommen.«

»Kilian Stowasser konnte das nicht so genießen.«

Ihr Gesicht verzerrte sich. »Er hat das verdient. Er hat seine Frau die Treppe hinuntergestoßen, er ist schuld an der Qual von so vielen Tieren. Er hat Sleipnir auf dem Gewissen. Er hat die Welt betrogen. Er hat es verdient. Mehr als das.«

»Wissen Sie das denn sicher, dass er seine Frau die Treppe hinuntergestoßen hat? Haben Sie ihn gesehen?«

»Nein. Aber so einer macht so was. Ich habe ihn gestellt. Ich habe ihn damit konfrontiert. Aber er hat mich nur ausgelacht. Er hat mich immer nur ausgelacht. Auch als die Zeitung die Geschichte von Sleipnir brachte, hat er gelacht. Wie rührend, hat er gesagt.«

Sonja Ruf, das Mauerblümchen. Über so viele Jahre war sie ausgelacht worden. Gedemütigt. So etwas zermürbt. Stille Menschen, bleiche Fassaden, hinter denen Kriege toben.

»Frau Ruf, Sie hatten einen Türöffner? Woher?«

»Nun, Frau Mangold, irgendwann im Leben gibt es eine ausgleichende Gerechtigkeit. Wir haben vor wenigen Tagen am Kirnberg einen Schuppen ausgeräumt, der Stroh und allerlei Kutschen, Geschirr und Decken enthielt. Und siehe da, was fiel mir in die Hände? Eine Putzbox von Liliana, und da lag dieser Türöffner drin. Ich hab zuerst gar nicht begriffen, was das ist. Erst mal habe ich nachts probiert, ob sich damit in Eschenlohe etwas öffnen ließe, da gab es aber nichts, und dann wurde mir klar, dass das Ding die Tore in Krün öffnet.«

Kathi starrte sie an. »Und weiter?«

»Ich hab Stowasser beobachtet. Als er weggefahren ist, hab ich probiert. Die Tür ging auf, die zweite auch und wahnsinnig schnell wieder zu. Weil ich weiter unten in der Straße Stimmen gehört hab, bin ich abgehauen. Beim zweiten Mal war ich ganz in der Frühe da und hab mein Auto im Schuppen versteckt. Das war an dem Samstag, als der Lkw kam. Ich sah ihn rein- und rausfahren, wenig später verließ auch Stowasser das Gelände. Ich hab die Türen geöffnet, bin rein und war entsetzt. Die Pferde standen im Schlamm, ich habe ihnen Heu gegeben und Wasser.«

»Halt, Frau Ruf!«, rief Kathi. »Sie sind seit Jahren Tierschützerin. Sie sehen so etwas, wo es selbst hart gesottenen Gemütern den Magen umdreht. Wo selbst Doris Blume sagt, das übersteige alles bisher Dagewesene. Und Sie haben nichts getan?«

Tränen liefen ihr die Wangen hinab. Noch immer starrte sie zur Decke, wo eine kleine Spinne langsam in Richtung Raumecke zog. Ob sich das gehörte in einem Krankenhaus?, fragte sich Irmi.

»Ich hab die Polizei angerufen, aber ihr kommt ja nicht.«

Aha, sie war also die anonyme Anruferin gewesen!

»Aber Sie hätten doch FUF informieren können, Max Trenkle, das wäre doch naheliegend gewesen!«

»Ich wollte die Sache zu Ende bringen. Ich wollte Stowasser endlich zur Rechenschaft ziehen für all das. Ich hab mich umgesehen, dabei hab ich die Falltüre entdeckt und die Kellerräume. Ich hab das Daunenlager gesehen. Ich hab Fotos gemacht. Ich hab Proben gezogen, die befinden sich übrigens in einem Labor in Belgien. Die Ergebnisse müssen am Montag da sein. Ich bin nur bis zu den Reptilien gekommen. In die Räume dahinter konnte ich nicht gelangen. Ich habe das Hundegebell gehört, und Sie werden kaum nachvollziehen können, was für eine Pein das für mich war. Sie waren da drin, und ich konnte ihnen nicht helfen! Da wusste ich erst recht, dass Stowasser sterben musste.«

»Sie hätten doch unter voller Namensnennung die Polizei rufen können, natürlich wären wir gekommen.« Kathi sprach immer noch ungewohnt leise, auch eine Kathi geriet an den Punkt der Fassungslosigkeit, der sprachlos oder zumindest sehr, sehr leise macht.

»Sie hätten ihn verhaftet. Er hätte Ausreden und falsche Zeugen gefunden. Er wäre wieder rausgekommen mithilfe des bayerischen Filzes ganz oben in den Wirtschaftskreisen.« Das Sprechen schien ihr schwerzufallen. »Das war am Samstag, wie gesagt. Ich habe den Pferden das Wasser aufgefüllt, noch mehr Futter hingegeben, ich habe den Tieren versprochen, dass Hilfe kommt. Dass sie nur noch ganz kurz geduldig sein müssen.«

Ach, Sonja! O ja, Tiere waren geduldig, Pferde im Besonderen. Sie ertrugen, sie duldeten, was hätten sie auch anderes tun können als Fluchttiere, denen jeder Fluchtweg verstellt war?

»Ich bin dann gegangen, und weil ich so verzweifelt war, so verwirrt, so am Ende mit meinen Kräften, hab ich irgendwie falsch auf den Türöffner gedrückt. Ich habe gemerkt, dass das hintere Tor ganz zu blieb, während sich das vordere um die Hälfte öffnete. Ich hab das mehrfach probiert, es gibt eine Tastenstellung, die legt diesen ganzen Mechanismus lahm. Stellen Sie sich das vor, da baut Stowasser sein persönliches Alcatraz, und irgendein lächerlicher Fehler in der Elektronik legt die Türen lahm.« Sie atmete schwer. »Ich hab ihn Dienstag in der Frühe angerufen. Dass ich oben in Krün bin, dass die beiden Tore offen stehen. Hab ihm seine Reptilienräume geschildert. Er wusste, dass ich nicht bluffe.«

»Was wollten Sie von ihm?«

»Ich hab gesagt, dass ich für FUF zweihunderttausend Euro will. Ich hab ihm gedroht, dass ich, wenn er das nicht täte, Fotos an alle großen Zeitungen schicken würde. Von den Zuständen hier, von den Daunen in seinem Keller. Ich habe gesagt, dass ich bei jedem erneuten Versuch zu betrügen die Öffentlichkeit einschalten würde.«

»Das hat er Ihnen abgenommen?«, fragte Kathi ungläubig, und Irmi dachte sich, dass Sonja Ruf eigentlich in höchster Gefahr gewesen war.

»Er hielt mich für eine durchgeknallte Tierschützerin und Pferdenärrin. Er hat mir geglaubt. In seinem Weltbild waren alle um ihn herum schwach.«

»Warum aber dieser Alleingang? Mit einem Zeugen wären Sie doch viel besser dagestanden«, meinte Irmi und kannte doch die Antwort schon. Sonja Ruf hatte einmal im Leben beweisen wollen, dass sie auf dem Siegertreppchen stehen konnte. »Das haben Sie also alles ganz allein geplant?«

»Trauen Sie mir das etwa nicht zu?«, stieß Sonja Ruf aus.

Irmi wurde von Mitleid ergriffen. Wie sehr musste das

Selbstbewusstsein der jungen Frau mit Füßen getreten worden sein. Was war nur passiert? Wie stark verzerrte sich das Bewusstsein, wenn man so eine Frage stellen musste?

»Doch, natürlich tue ich das«, beeilte sie sich zu sagen. »Erzählen Sie bitte weiter.«

»Er ist sehr schnell gekommen. Ist durch die Kellerräume gepoltert und hat rumgeschrien: ›Du Bix, wo bist du? Du dumme Pritschn, was willst du?‹ Dann hat er irgend so einen Blaumann-Mantel vom Haken gerissen, hat ihn sich übergeworfen und ist die Treppe raufgestürmt. Ich war unter der Treppe, und er hat da oben weitergebrüllt. Dann auf einmal nicht mehr. Ich bin hochgeschlichen. Er lag am Boden, die Augen weit aufgerissen. Er hat in meine Augen gesehen, und wissen Sie, Frau Mangold, dieser Moment hat mich nicht entschädigt. Nicht für Sleipnir und nicht für das Fohlen. In dessen Augen hab ich gesehen, und das werde ich mir nie verzeihen. Am Samstag hatte es noch gelebt.« Die Tränen rannen weiter, wie bei einer Madonnenfigur, aus deren Augenwinkeln unerklärliche Tränen liefen.

»Sie wollen also sagen, als Sie kamen, war er schon am Boden?«

»Ja, mir war klar, dass ihn irgendetwas gebissen hatte. Ich bin davongelaufen.«

»Sie haben ihn einfach liegen lassen?« Irmi hatte das Gefühl, die Luft hier wäre besonders stickig und schwer zu atmen. Das war unterlassene Hilfeleistung, und die Schlange war ja noch da gewesen. Sonja Ruf hatte wiederum in Gefahr geschwebt. Beim zweiten Mal hatte die Schlange sie dann doch erwischt.

»Ich habe dann noch einmal bei der Polizei angerufen und ein paar Mal wild gehupt. Ich dachte, dass da in der Nachbarschaft doch jemand aufmerksam werden müsste. Dann bin ich gegangen. Den Rest kennen Sie.«

»Nicht ganz. Als Sie zum zweiten Mal in Krün waren, als Sie den Lkw-Fahrer attackiert haben, was war das?«

»Ich wollte das Handy finden. Vor Ihnen. Sie hätten doch entdeckt, dass ich als Letzte mit ihm telefoniert hatte.«

»Aber der Fahrer?«

»Wer Stowasser wissentlich unterstützt, verdient einen Schrecken. Diese Pferdemafia ist ein Elend. Sie ist skrupellos. Sie stürzt Menschen und Tiere ins Verderben. Er musste bestraft werden. An dem Skorpion stirbt man nicht.« Sie atmete durch. »Ich wusste, dass der Lkw schon am Freitag kommen sollte. Ich hatte bei meinem ersten Besuch ein Gespräch belauscht zwischen Kilian Stowasser und dem Fahrer. Dabei war ich nur überrascht, dass er so früh kam, sonst waren sie immer gegen zehn Uhr da. Sie hatten ja von mittags gesprochen, ich dachte, dass ich Ihnen in jedem Fall zuvorkomme.«

Verdammt. Deshalb war der Fahrer aufgetaucht, und deshalb war Irmis fahrlässige Falle so ausgeufert. Ein Zufall, der den Mann das Leben hätte kosten können.

»Frau Ruf, das würden Sie so unterschreiben, und Sie bestehen darauf, dass Sie Ihren Rachefeldzug gegen Stowasser allein geplant und durchgeführt haben?«

»Sicher, ich ziehe doch niemanden in so etwas rein. Wen denn auch? So viele Freunde habe ich nicht. Wen würden Sie zur Erpressung einladen, Frau Mangold? Welcher Ihrer Freunde würde da mitmachen? Merken Sie eigentlich, wie dumm diese Frage ist?«

Auf einmal spürte Irmi eine tiefe Traurigkeit. Dabei war sie doch eigentlich eher der gut gelaunte Typ. Sie liebte ihren Job. Nicht wie der südschwedische Literaturkommissar, der immer so depressiv war, dass Irmi ihm längst zu einem anderen Beruf geraten hätte. Nein, sie mochte ihren Beruf, auch wenn er viel Elend mit sich brachte. Aber er gemahnte einen doch auch daran, wie privilegiert man selbst war, wenn man sah, was andere um- und antrieb. Aber heute …

»Frau Ruf, Sie sollten sich einen Anwalt besorgen. Können wir etwas für Sie tun?«

»Meine Nachbarin heißt Elvira Mair. Ich habe ihr auf den Anrufbeantworter gesprochen. Rufen Sie sie bitte noch mal an, um sicherzustellen, dass sie meine Katzen füttert?«

»Sicher, soll ich sonst noch jemanden anrufen? Max Trenkle vielleicht?«

»Max, nein, der ist nach Australien geflogen.« War da ein Lächeln in ihrem Gesicht?

»Aber Sie hatten mir doch gesagt, Sie wüssten nicht, wo Herr Trenkle sei.«

»Da wusste ich es ja auch noch nicht. Inzwischen hat er angerufen, dass er in Cairns sei.«

Warum glaubte Irmi ihr das nicht? Sie straffte die Schultern. »Frau Ruf, Sie werden wirklich einen Anwalt brauchen. Aber jetzt werden Sie erst mal gesund.«

Sonja Ruf schwieg, und als Irmi und Kathi hinausgingen, erwiderte sie den Gruß nicht.

»Wow!«, sagte Kathi draußen. »Was für ein Ding. Wie wird die Anklage lauten? Unterlassene Hilfeleistung bei Stowasser. Versuchter Totschlag bei dem Tschechen. Was wird der Anwalt da für eine Verteidigungsstrategie wählen?«

Irmi antwortete nicht.

»Das wird hochkochen in den Medien, das sag ich dir. Diese Tierschützer gehen doch überall auf der Welt zu weit in ihrem Engagement. Grad bei so viecherdamischen, hysterischen Weibern setzt der Verstand aus.«

Irmi hatte da wenig entgegenzuhalten. Sie war auf einmal so mundfaul.

»Trotzdem finde ich es bizarr, wegen einem Gaul so was zu inszenieren. Oder von mir aus zweien, wenn man das arme Fohlen mitrechnet.«

Irmi konterte: »Du selbst hast gesagt, die schlimmsten Verbrechen entstehen aus großen Gefühlen.«

»Aber hier ging es um ein Pferd! Ein Pferd, meine Liebe! Nur ein Pferd!«

»Kathi, du weißt doch, dass die meisten Frauen ihre Pferde weit mehr lieben als ihre Männer! Und sie hatte nicht mal einen.«

16

Irmi und Kathi schickten eine SMS an ihren Chef und an die Staatsanwaltschaft. Schöne neue SMS-Welt, man musste nicht einmal reden und bekam doch gleich eine Antwort, nämlich dass sie am Montag eine Pressekonferenz geben würden. Die würde sicher hohe Wellen schlagen, die ganze Geschichte war ja auch mehr als bizarr.

Dann fuhr Irmi erst einmal heim.

»Na, Mörder gefangen?«, fragte Bernhard.

»Sieht nicht so aus. War wohl doch ein Unfall.«

»Na dann, Schwester, sieht man dich ja wieder öfter. Gehen wir mal zusammen ins Holz?« fragte er.

Irmi wusste, dass das ein großer Liebesbeweis war, und lächelte ihn an. »Gerne.«

Sie sprach Elvira Mair auf den Anrufbeantworter und hoffte, dass diese nicht auch in Australien war. Zum zweiten Mal schlief sie elf Stunden und erwachte um fünf. Sie hatte wirr geträumt, und zwei Sätze standen immer noch im Raum, in dem sich die Träume ansonsten verflüchtigt hatten. »Die meisten Verbrechen entstehen aus Liebe« und: »Ich bin doch gar keine Mörderin!« War sie doch auch nicht, oder? Ein Unfall mit Käthe eben.

Und trotzdem, warum war Irmi immer noch nicht zufrieden? Sie ging hinaus, wo ein neuer Tag begann, und startete ihr Auto. Hoffte, dass Bernhard sie nicht hören würde.

Es war still, sonntagsstill. Auf dem Weg nach Garmisch

überholte sie ein Auto mit zwei Mountainbikes auf dem Dach. Die schienen es eilig zu haben, mit den dicken Stollenreifen die Berge zu bezwingen. Sie parkte ihr Auto am Rathausplatz, wo es ein wenig verloren wirkte, und ging los. Eine frühe Spaziergängerin führte ihren Dackel aus.

Die Eingangstür von Sonja Ruf konnte man durch leichtes Drücken öffnen. Die Wohnungstür ging mit der EC-Karte auf. Die dreibeinige Katze maunzte, die Laute der Stummelschwänzigen klangen eher wie »aua«. Die Futternäpfe waren gefüllt, die Nachbarin war also nicht untätig gewesen.

Irmi trat ins Wohnzimmer. Dann ging sie in die Küche und registrierte, dass in einem Terrarium Skorpione herumkrochen. Einen ihrer Kumpels hatten diese Viecher nun eingebüßt. Wenn man Sonja Rufs Gedankengängen folgte, war er den Märtyrertod gestorben im Rachefeldzug für so viele arme Pferde.

Irmi ging zurück ins Wohnzimmer und setzte sich. Aus dem Regal starrte sie eine weitere Katze mit vor Panik geweiteten Augen an. »Alles in Ordnung, Mieze. Ganz ruhig.« Die Katze überlegte, ob sie springen sollte oder verharren, entschied sich dann doch zur Flucht und sauste so ums Eck, dass es ihr auf dem Parkett die Füße wegzog.

Irmi musterte das Regal, das Loch, das die Katze hinterlassen hatte, und die Kiste mit den Engelchen. Langsam ging sie dorthin und holte den Pappkarton heraus. Dabei musste sie sich auf die Zehenspitzen stellen.

Fotos von zwei Isländern. Ein Foto von Max Trenkle. Ein Foto, wo sie beide im Schnee standen und alberne Norwegermützen aufhatten. Briefe. Irmi empfand es als

Sakrileg, aber dann siegte die Neugier, und sie öffnete den ersten. Den zweiten, den dritten.

Es war früh am Morgen, ihr Magen war leer. Er rebellierte, aber er rebellierte gegen etwas ganz anderes als gegen die flaue Leere.

Meine sonnige Sonja,
ich glaube auch, dass wir sie strafen müssen. Sie ist wie eine Zecke. Sie ist nutzlos. Sie ist eine Blutsaugerin wie ihr Mann. Denkt nur an sich selbst. So viele Pferde mussten sterben wegen ihr. Auch Sleipnir, der treue Gefährte, der jetzt nur noch übers Himmelszelt galoppieren kann. Frei wie seine Vorfahren in Island. Aber was können wir tun? Dabei ist sie so oft betrunken, wie schnell kann da etwas passieren. Ein Autounfall, ein Treppensturz. Aber die Zecken des Lebens haben ja immer Glück. Ich wünschte, wir könnten etwas tun. Wie stolz wäre ich auf dich, wenn du siegen könntest.
Dein Max

Meine Blume,
das war grandios. Meine grandiose Sonja. Die Welt ist reicher ohne sie. Nur manchmal frage ich mich, ob du mir wirklich zugetan bist. Bist du ganz bei mir?
Dein Max

Sonja, ma chère,
hast du gut geschlafen nach unserer Nacht? Ich wünschte, ich könnte sagen, ich kann mich ganz entspannen. Aber ich bin durchdrungen vom Gedanken an Kilian. Er zerfrisst mich. Immer verlieren wir gegen Kilian, ach, würden ihn

doch seine Schlangen in den Abgrund ziehen. In Australien hat eine Mamba den Pfleger angefallen, ein liebes Tierchen, das ihn kannte. Und warum, ma chère? Er trug eine Schürze, die blutbefleckt war. Er wusste das nicht, aber die Schlange roch das Blut und stieß zu. Ach, das würde ich mir für Kilian wünschen. Er legt doch auch immer einen Stallmantel an, damit seine affektierten Trachtenanzüge nicht leiden. Ein Stallmantel, der einfach blutig wäre. Wie groß wäre ein Mensch, der das bewerkstelligen wollte. Ach, Sonja, aber so ist das Leben nicht. Kilian wird weiter entkommen. Aber es treibt mich so um. Wenn du mich nur retten könntest, Sonjachen.

Dein Max

Sie hatte es geahnt. Die ganze Zeit. Max Trenkle war der Schlüssel. Manipulativ, manipulativ, manipulativ – ein Wort fraß sich in ihr Gehirn. Das war schlimmer als alles, was sie sich hatte vorstellen können.

Jeder der Briefe schloss mit den Worten: »Sonja, meine Blume, vernichte meine Worte. Vernichte diese Briefe. Es reicht, wenn du sie im Herzen trägst.«

Aber das hatte die sentimentale Sonja nicht getan!

Irmi packte die Briefe, schloss leise die Tür und rannte zum Ratshausplatz zurück. Sie rief Kathi an.

»Weißt du eigentlich, wie spät es ist? Und das am Sonntag!« Kathi klang verschlafen.

»Bitte komm nach Garmisch. Sofort!«

Anschließend wählte sie die Nummer des Hasen. Der war augenscheinlich schon wach. Er joggte sonntags immer, er war auch einer von diesen Marathonläufern.

»Frau Mangold? Ich hätte Sie am Montag eh angesprochen. Aber von mir aus eben jetzt. Ich komm schnell vorbei und bring Ihnen die Unterlagen.« Er klang gar nicht genervt. Er kam freiwillig vorbei, statt dass sie ihm am Telefon die Würmer aus der Nase ziehen musste! Das konnten nur die Endorphine sein, die angeblich beim Laufen ausgeschüttet wurden. Bei Irmi dagegen verursachte Laufen nur Aggression.

Als Kathi und der Hase fast gleichzeitig eintrafen, sagte Irmi nur: »Nicht fragen! Mitkommen in mein Büro!«

Der Hase schaute sie wundersamerweise gar nicht so missmutig an und sagte ganz ruhig: »Ich dachte ja, Sie sind etwas … äh … wunderlich, Frau Mangold, aber ich habe die Kleidung von Stowasser überprüft. Sie wurde tatsächlich mit Innereien von Geflügel und mit Blut präpariert. Ich kann mit Sicherheit sagen, dass jemand das Ganze eingerieben haben muss, so kann man ein Kleidungsstück nicht zufällig verunreinigen.«

Kathi betrachtete ihre Kollegen. »Was läuft denn jetzt schon wieder an mir vorbei? Klärt mich mal jemand auf, oder?«

»Ihr Auftritt, Frau Mangold«, sagte der Hase und lächelte Kathi zu. »Ich würde dann wieder gehen. Die Ergebnisse lege ich Ihnen auf den Tisch.« Er platzierte ein paar Blätter.

»Ihr Auftritt! So was hab ich von dem Mann noch nie gehört. Und der hat gelächelt, oder! Ist der auf Drogen?« Kathi sah ihm hinterher, wie er davonstakste auf seinen dürren Beinchen.

»Muss so was in der Richtung sein. Oder es sind die Laufendorphine. Oder ein Wunder«, meinte Irmi und begann Kathi von ihrem Gespräch mit dem Schlangenmann zu erzählen. Von der ungeheuerlichen Annahme, dass jemand die Schlange zum Beißen provoziert hatte. Ein Unfall mit einer Mamba, die immer ein Unfall geblieben wäre. Wenn Irmi nicht mal wieder so altersstarrsinnig gewesen wäre.

Kathi schwieg eine ganze Weile, bis sie schließlich leise sagte: »Aber das ist ja so was von unglaublich. Fast perfekt. Jeder würde doch denken, dass in so einem Umfeld die Tiere Stress hatten und deshalb mal ihre Beißerchen erproben. Der perfekte Mord!«

»Eben nicht.«

»Aber wie willst du das beweisen?«

Irmi reichte ihrer Kollegin die Briefe, die diese mit aufgerissenen Augen las.

»Max Trenkle hat sie manipuliert«, sagte Irmi leise. »Er hat sie ganz perfide manipuliert. Im Namen der Liebe. Wie hätte jemand wie Sonja Ruf da widerstehen können. Sie, die ewig Ungeliebte, wird plötzlich geliebt. Und er fordert Beweise für ihre Liebe.« Welche Frau könnte da widerstehen, fragte sich Irmi im Stillen.

»Zum Morden manipuliert! Irmi, das ist Wahnsinn. Das klingt doch so, als hätte Sonja Ruf Frau Stowasser gestoßen.«

»Genau.«

»Und sie behauptet, der Stowasser sei es gewesen!«

»Ich befürchte fast, dass sie diese Geschichte selber glaubt. Dass sie ihre Tat verdrängt hat. So was gibt es.«

»Und sie hat Kilian Stowassers Kleidung präpariert. Sie hat uns eine Geschichte aufgetischt, und wir haben an den Unfall geglaubt. Alles wäre vorbei gewesen.« Kathi klang immer noch völlig aufgelöst.

»Sie hat nur einen Teil ausgespart. Den Teil mit dem Stallmantel. Der Rest wird sich genauso ereignet haben.«

»Ich habe ihr geglaubt! Warum, Irmi?«

»Weil das alles schlüssig war. Weil du von Anfang an gesagt hast, es war ein Unfall.«

»Und warum hast du immer geglaubt, dass es Mord war?«

Weil Irmi älter war. Weil sie längst mehr auf die Zwischentöne als auf die eigentlichen Sätze achtete. Weil sie manchmal zynisch war. Und lakonisch. Weil sie auch schon so oft gedacht hatte, es nicht wert zu sein, geliebt zu werden. Das alles hätte sie sagen können.

»Weißt du, Kathi, das liegt daran, dass ich altersstarrsinnig bin. Ein bisschen dement halt.« Irmi versuchte ein Lächeln.

»Was können wir denn nun tun?« Kathi klang wie ein kleines verunsichertes Mädchen.

»Wir brauchen eine Fahndung nach Max Trenkle. Weltweit. Australien ist weit weg. Bei denen ist heute aber bald schon morgen. Und wenn ich ihn aus dem Dschungel von Neukaledonien holen lassen muss – ich hol ihn. Vor allem aber müssen wir noch mal zu Sonja Ruf.«

Der Weg nach München war heute weiter als sonst. Es regnete, es goss aus Kübeln.

Sonja Ruf lag so im Bett, wie sie sie gestern verlassen hatten. Sie starrte zur Decke.

»Sieh an, kommen Sie noch mal auf einen Krankenbesuch?«, fragte sie.

»Ihren Katzen geht's gut, wie geht's Ihnen?«, fragte Irmi.

»Bestens.« Sonja Ruf lachte ätzend.

»Mir würde es als Doppelmörderin nicht so gut gehen.«

Keine Reaktion.

»Frau Ruf, woher hätte jemand wohl das Insiderwissen, damit ein Mambabiss wie ein Unfall aussieht?«

»War es denn kein Unfall?« Sonja Ruf lachte auf eine so abstoßende Weise, dass Irmi versucht war, einen Schritt zurück zu machen.

»Frau Ruf, wie wäre es, die Kleidung von Kilian Stowasser zu präparieren im Wissen, dass die Schlange das riechen kann und entgegen ihren sonstigen Fütterungsritualen zustoßen wird? Das wäre doch clever, oder?«

»Ja, das wäre clever.«

»Man müsste viel über das Wesen der Schlange wissen. Weitaus mehr als das Wissen, über das die meisten Reptilienbesitzer verfügen«, warf Irmi ein.

»Die meisten Tierhalter wissen gar nichts über die Bedürfnisse ihrer Tiere.«

»Sie hingegen wissen viel, Frau Ruf. Sie haben uns gestern eine schöne Geschichte erzählt. Dabei haben Sie nur den klitzekleinen Umstand ausgespart, dass Sie die Kleidung von Stowasser präpariert haben.«

»Unsinn. Wie kommen Sie denn auf so was?«

»Das sag ich Ihnen.« Irmi warf die Briefe aufs Bett.

Sonja Ruf zuckte zusammen. Ihre Atmung beschleunigte sich.

»Ich habe den Stallmantel von Stowasser untersuchen lassen. Er wurde präpariert. Frau Ruf, es ist vorbei!«

Diesmal weinte sie wirklich. Sie wurde geschüttelt von Weinkrämpfen. Die beiden Kommissarinnen warteten. Irmi war auch zum Heulen zumute.

Schließlich gestand Sonja Ruf. Sie erzählte die ganze

Geschichte. Dass sie es für Max getan hatte. Dass sie ihm doch hatte beweisen müssen, dass sie alles für ihn getan hätte. Dass er doch der Mann ihres Lebens war. Ihr Augenstern.

»Ein Mann des Lebens, für den Sie morden? Was für ein Leben ist das?«

»Ich habe es auch für Benedikt getan«, sagte sie leise.

»Wer ist Benedikt?«

»Kilian Stowassers jüngerer Bruder. Der Nachzügler. Er war mit mir in der Schule. Er war der beste Freund von Max. Er ist immer noch der beste Freund von Max, trotz des Altersunterschieds. Benedikt hatte schon vor Jahren gewusst, dass sein Bruder ein Betrüger war. Es kam zum Streit. Kilian hat ihn dabei mit dem Jagdgewehr angeschossen. Das hat er hinterher total niedergebügelt. Hat viel Geld bezahlt, damit sich Benedikt in Australien eine neue Existenz aufbaut. Er hat eine Reptilienstation bei Cairns. Seit dem angeblichen Jagdunfall kann er nur noch am Stock gehen. Er lebt von und mit Schmerzmitteln.«

»Und Max ist bei ihm?«

»Ja, und ich wollte hinterherfliegen. Sobald das hier vorbei ist. Ich wollte Max zeigen, dass ich alles bedacht habe. Für ihn, für unser gemeinsames Leben. Dafür, dass Max nicht mehr immer an Stowasser denken muss. Dass er nicht weiter seine Seele vergiftet. Ich musste ihm doch helfen.«

Was hätte Irmi dazu noch sagen können? Ach, Sonja!

Sie atmete schwer und konzentrierte sich wieder.

»Frau Ruf, was wäre gewesen, wenn Stowasser den Mantel nicht angezogen hätte?«

»Er hätte nie seinen Trachtenanzug verschmutzt. So viel Zeit hatte er, ich war für ihn doch keine Gegnerin.«

Als Irmi und Kathi gingen, war es draußen noch dunkler. Sie liefen in eine Wand aus Regen. Irmi tätigte die erforderlichen Telefonate. Schaltete das LKA ein. Es würde einen internationalen Haftbefehl geben.

»Was passiert jetzt?«, fragte Kathi. »Wird man Trenkle eine Mitschuld nachweisen können? Anstiftung zum Mord?«

»Ich hoffe es. Ich bete darum. Vieles wird auch von Sonja Rufs Aussagen abhängen. Von ihren Anwälten. Wir können nur hoffen, dass sie gute haben wird.«

Das Radio dudelte Achtzigerjahre-Musik. Der heutige Tag war dem Jahr 1983 gewidmet. Da war diese Zeile wieder. »You think you're the devil, but with those angel eyes, you're just a slave to love tonight.«

»Schöner Song«, sagte Kathi.

»Einfach nur ein Lied aus den Achtzigern«, meinte Irmi und sah geradeaus, damit Kathi ihre Tränen nicht sah.

Die schlimmsten Verbrechen geschahen immer noch im Namen der Liebe.

NACHWORT

Diese Geschichte ist nicht schön, auch nicht sonderlich lustig. Sie handelt vom Machtmissbrauch gegen solche, die sich nicht wehren können. Gegen Tiere, aber auch gegen schwache Menschen. Ich werde bei meinen Lesungen bestimmte Passagen nicht laut vorlesen können, weil ich sonst wie jeder fühlende Mensch mit den Tränen zu kämpfen hätte.

Warum ich dann so etwas schreibe? Weil so etwas passiert, immer wieder – und weil ein Roman einen kleinen Beitrag dazu leisten kann, auf solchen Irrsinn aufmerksam zu machen. Beim Entstehungsprozess dieses Buchs habe ich mir mehrfach die Frage gestellt, ob man den Lesern so unschöne Szenen eigentlich zumuten kann. Ich habe mich für ein klares Ja entschieden und damit auch gegen den Trend, dass Krimis dieser Tage eher Slapstick sind. »Mordsviecher« ist ein Krimi, der genauso ist wie das Leben. Mal lustig, mal tragisch-komisch, mal traurig, mal irrsinnig.

Ich danke ganz besonders Thomas Lücke vom Reptilienhaus in Oberammergau für seine Fachkompetenz. Ebenso danke ich Dr. Ellen Baum, Amtstierärztin in Garmisch. Mein Dank geht außerdem an Tom Strobl fürs Daunenwissen. An dieser Stelle möchte ich versichern, dass die Firma KS-Outdoors keine realen Vorbilder hat! Und schließlich danke ich Beate Fedtke-Gollwitzer, Stadtführerin in Mühldorf, und dem Team des Tierheims Garmisch.

Böbing
Lech
Rottenbuch
Kirr
Pferdehof
Frau Stowa
Lechbruck
am See
Steingaden
Prem
Bad Bayersoien
Bad Bayersoie
Saulg
Roßhaupten
DEUTSCHLAND
A7
Hopfensee
Forggensee
Halblech
Bannwaldsee
Schwangau
Ammergauer Alp
Füssen
Alpsee
Reutte
Lähn
Haus der Familie Reindl
Eibsee
Lech
N
0
5 km
ÖSTERREICH
Ehrwald

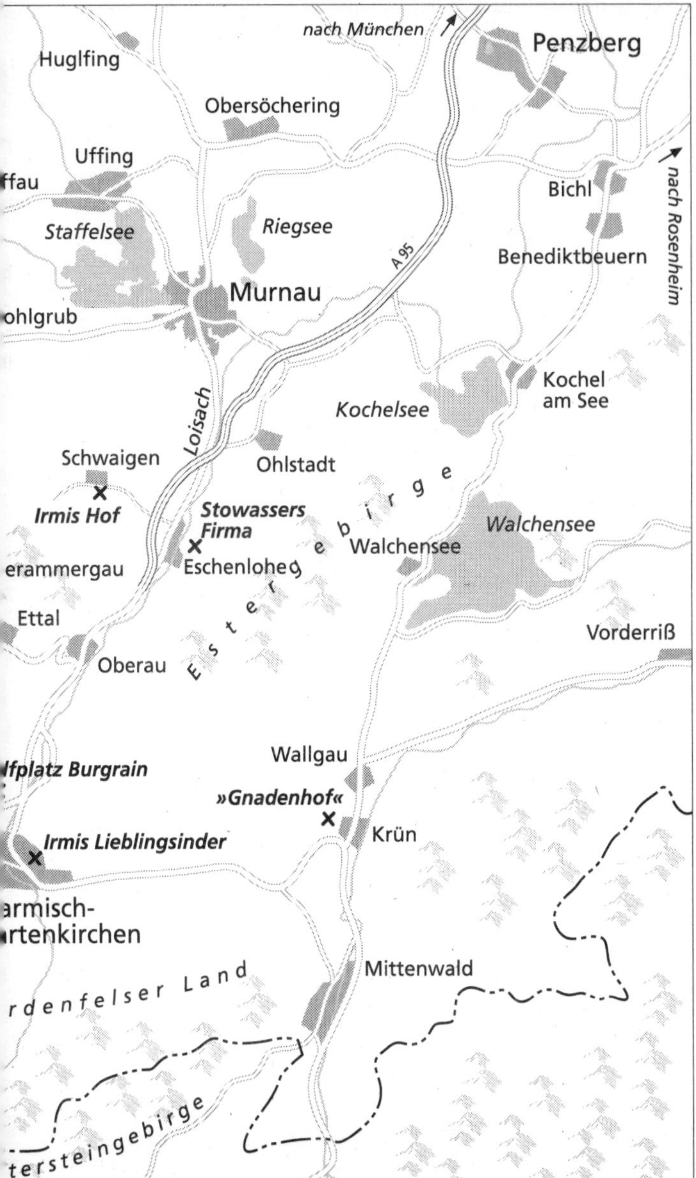
nach München
Penzberg
Huglfing
Obersöchering
Uffing
ffau
Bichl
nach Rosenheim
Staffelsee
Riegsee
A 95
Benediktbeuern
Murnau
ohlgrub
Kochel am See
Kochelsee
Loisach
Schwaigen
Ohlstadt
Irmis Hof
Stowassers Firma
Walchensee
Walchensee
Eschenlohe
erammergau
Estergebirge
Ettal
Vorderriß
Oberau
Wallgau
lfplatz Burgrain
»Gnadenhof«
Krün
Irmis Lieblingsinder
armisch-
artenkirchen
Mittenwald
rdenfelser Land
tersteingebirge

Leseprobe

Aus dem Alpen-Krimi von

Nicola Förg: »Platzhirsch«

»Schneewittchen ist schon tot«, sagte Benedikt. Dabei klang er altklug wie immer, und Julia atmete auf.

Sie selbst war schon wieder tausend Tode gestorben, weil Bene sich einmal mehr von der Gruppe abgesetzt hatte. Der Junge war eine Katastrophe, er schien osmotisch durch Wände diffundieren zu können. Man hatte ihn gerade noch im Blick, und eine Sekunde später war er verschwunden. Fand man ihn dann doch irgendwann, sagte er gerne: »I hob mi verzupft.« Das hatte er vom Allgäuer Opa, »der, wo in Trauchgau residiert«. Bene sagte wirklich »residiert«, der Opa schien ein relativ großes Haus zu haben. Julia beneidete weder Benes Eltern noch seine zukünftigen Lehrer. Bene beneidete sie auch nicht. Das war ein Kind, das anecken würde, ein allzu wacher Geist und ein Übermaß an Phantasie verunsicherten den Rest der dumpfen Welt.

»Benedikt, wo warst du schon wieder?« Julia versuchte streng zu klingen.

»Julia«, er ahmte die Stimme der Erzieherin nach, »ich habe doch gesagt, dass ich das tote Schneewittchen besuchen muss.«

In diesem Moment kam ihre Kollegin Lea zurück. Sie wirkte immer etwas überfordert und hatte offenbar das Elend der ganzen Welt auf ihre schmalen Schultern geladen.

»Diese Regina von Braun ist nirgendwo«, jammerte sie. »Die Haushälterin weiß auch nicht, wo sie steckt.«

»Oh, du liabs Herrgöttle«, kam es von Benedikt, und er schlug sich theatralisch die Hand auf die Stirn.

Das hatte er bestimmt auch vom Trauchgauer Opa. Julia unterdrückte das Grinsen, wies Bene zurecht und wandte sich an die Kollegin: »Vielleicht ist sie schon zu den Gehegen gegangen und füttert die Tiere. Wir gehen einfach mal runter.«

Gehen war allemal eine gute Idee, denn es hatte höchstens null Grad an diesem Morgen. Die Zwergentruppe war nur deshalb vergleichsweise ruhig, weil sie Kakao und Kekse bekommen hatte. Julia begann die Becher einzusammeln, überprüfte, dass jedes Kind seinen Rucksack hatte, und erklärte den Kleinen, dass sie nun ganz leise sein müssten, um die Tiere nicht zu erschrecken. »Pst«, machte sie, was augenblicklich eine ganze Woge von »Pst«-Geräuschen hervorrief – in der Lautstärke eines Düsenjets. Unter abflauenden »Psts« marschierten die Kinder in Zweierreihen hinter Julia her, hinein in den Wald, vorbei an einem Schild, das in Richtung Wildgehege deutete.

Julias Kindergartengruppe hatte am Morgen eigentlich einen Termin bei Dr. Regina von Braun. Die Biologin besaß ein Gut, das sie – wie man sich erzählte – mehr als Bürde denn als Würde ererbt hatte. Um es am Leben zu erhalten, hatte sie ein Walderlebniszentrum initiiert. Julia war die Eigentümerin nicht ganz unbekannt, weil Regina von Braun gern in Kindergärten vom Wald und seinen Bewohnern erzählte und dabei auch mal eine Eule mitbrachte oder einen Greifvogel. Sie war nämlich nicht nur Biologin, sondern auch Jägerin und Falknerin, und das wenige, was Julia von ihr wusste, war, dass ihre Tage offenbar mehr als vierundzwanzig Stunden hatten. Heute sollten die Kinder zwei zahme Elche und einige Rentiere besuchen. Das war natürlich eine Sensation im Oberland, ein echter Elch!

Nach fünf Minuten erreichten sie eine Lichtung. Die Sonne stand schon höher am Himmel und beleuchtete eine große Erklärungstafel und eine Sitzgruppe aus dickem Holz. Das Gehege lag dahinter, rechts davon stand ein großer Schuppen mit einer Schubkarre davor, die ein wenig vereinsamt wirkte. Bevor Julia ihn noch am Kapuzenzipfel erwischen konnte, sauste Benedikt davon, am Zaun entlang, hinüber zum Schuppen und hinein durch ein hohes Stahltor, das er öffnete, als habe er nie was anderes getan. Lea brüllte ihm ein verzweifeltes »Benedikt!« hinterher, Julia stöhnte. Es hätte so nette Jobs im Büro gegeben, bei Krankenkassen oder Behörden – warum nur hatte sie sich als Zwergenbezwingerin verdingt?

»Ihr bleibt hier und schaut euch schon mal mit Lea die

Bilder auf der Tafel an. Ich hole den Bene, vielleicht ist Frau von Braun ja auch noch in dem Schuppen.«

Julia eilte zu dem Tor, das überraschend leichtgängig war. Der Schuppen entpuppte sich als Unterstand mit einem gewaltigen Vordach. Frische Hackschnitzel waren ausgebreitet, es duftete nach Holz. Benedikt stand da und betrachtete interessiert den Boden.

Dort lag Regina von Braun. Ihre ausgesprochen blauen Augen schienen verwundert ins Leere zu starren. Sie war blass, und ihr langes dunkles Haar war auf den Holzschnitzeln ausgebreitet. Aus einer Schusswunde an der Stirn trat Blut aus. Das kalkweiße Gesicht, die Haare wie Ebenholz, das rote Blut – eine tote Märchenfrau.

»Siehst du, Julia? Schneewittchen ist schon tot«, sagte Benedikt völlig ungerührt.

Julia war wie paralysiert und wachte erst auf, als hinter ihr das Chaos ausbrach. Natürlich war es Lea nicht gelungen, die Kinder auf den Holzbänken zu halten. Nun standen sie hier, und als eines zu weinen begann, brach ein kollektives Heulkonzert aus. Julia schaffte es irgendwie, die Kleinen wegzuscheuchen und sie zurück zum Haupthaus zu bringen, wo es in einem Nebengebäude einen Seminarraum mit Küche gab. Es glückte ihr sogar noch, Lea zum Kakaokochen abzukommandieren, die Polizei und die Haushälterin zu alarmieren.

Als die sich völlig erschüttert in Richtung des Geheges aufmachen wollte, stellte sich ihr Benedikt in den Weg. »Das darfst du nicht, das verwischt die Spuren. Wie im Fernsehen.«

Du lieber Himmel, was fand man im Hause Haggenmüller denn passend als TV-Kost für einen Fünfjährigen? Nun ja, bei den beiden Rechtsanwaltseltern konnte man ja nie wissen, dachte Julia und wunderte sich über sich selbst. Da draußen lag eine tote Frau, und sie dachte über Kindererziehung nach.

Die Haushälterin war leise weinend auf einen Stuhl gesunken. Benedikt ging zu ihr hin und reichte ihr einen Becher Kakao. »Abwarta und Kakau trinka«, sagte er. Oh, du segensreicher Opa aus dem schönen Halblechtal …

Irmi war beschwingt ins Büro gekommen. Dort traf sie auf eine Kathi, die wie die Inkarnation von »I don't like Mondays« aussah. Die Augen verquollen, fummelte Kathi ein Taschentuch nach dem anderen heraus und verfluchte ihre Allergiemedikamente, die alle nichts halfen.

»Versuch's doch mal mit Sulfur-Globuli«, schlug Irmi vor, was ihr einen Blick einbrachte, der vernichtend war.

»Zuckerkügelchen mit nix drin. Du glaubst auch an jeden Hokuspokus, Irmi, oder? So ein Placeboscheiß.«

Bevor Irmi in eine Diskussion einsteigen konnte, dass die homöopathischen Globuli sogar bei ihren Kühen wirkten und die Rinder ja kaum im Verdacht standen, auf ein Placebo hereingefallen zu sein, kam Sailer.

»Morgen, die Damen. Des wird heit nix mit Kaffeetrinken. Im Waldgut Braun is wer tot geworden.«

Tot geworden – der gute Sailer.

»Weiß man auch, wer tot geworden ist, Sailer?«

»Ja, die Frau Regina von Braun höchstselber. Derschussen. Sauber derschussen. Ned derhängt oder so was Unguats.«

Sauber derschussen – auch eine schöne Formulierung. Abgesehen davon war es für Irmi mehr als überraschend, dass der sonst so kryptische Sailer die komplette Information von sich gab, ohne dass sie ihm alles aus der Nase ziehen musste. Der Mann schien Montage zu mögen.

»Wer hat uns informiert?«, fragte Kathi unter Niesen.

»A Madl, das wo Kindergärtnerin ist. De Kinder ham de Frau g'funden.«

Auch das noch! Ein verschreckter Haufen Kinder, die überall herumgetrampelt waren, dachte Irmi.

»Na merci, Mausi«, kam es von Kathi.

Irmi sparte sich eine Zurechtweisung, informierte stattdessen das Team von der Kriminaltechnischen Untersuchung und forderte die Polizeipsychologin an – wegen der Kinder und weil sie ein ungutes Gefühl hatte, das sie momentan schwer zu deuten wusste. Dann nickte sie Kathi zu und wies Sailer an, den Kollegen Sepp im Streifenwagen mitzunehmen. Seit Irmi und ihr altes Cabrio vom TÜV geschieden worden waren, fuhr sie einen japanischen SUV, und der hatte dank Blechdach natürlich den Vorteil, dass man ein Blaulicht draufsetzen konnte. Außerdem besaß er eine gewisse Bodenfreiheit, was bei den alpinen Einsätzen nicht von Nachteil war.

Die Bodenfreiheit erwies sich heute als recht sinnvoll.

Zwei Kilometer hinter Grainau war das Waldgut durch ein verwittertes Holzschild ausgewiesen. Die Teerdecke der Zufahrtsstraße war von Löchern durchsetzt, die gut und gern als Ententümpel hätten herhalten können. Auf den Tümpeln lag eine dünne Eisschicht, die unter den Autoreifen brach.

Das Sträßchen mäandrierte durch den Wald. Es lagen noch immer Schneehaufen am Wegesrand, und Irmi vermutete, dass das Gut im Winter bisweilen von der übrigen Welt abgeschnitten war. Sie fand den Gedanken gar nicht so uncharmant, während Kathi böse nach vorne starrte und maulte: »Das ist voll am Arsch der Welt hier.« Und nieste.

Zu ihrer Linken lag ein kleiner Moorsee, alles sehr idyllisch und doch auch düster in seiner schweren Farbigkeit. Sie kamen aus dem Wald, ein Feld lag vor ihnen und mittendrin das Gut. Rechts thronte das Haupthaus auf einem kleinen Hügel, ein stolzer Bau oder besser ein ehemals stolzer Bau im Stil eines kleinen Jagdschlösschens. Links stand ein Wirtschaftsgebäude mit einem anschließenden Stadl. Vor ihnen schlängelte sich das Sträßchen weiter, vorbei an einem Tipidorf, und danach schon wieder der Wald, der hier alles umschloss. Sogar Irmi empfand das als etwas bedrückend, so als könnte der Wald auf sie zukommen und alles überwuchern wie in einem Dornröschenschloss.

Sie parkten vor dem Wirtschaftsgebäude, und ein bärtiger kräftiger Mann, der sicher schon in den Siebzigern war, kam auf sie zu.

»Veit Bartholomä«, stellte er sich vor. »Meine Frau und ich stehen der Regina ein wenig bei und helfen ihr …« Er schluckte. Es war schon auf den ersten Blick klar, dass er eigentlich ein tatkräftiger Mann war, der momentan jedoch am Limit seiner Beherrschung angelangt war. Ein Dackel saß neben ihm und begutachtete die Neuankömmlinge. Er hatte den Kopf schräg gelegt und blickte Irmi so an, wie das nur Dackel können. Dann begann er zu bellen.

»Lohengrin! Aus! Ruhe jetzt!«, kam es von Herrn Bartholomä, und der Hund war tatsächlich still.

»Mein Beileid«, sagte Irmi – ein Satz, den sie immer schon verabscheut hatte und heute ganz besonders. Beim Verlust eines lieben Menschen verlor so vieles im Leben an Kontur, manchmal heilte die Zeit zwar Wunden, aber der Verlust selbst blieb. Und so fahl, wie der Mann aussah, war ihm Regina wahrscheinlich wie eine Tochter gewesen.

»Mein Name ist Irmgard Mangold, das ist meine Kollegin Katharina Reindl. Wo sind denn die Kinder? Und wo ist die Erzieherin, die Regina von Braun gefunden hat?«, fragte Irmi und wunderte sich über sich selbst, dass sie die vollen Vornamen genannt hatte. Das tat sie sonst nie, zumal sie ihren eigenen vollen Namen furchtbar fand. Aber zu solchen Gutshöfen mit ihrer besonderen Aura von Adel und früherem Glanz schienen die Kurzformen Irmi und Kathi nicht zu passen.

»Die sind alle im Seminarraum«, sagte der Mann. »Darf ich vorgehen?«

Irmi signalisierte Sailer und Sepp, die soeben vorgefahren waren, dass sie draußen Position beziehen sollten. Dann folgten sie dem Mann.

Das von außen eher unscheinbare Wirtschaftsgebäude war im Inneren frisch renoviert. Sie gingen einen Gang entlang, der gesäumt war von Vitrinen – gefüllt mit ausgestopften Tieren.

»Puh«, machte Kathi.

Am Ende des Ganges lag der Seminarraum, wo die Kinder saßen und gar nicht sonderlich verstört wirkten.

Eine ältere Frau war aufgestanden und sagte mechanisch: »Helga Bartholomä, kann ich was anbieten?«

»Danke, momentan nicht.« Irmis Blicke durchmaßen den Raum. Die fünfzehn Kinder saßen vor Kakaotassen, Kekstüten lagen auf den Tischen. Essen war immer schon eine gute Sache gewesen, um die Nerven zu beruhigen. Eine auffällig dünne junge Frau mit langen schwarz gefärbten Haaren saß daneben und wirkte weit verstörter als die Kleinen. Eine zweite Frau betrat gerade mit einem kleinen Mädchen an der Hand den Raum, vermutlich kamen sie von der Toilette zurück. Sie flüsterte dem Mädchen etwas in Ohr, woraufhin es sich artig hinsetzte, und kam auf Irmi und Kathi zu.

Irmi lächelte aufmunternd. »Sie haben die Tote gefunden, Frau …?«

»Opitz. Julia Opitz, na ja, also eigentlich hat Benedikt die Frau gefunden. Ich …«

Bevor sie noch weitersprechen konnte, hatte sich ein kleiner Junge mit kecker Stupsnase vor Irmi aufgebaut und meinte: »Bist du die Polizei?«

»Genau – und du?«

»Ich bin der Bene, also Benedikt Haggenmüller.« Es klang durchaus weltmännisch. »Is die da auch von der Polizei?«, fragte er und deutete auf Kathi.

»Ja, is die da.« Kathis Ton war nicht direkt freundlich.

»Bist du nicht zu jung? Außerdem hast du schlechte Schuhe an«, sagte Benedikt ungerührt. »A guats Schuawerk isch alls im Leba.«

Irmi unterdrückte eine Lachsalve, die mehr als unpassend gewesen wäre, aber Kathi war nun mal seit Jahren diejenige, die niemals vernünftige und der Jahreszeit angemessene Schuhe trug.

»Diese Weisheiten hat er vom Opa«, erklärte Julia Opitz.

»Und vom Fernsehen!«, rief Bene. »Drum weiß ich auch, dass man am Tatort nicht rumlaufen darf.« Allein wie er das Wort Tatort betonte, war schon göttlich.

»Stimmt«, meinte Irmi, »danke erst mal für deine Hilfe, ich brauch dich später bestimmt wieder. Kannst du so lange hier warten?«

Irmi nickte Julia unmerklich zu. Sie verließen gemeinsam den Raum und gingen in die Küche jenseits des Gangs.

»Kommen Sie mal zu mir in den Kindergarten, um Benedikt zu bändigen?« Julia Opitz lächelte angestrengt. »Sie haben da Talent.«

Zu eigenen Kindern hatte es Irmi nie gebracht. Es hatte in ihrem Leben falsche Männer gegeben, gar keine Männer oder die richtigen Männer zum falschen Zeitpunkt. Vieles zu früh gewollt, das meiste zu spät erledigt. Später hatte sie den absolut falschen Mann geheiratet, einen erklärten Kinderhasser. Nach der Scheidung hatte sie erst mal ums Überleben gerungen und über Kinder nicht mehr nachgedacht. Irgendwann war es zu spät gewesen, und sie hatte den davongaloppierenden Jahren verblüfft hinterhergesehen. Sie hatte nie beweisen müssen, ob sie ein Talent für Kindererziehung hatte.

»Frau Opitz, was ist denn nun passiert?«, fragte Kathi in die Stille.

Julia Opitz zuckte regelrecht zusammen und begann leise zu erzählen.

Am Ende sah Irmi sie nachdenklich an: »Das heißt, dass

Benedikt die Tote offenbar schon bei seinem ersten Verschwinden gesehen hat? Das tote Schneewittchen?«

»Ja, das befürchte ich.« Julia Opitz zitterte. »Vielleicht hätten wir ihr da noch helfen können.« Sie begann zu weinen.

»Wann sie wirklich gestorben ist, wissen wir später«, sagte Kathi rüde, und wieder einmal hatte Irmi den Eindruck, dass Kathi immer besonders harsch war, wenn ihr Gegenüber hübsch war. Und das war diese Julia Opitz zweifellos. Sie trug einen langen brünetten Pferdeschwanz und hatte ein absolut ebenmäßiges Gesicht mit sehr großen ungeschminkten braunen Augen. Sie war schlank, knapp eins achtzig groß und hatte wohlgeformte Brüste in ihrem engen geringelten Rolli. Und eins hatte Kathi definitiv nicht: Busen. Darunter litt sie, auch wenn sie das nicht zugab.

Irmi versuchte noch zu retten, was zu retten war: »Frau Opitz, beruhigen Sie sich, Spekulationen nutzen uns gerade gar nichts. Bleiben Sie hier bei den Kindern, während wir uns ein wenig umschauen?«

Dann packte sie Kathi am Ärmel und schob sie den Gang entlang. »Was bist du denn so pampig, Kathi?«, zischte sie.

»Ach, hab du mal seit Tagen Heuschnupfen! Mein ganzes Hirn ist zu. Die Augen triefen. Ich bekomm da sogar Fieber. Mein gesamtes Immunsystem ist aus der Bahn, oder.«

Nicht bloß dein Immunsystem, dachte Irmi.

Sie kamen gleichzeitig wie die KTU zum Fundort der Leiche. Kollege Hase war knurrig wie immer. Die Sonne war hinter ein paar Wolken verschwunden, und schlagartig war es wieder kälter geworden.

Hasibärchen maulte vor sich hin, dass die Kälte, das wäre ja für die KTU wichtig, den genauen Todeszeitpunkt verschleiern werde, zudem verfluchte er die Hackschnitzel und auch gleich noch Gott, die Welt und Irmi dazu, die ihm immer solche Aufträge einbrachte.

Irmi betrachtete die Tote. Der Schütze hatte sie genau zwischen den Augen getroffen. Eliminiert hatte er sie.

»Kaliber? Habt ihr da schon eine Idee?«, fragte Kathi.

»Lassen Sie mich meine Arbeit machen, Frau Reindl! Auf den Arzt warten!«, stieß er aus und blieb sprachlich genauso knapp wie Kathi. Sie maßen sich mit Blicken, die Heuschnupfengenervte und der Dauerdepressive. Dann ging er hinter die Absperrung, um irgendwas zu holen. Kathi folgte ihm niesend.

Irmi kniete sich neben das tote Schneewittchen. Regina von Braun mochte Anfang oder höchstens Mitte vierzig gewesen sein. Sie war eine zarte Frau, apart, ein wenig herb, aber vielleicht machte der Tod sie auch herber.

Als Irmi ein Rascheln vernahm, hob sie den Kopf und sah als Erstes eine Nase. Eine ziemlich große Nase und ein gewaltiges Geweih. Und dann ein Tier dazu, das auf sie herabsah. Irmi war einem Elch noch nie in ihrem Leben so nahe getreten, sie hätte das eventuell auch vermieden, aber der hier war ja auch eher ihr sehr nahegetreten. Sie erhob sich langsam und konnte die Formulierung ›Ich glaub, mich knutscht ein Elch‹ endlich mit Bedeutung füllen, weil das Tier sie nun anstupste. Irmi streichelte seine Nase, der Elch sah Irmi lange an, dann senkte er seinen gewaltigen Schädel und schnupperte an der Toten. Wenn der Hase das sähe, bekäme er bestimmt einen Herzklabaster. Ein Elch trampelte über einen Tatort.

»Arthur, du Lapp!« Veit Bartholmä scheuchte den Elch weg, der sich trollte und in etwa drei Metern Entfernung anhielt, wo noch so ein Nasentier stand, deutlich kleiner und ohne Geweih.

»Die Kleine ist Wilma. Der Lästige ist Arthur. Sie heißen nach zwei schwedischen Elchwaisen. Regina war mal dort. Unsere sind allerdings aus der Uckermark.«

»Wo kommt denn das Viech auf einmal her?«, fragte Irmi, die immer noch völlig verblüfft war. Hatte sie nicht Weihnachten, die Zeit der Elche, gerade erst hinter sich gebracht? In Plüsch, als Weihnachtsbaumschmuck, auf Tassen und Tischdecken gab es sie zuhauf – und ja, sie hatte sich sogar Elchbettwäsche gekauft. Ihr Bruder hatte ihr den Vogel gezeigt und was von »infantil« gemurmelt. Ihre Nachbarin Lissi besaß sogar zwei Plüschelche, die ein Weihnachtslied schmettern konnten. Der eine sang ›I wish you a merry christmas‹, der andere konnte zu ›Jingle Bells‹ sogar die Hüften schwingen. Ein echter Elch war ihr allerdings noch nie begegnet.

»Zum Gut gehört ein eingezäuntes Areal von vier Hektar, das direkt hinter der Hütte anschließt. Hier auf dem Paddock ist die Fütterung, und man kann dieses Gehege schließen, wenn Regina ihre Elchführungen macht. Gemacht hat.« Er schluckte schwer. »Normalerweise stehen die beiden längst Gewehr bei Fuß …«

Er brach ab, und Irmi wusste, was er dachte. Die Elche hatten wahrscheinlich den Schuss gehört und waren geflüchtet. Der Hunger und die Neugier hatten sie zurückgetrieben. Ach, Arthur, wenn du nur reden könntest! Wahrscheinlich hätte er ihr den Schützen beschreiben können. Leider war sie keine Frau Dr. Doolittle.

»Können Sie die beiden mit etwas Futter weglocken? Wegen der KTU.« Irmi war sich klar, dass hier die Spurenlage sowieso katastrophal war, aber sie wollte dem Hasen den knutschenden Elch gerne ersparen.

Inzwischen war der Arzt eingetroffen. Er schätzte den Todeszeitpunkt auf zweiundzwanzig Uhr, wollte sich aber angesichts des Nachtfrosts nicht genau festlegen. Aber das würden sie von der Gerichtsmedizin allemal erfahren.

Auf jeden Fall war es stockdunkel gewesen, überlegte Irmi. Wie hatte einer da geschossen? Und dann so präzise? Sie sah sich um, es gab am Schuppen einen Bewegungsmelder, der eine relativ helle Beleuchtung auslöste. Eventuell hatte der Schütze auch ein Nachtzielgerät verwendet.

Sie kehrte zu den Gebäuden zurück. Wieder schienen die Bäume ein Eigenleben zu führen. Als hätten sie moosige Arme, die nach ihr greifen konnten. Als könnten sie plötzlich losmarschieren, wie eine Armee von vielfingrigen grünen Gespenstern. Dornröschen und Schneewittchen. Sie hatte hier in dieser abgelegenen Waldwelt sofort an Dornröschen gedacht, Bene hatte Schneewittchen vor Augen gehabt. Das alles hier war so weit weg von der realen Welt, dabei war Regina von Brauns Tod wahrlich nicht märchenhaft.

Eine bittersüße Geschichte über das, was hätte sein können

Cover- und Preisänderungen vorbehalten

Nicola Förg

Hintertristerweiher

Roman

Piper, 400 Seiten

ISBN 978-3-492-06297-8

Ein außergewöhnlich schönes Mädchen, das seinen Wert nicht kennt. Eine Liebe, die eine große hätte sein können, doch nie Erfüllung findet. Ein Testament, das Fragen aufwirft und den Blick auf die Vergangenheit lenkt. Und eine unwillige Erbin, die Antworten sucht und eine Reise zu sich selbst beginnt. Auf zwei Zeitebenen erzählt Nicola Förg eine Geschichte über das Ungesagte zwischen der Kriegsgeneration und den Nachgeborenen, über Heimat und Heimatlosigkeit, Seelenorte und Seelenverwandte.

PIPER

Leseproben, E-Books und mehr unter **www.piper.de**